小学数学深度教学思考与实践

汪永贞◎著

安徽师范大学出版社
ANHUI NORMAL UNIVERSITY PRESS
·芜湖·

图书在版编目(CIP)数据

小学数学深度教学思考与实践 / 汪永贞著. — 芜湖:安徽师范大学出版社, 2022.10
ISBN 978-7-5676-5898-1

Ⅰ.①小… Ⅱ.①汪… Ⅲ.①小学数学课-教学研究Ⅳ.①G623.502

中国版本图书馆CIP数据核字(2022)第181809号

小学数学深度教学思考与实践

XIAOXUE SHUXUE SHENDU JIAOXUE SIKAO YU SHIJIAN

汪永贞◎著

责任编辑:孔令清　　责任校对:吴毛顺　吴丹阳
装帧设计:张　玲　王晴晴　　责任印制:桑国磊
出版发行:安徽师范大学出版社
芜湖市北京东路1号安徽师范大学赭山校区
网　址:http://www.ahnupress.com/
发行部:0553-3883578　5910327　5910310(传真)
印　刷:苏州市古得堡数码印刷有限公司
版　次:2022年10月第1版
印　次:2022年10月第1次印刷
规　格:700 mm × 1000 mm　1/16
印　张:17
字　数:250千字
书　号:ISBN 978-7-5676-5898-1
定　价:66.00元

目　录

第一章　数的认识

◇ 教材内容编排

数学教学是数学活动的教学，是师生之间、学生之间交往互动与共同发展的过程。数学教学活动应从学生的实际出发，创设有效的问题情境，充分理解教材的编写意图，引导学生通过经历实践、思考、探索、交流的过程，获得知识，形成技能，发展思维。为践行国家“双减”政策，我们必须掌握新的教学理念，了解教材的编排特点。本章主要分析苏教版小学数学教材有关“数的认识”的内容编排。

“数的认识”属于“数与代数”领域。这部分内容包括“整数的认识”“分数的认识”“小数的认识”“百分数的认识”“负数的认识”，是后续学习“数的运算”“解决问题”的重要基础。

第一学段主要结合现实场景，经历数数并抽象出数的过程，帮助学生认识20以内的数，会比较20以内数的大小；认、读、写20以内的数，会用20以内的数表示物体的个数；知道20以内的数的组成，能区分几和第几，会用20以内的数表示事物的顺序；经历从具体情境中抽象出数的过程，认识100以内的数；认识计数单位“个”“十”和“百”，初步理解个位、十位上的数所表示的意义，会读、写100以内的数；能很快说出100以内的数的组成；掌握100以内数的顺序，会比较100以内数的大小。

使学生通过经历观察、操作、数数等活动的过程，理解万以内数的意义，了解万以内数的数位名称及顺序，知道万以内的计数单位及相邻单位间的进率；会认、读、写万以内的数；掌握万以内数的大小比较的方法，能正确比较数的大小；能说出各数位的名称，理解各数位上的数表示的意义；能根据万以内数的组成进行简单的加、减法口算；认识“=”，并能用“≈”表示一个接近整百、整千的数的近似数；会用算盘表示数。

使学生结合具体情境初步认识分数，明白把一个物体或一个图形平均分成若干份，其中的一份或几份可以用分数表示；知道分数各部分的名称，能正确读、写分数；在三年级上册认识分数的基础上结合具体情境进一步认识分数，知道把一些物体看作一个整体，平均分成若干份，其中的一份或几份可以用分数表示；能用分数描述一些简单的生活现象，能通过实际操作表示相应的分数；在具体的生活情境中初步理解小数的含义，能正确读、写小数部分是一位数的小数，初步形成整数、自然数、小数等概念，知道小数各部分的名称；联系小数的含义探索小数大小的比较方法。

第二学段主要帮助学生了解十进制计数法，认识万级和亿级的计数单位，掌握千亿以内的数位顺序表；理解并掌握含有万级和亿级的数的组成，能准确地读、写多位数；会比较多位数的大小，会把整万或整亿的数改写成用“万”或“亿”作单位的数；结合具体的实例，初步理解近似数的含义，会用“四舍五入”的方法求一个数的近似数。

使学生结合现实的问题情境了解负数产生的背景，初步认识负数的含义，知道正数和负数的读、写方法；知道0既不是正数也不是负数，正数都大于0，负数都小于0，会用正数和负数描述日常生活中常见的具有相反意义的量；能在直线上表示正数和负数。

使学生在现实情境中，初步理解小数的意义，学会读、写小数，体会小数与分数的联系；知道小数的数位名称和顺序，知道小数的计数单位及相邻单位间的进率；理解并掌握小数的性质，会进行小数的化简，能正确比较小数的大小；会把较大数改写成用“万”或“亿”作单位的小数，会根据要求用“四舍五入”法求一个小数的近似数。

引导学生经历探索非0自然数的有关特征的活动，知道因数和倍数的含义；能找出100以内某个自然数的所有因数，能在1～100的自然数中找出10以内某个数的所有倍数；知道2、5或3的倍数的特征，能判断一个数是不是

2、5或3的倍数；了解奇数和偶数、质数和合数的含义，会分解质因数；通过经历操作、交流、探索等活动的过程，认识公因数和最大公因数、公倍数和最小公倍数；能找出100以内两个数的最大公因数和10以内两个数的最小公倍数。

使学生理解单位“1”和分数单位的含义，进一步理解分数的意义；探索并理解分数与除法的关系；认识真分数、假分数和带分数，会把假分数化成整数或带分数，会进行分数和小数的互化；探索并理解分数的基本性质，知道最简分数的含义，会进行分数的大小比较。

使学生在理解分数意义的基础上联系现实情境，理解百分数的意义，会正确地读、写百分数；能正确进行百分数与小数、分数的相互改写；初步理解税率、利率、折扣的含义，知道它们在实际生活中的应用。

小学数学教材有关数的认识，一直是小学数学中的重要内容之一。自然数、整数、小数、分数、百分数等，都是小学数学中最基本的概念，是学生今后构建概念网络、学习数的运算、研究数量关系的重要基础，是小学数学中的核心内容。苏教版小学数学教材关于“数的认识”相关内容，考虑到学生认知特点和思维层次，相应地分布在各个年级，主要编排结构如表1。

表1 苏教版小学数学教材“数的认识”内容编排结构

序号	册次	数的认识
1	一年级上册	认识10以内的数；认识20以内的数
2	一年级下册	认识100以内的数
3	二年级上册	—
4	二年级下册	认识万以内的数
5	三年级上册	分数的初步认识(一)
6	三年级下册	分数的初步认识(二)；小数的初步认识
7	四年级上册	—
8	四年级下册	认识多位数
9	五年级上册	负数的初步认识；小数的意义和性质
10	五年级下册	因数与倍数；最大公因数和最小公倍数；分数的意义和性质
11	六年级上册	百分数
12	六年级下册	—

二 具体内容解读

(一)认识10以内的数

“认识10以内的数”是苏教版小学教材一年级上册的内容,这部分内容是数学最基础的知识之一,是数的认识的起始阶段,是学习“10以内的加法和减法”“认识11~20各数”的必要知识基础,对于帮助学生建立初步的数感、符号感以及培养学生学习数学的兴趣具有重要的意义。因此,教材根据刚入学儿童的年龄特点和认知规律,为学生提供亲身体验和动手操作的机会,让学生经历从日常生活中抽象出数的过程,充分感受到数学来源于生活。

教材首先安排了“数一数”“比一比”“分一分”等教学内容,随后教学认识10以内的数;在教学10以内的加、减法之前,安排了分与合的教学内容,让学生感受分合思想;通过数一数,让学生初步感受物体的个数需要用数来描述,数和物体之间存在某种对应关系。在认识10以内的数时,先集中认识1~5,再单独认识0,然后又集中认识6~9,最后安排单独认识10。这样有合有分、有扶有放的教学安排,既沟通了知识间的内在联系又渗透了基本数学思想方法。

(二)认识20以内的数

在日常生活中,大部分学生已经具有一定生活经验和认数经验,已经接触过一些比10大的数,而且也认识了10以内的数。所以教材把学生已经积累的生活经验和认数经验作为十分重要的课程资源,组织相应的认数活动。这部分教学内容分三段安排:第一段,认识“10个一是1个十”,通过数数掌握11~20各数的顺序及读法;第二段,理解11~20各数的组成,学习写数;第三段,应用11~20各数的组成。本单元第一次出现计数单位“一”和“十”,第一次提出“10个一是1个十”,并初步接触计数器上的个位、十位。这是学生数概念形成过程中的一次重要突破,也是学生进一步认识100以内的数乃至更大的数的基础。因此,让学生掌握好这部分内容对学生后续学习有着十分重要的意义。

本单元教学的重点是11～20各数的读法和写法。掌握读、写方法的前提是正确理解数的含义、顺序和组成，而掌握了读、写方法又能反过来促进学生对数的含义、顺序和组成等知识的理解。教学的难点是写11～20各数，这是由于11～20各数是由十和几合起来的，要用两个数字才能表示一个数，而读数中的“十”又只用数字“1”在十位上表示，学生容易理解错误。要使学生正确掌握11～20各数的读法和写法，必须先让学生理解相关各数里有几个十和几个一。教学的关键是让学生理解11~20各数的组成，初步领会“个位”和“十位”的含义。

（三）认识100以内的数

学生在一年级第一学期已经认识了20以内的数，知道把10根小棒捆成1捆表示1个十，2个十就是20，也知道把1捆和几根合起来就表示十几。教材非常重视知识结构的优化，先通过用小棒摆两位数，借助小棒数数等活动操作（见图1），让学生初步感知两位数的组成方法，认识几个十和几个一组成几十几，引导学生根据已有的知识经验类推出“几十几可以用几个十和几个一”来表示。

图1

数的产生和发展都是生活实践的需要，认识数是为了用数解决生活中的实际问题，并利用数进行沟通交流。教材十分重视生活中运用数学的安排，如组织学生数班级里课桌和凳子的数量，认读教学楼门牌上的号码，读球类比赛时的记分，用100以内的数说一句话等，密切联系了学生的生活实际，培养了学生的数学意识。在学生初步认识100以内数的含义和组成特点的基础上，引导学生经历100以内数的表示方法的抽象过程，并在此过程中掌握100

以内数的读法和写法，加深对100以内数的认识。教材首先要求学生用小棒摆出100以内的数，接着引导他们在计数器上拨一拨，再对照计数器表示的数试着写一写，并从数的组成角度完整地说一说。在此基础上，进一步明确相关的数位名称和顺序。从用小棒表示数到用计数器表示数，再到把用计数器表示的数写出来，让学生经历100以内数的表示方法的抽象过程，充分感受十进制计数法的位值原则（相同的数字在不同的数位上表示的数值是不同的）。

在学生认识的基础上再通过小棒数数的活动，帮助学生初步感知两位数的组成特点以及“满十进一”的基本计数方法，引导学生体会100以内的数所表示的数量多少和先后顺序。在此基础上运用计数器认识100以内数的读、写，进一步理解两位数的组成，明白相关数位的名称。为了让学生对100以内数的顺序有个完整的认识，教材安排了百数表。百数表中的数是自然数列的一部分，在自然数列中后面的数总是比前面的数大，可作为比较数的大小的依据之一。同时教材结合比较数的大小安排“多一些”“少一些”“多得多”“少得多”等内容，充分体现了对学生生活经验的尊重，也在教与学的过程中培养了学生的数感。

（四）认识万以内的数

学生已经认识了20以内的数、100以内的数，掌握了100以内的计数单位名称，能够明确“满十进一”的计数方法，并能体会数在生产、生活中应用的广泛性。在此基础上进行“万以内的数”的教学，能够为后续学习万以内的四则运算及估算、多位数的认识和改写，以及求近似数打下基础。

学生的年龄小，日常生活中很少有机会接触比较大的数目，对较大数目的经验积累还不够丰富，而万以内数的概念又比较抽象，理解起来有一定的困难；另外教材认识万以内的数包括数的意义、数的读写、数的大小比较和简单的近似数等内容，知识点比较多，学习这部分内容需要一个循序渐进、逐步深化的过程。因此，教材把这部分内容进行了适当的分解，分四段安排教学内容：千以内数的认识、万以内数的认识、数的大小比较、简单的近似数。这样安排减缓了教学内容的坡度，适当分散了教学难点。

为了突出本单元的教学重点，使学生切实掌握万以内数的意义和读、写方法，教材特别注意有层次地安排认识千以内的数和万以内的数的教学内容。认识千以内的数时，先教学数数和数的组成，着重引导学生借助直观图形，理解数的组成，通过数数认识计数单位“千”，再教学数的读法和写法，帮助学生由易到难地认识和理解千以内的数。认识万以内的数时，先教学中间不含0的数的组成和读、写方法，并在数数活动中认识计数单位“万”，再教学中间有“0”的数的组成和读、写方法，以突破教学难点。这样由简单到复杂、由一般到特殊，逐次递进、螺旋上升地安排教学内容，有利于学生更深刻地理解数的意义，掌握数的读、写方法，构建合理的认知结构。

加强认数的直观性，突出对数的意义的理解。学习认数，首先要理解数的实际意义。本单元认识的是比较大的数，其数学抽象性是学生学习理解数的意义的主要方面。为了使学生切实理解数的意义，教材特别重视引导学生经历由具体到抽象的学习过程，在教学千以内数和万以内数的认识时，都注意让学生经历“用方块表示数”到“用计数器表示数”，再到“用数字符号表示数”的过程。“用方块表示数”有利于学生直观理解相应的计数单位的含义，具体感知数的实际大小；“用计数器表示数”则能直观地表示十进制计数法的数位顺序和位值原则，有利于学生借助每一位上的数珠或算珠理解数的意义，掌握数的组成；“用数字符号表示数”则可以帮助学生实现从具体到抽象的跨越，在理解数的意义基础上进一步掌握万以内数的读、写方法。

（五）分数的初步认识

教材结合学生的认知规律，有层次地安排教学内容，让学生逐步认识简单的分数，初步理解分数的含义。教材在编写这部分内容时考虑到分数的意义与整数完全不同，适当调整了教学内容的节奏，先让学生认识把一个物体（或图形）平均分成若干份，其中的一份是它的几分之一；再让学生认识把一个物体（或图形）平均分成若干份，其中的几份就是它的几分之几。这样的编排符合这个学段学生的认知特点，与学生已有的认知水平非常贴近，降低了学习的难度，有利于他们逐步获得对分数的感性认识，建立分数的表象。

分数的产生既是实际生活的需要，也是数学自身发展的需要。教材编写能结合生活实例和具体操作，帮助学生理解分数的含义。小学生学习分数，要从分数的现实意义开始，生活中的具体实例是学生认识分数的重要素材。教材在引导学生认识分数时，注意结合生活中的实例，并让他们通过实际操作来理解分数的含义。例如，在认识几分之一时，选择学生熟悉的校外实践活动情境，让他们在经历把各种食品平均分的活动过程中产生认知冲突，体会现实生活中需要分数，并让他们借助已有的生活经验初步理解$\frac{1}{2}$的含义（见图2、图3）。

图2

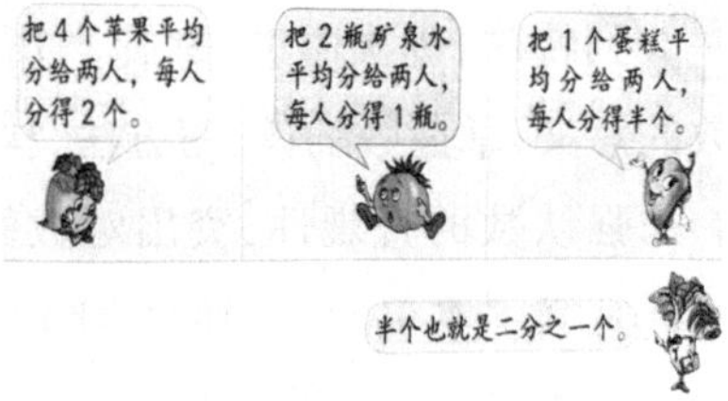

图3

在初步认识$\frac{1}{2}$后安排“试一试”，让学生把一张正方形纸折一折、涂一涂，进一步丰富对$\frac{1}{2}$的认识，并把这种认识初步延伸到其他的几分之一。

美国著名的教育家布鲁纳说过，学习者不应该是信息的被动接受者，而应是知识获取过程的主动参与者。数学课程标准也强调，学生要亲历知识形成的过程，把动手操作、自主探究、合作交流作为学习的主要形式。教材内容安排，以学生的发展为本，关注学生学习的结果，更关注学生学习的过程；关注学生的学习水平，更关注学生的情感体验。在认识几分之几时，让学生经历通过具体动手操作活动把一个物体平均分成若干份，并表示这样的1份或几份的过程，来理解几分之几的含义。“想想做做”中的习题，也都注意结合生活中的实例，通过直观的图形和具体的操作，帮助学生逐步丰富对分数的认识，加深对分数含义的理解。

教材结合认识几分之一和几分之几，分别安排了两个几分之一比大小和两个简单的同分母分数比大小。在安排这些内容时，教材注意引导学生通过实际操作或借助直观图形进行思考；同时，要求学生总结比较分数大小的方法。教材这样安排，有利于学生主动探索相关分数的大小比较方法，以培养他们探索学习的能力；有利于学生通过直观比较分数大小，加深对分数含义的理解。

三年级下册的分数初步认识，教材在内容安排上要求学生结合具体情境进一步认识分数，知道把一些物体看作一个整体平均分成若干份，其中的一份或几份可以用分数表示；能用分数描述一些简单的生活现象，能通过实际的操作表示相应的分数。本单元有层次的教学内容安排，有助于学生逐步加深对分数的理解。教材先安排认识一个整体的几分之一，再安排认识一个整体的几分之几，在认识一个整体的几分之一时，先重点引导学生认识一个整体的$\frac{1}{2}$，再依次认识一个整体的$\frac{1}{3}$、$\frac{1}{4}$……在认识一个整体的几分之几时，注意突出一份是这个整体的几分之一，几份就是几个几分之一，也就是几分之几。

小学生认识分数是从具体逐步过渡到抽象的，教材十分重视通过形式多样的操作活动，帮助学生顺利实现这种过渡。在认识一个整体的几分之一和几分之几时，引导学生在给出的实物图上分一分、涂一涂，借助操作体会用分数表示一个整体中的部分与这个整体间关系的思考过程；在“想想做做”和“练习十”中，教材则多次安排按指定要求拿小棒，按指定要求拿圆片，以及进行内容各异的涂色活动，帮助学生不断积累对分数的感性认识，并把具体的感知逐步上升为数学理解。这样通过经历形式多样的操作活动过程，促进学生进行思考，逐步提高认识水平。

教材安排认识一个计量单位的十分之一和十分之几，初步学习用分数表示不同单位数量的换算结果。初步认识一个计量单位的十分之一或十分之几，既有利于促进学生从不同角度理解分数的含义，又能为接下来认识小数提供必要的经验支持。教材结合认识一个整体的几分之几，在随后的“想想做做”中安排了4道习题，引导学生依次认识1分米的十分之一和十分之几、1元的十分之一和十分之几，学习用分数表示分米与米、角与元的换算结果，在巩固对分数认识的同时搭建了从分数到小数的认识桥梁。

（六）小数的初步认识

小数的认识在“数的认识”这个内容中占据着十分重要的位置。一方面是因为小数与整数、分数有着十分密切的联系，通过认识小数不仅可以丰富和加深对整数以及十进制计数法的理解，而且能为进一步认识分数积累经验、打好基础；另一方面是因为现实生活中存在大量与小数有关的现象和问题，认识小数有助于学生拓宽知识视野，感受数学知识和方法的广泛应用，促使他们从现实生活中发现和提出更多有意义的问题。根据小学生已有的知识经验、认知水平以及后续学习的需要，教材侧重结合简单生活情境教学一位小数的认识，引导学生结合具体情境比较一位小数的大小。

苏教版教材把“小数的初步认识”安排在三年级下册第八单元进行教学。从对数的已有认识来看，此时学生已经认识了万以内的整数，知道不同数位上的数字表示的数值是不同的，相邻数位的计数单位都遵循“满十进一”的基本规则；也已经分两次认识了一些简单的分数，知道将一个常见的计量单位(如1元、1米)平均分成10份，每份就是这个单位的十分之一，几份就是这个单位的十分之几。考虑到学生已有的知识、经验，教材按如下思路编排“小数的初步认识”。

首先通过测量长度的问题情境引入对整数部分是0的一位小数的认识。在教学零点几的认识时，先让学生联系分数的含义，独立思考“5分米是几分之几米？4分米呢？”，再直接告诉他们“$\frac{5}{10}$米还可以写成0.5米。0.5读作零点五”。“$\frac{4}{10}$米还可以写成0.4米。0.4读作零点四”(见图4)。

图4

接着通过购买物品的问题情境引入对整数部分不是0的一位小数的认识。教学几点几的认识时，先鼓励学生利用对零点几的已有认识和日常生活经验试着用以“元”做单位的小数表示1元2角和3元5角，再通过直接叙述对相关小数的读、写方法进一步明确。测量长度的结果不是整米数，物品的价格不是整元数，这是日常生活中最为常见的用到小数的两种情境。因此，教材中的几道例题不仅涉及购买物品的情境，而且涉及测量长度的情境。同时，习题也安排了很多测量长度和购买物品的简单实际问题，让学生联系具体的问题背景读、写小数，解释小数的含义，比较小数的大小，进行简单的加减计算，从而不断丰富学生对小数含义的认识，加深对小数实际应用价值的体验。

这部分内容只要求学生结合简单的生活情境初步认识一位小数，但考虑到小数的本质是抽象的，所以教材注意借助直观手段进行适当的渗透和孕伏，以启发学生在活动中形成一些有益的感悟，不断提高对小数的认识水平。除了要求学生在直条图和正方形中涂色表示一位小数之外，教材还十分重视在直线上描点表示小数的练习，引导学生结合操作过程开展适当的思考。教材对于小数的初步认识的内容编排，既遵循知识自身发生、发展的内在逻辑，又充分考虑了小学生的知识基础、经验积累和认知能力，值得我们认真体会和把握。

（七）认识多位数

学生已经认识了万以内的数，掌握了万以内数的读、写方法，会比较万以内数的大小，并且初步认识了近似数。教材在编排这些内容时充分尊重学生已有的知识经验，有层次地组织学生的认数活动。而认识万级和亿级的数的关键是，引导学生主动把万以内数的组成、数的读写和大小比较等知识和方法扩展到多位数中来。因此，教材注意从学生已有的知识经验出发，引导学生有层次地展开认数活动。在本单元知识的整体结构中，教材先引导学生认识数的意义，包括万级数和亿级数的计数单位、数位顺序、数的组成和数的读、写方法，再自主探索数的大小比较，整万数、整亿数的改写，以及用“四舍五入”法求一个数的近似数。在认识数的意义时，又分两段安排，先认识万级的数，再认识亿级的数，且每一段又分为两个层次：认识万级的数时，先认识整万数，再认识含有万级和个级的数；认识亿级的数时，先认识整亿数，再认识含有亿级和万级的数。这样由简单到复杂、由浅入深地组织学生展开认数活动，有利于学生在循序渐进的过程中，逐步获得对十进制计数法的认识和理解，主动建构合理的认知结构，不断积累认数经验，发展数感。

（八）负数的初步认识

本单元主要结合具体的生活实例，引导学生初步了解负数的含义，初步学会用正数和负数描述生活中具有相反意义的量，学会在数轴上表示正数和负数。引入负数是数系的一次扩充，也是学生认数过程中一次十分重要的飞跃。学习这部分内容，一方面可以拓宽学生对数的认识，让学生了解应用数学刻画客观世界的方法，激发进一步学习和探索的欲望，另一方面也能为学生在第三学段进一步学习有理数打下基础。

教材结合学生熟悉的生活情境，唤起学生已有的生活经验，引导他们通过自主的活动认识负数。例1通过用温度计分别显示某一天3个城市的最低气温的现实情境引入负数（见图5）。气温是学生每天生活中都能接触到的信息，学生对温度计并不陌生，借助温度计上的数据显示，可以直观地认识零上温度比0 ℃高，零下温度比0 ℃低。例2给出了我国珠穆朗玛峰和新疆吐鲁番盆地的海拔高度，引导学生进一步认识负数（见图6）。虽然学生对“海拔”这一概念还比较陌生，但借助直观的示意图，他们可以认识到海拔高度都是以海平面为标准的，海拔8848.86米和海拔负155米分别在海平面以上和以下。这些都为学生初步了解正数和负数表示的是具有相反意义的量提供了直观形象的模型。

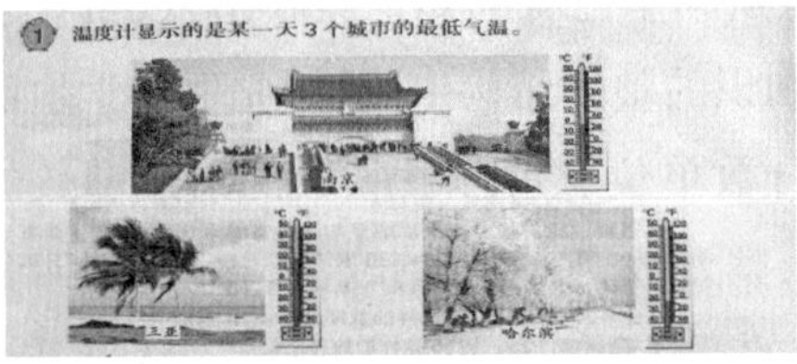

图5

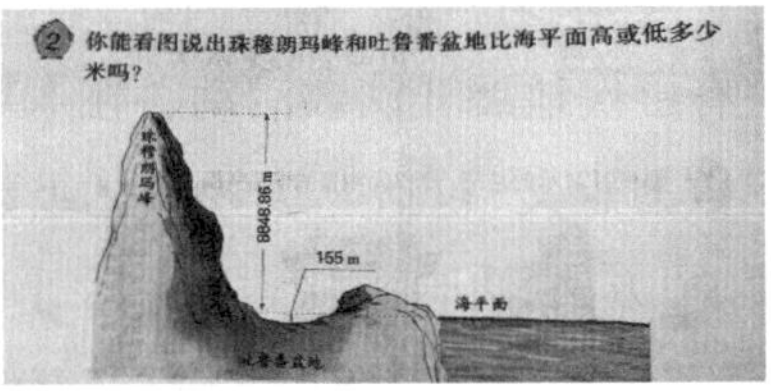

图6

通过丰富的现实生活问题，帮助学生加深对负数的认识。为了使学生体会到学习负数是日常生活和生产的需要，教材在引导学生初步建立负数概念之后，引导他们进一步学习用正数和负数描述日常生活中的问题。例如，例3以统计表的形式呈现了服装店上半年每月的盈亏情况，让学生认识到：通常情况下，企业的盈利用正数表示，亏损用负数表示（见图7）。再如，例4以平面图的形式呈现了从学校出发，沿东西方向的街道行走的情境，引导学生用正数和负数表示行走时方向相反的路程，并用直线上的点表示出来，使他们更深刻地认识到日常生活中具有相反意义的量可以用正数和负数来表示，进一步丰富对负数概念的感知（见图8）。同时，教材还在练习中提供十分丰富的现实素材，让学生用正数和负数表示有关的量，使他们进一步体会负数在生活中的广泛应用，加深对负数含义的理解。

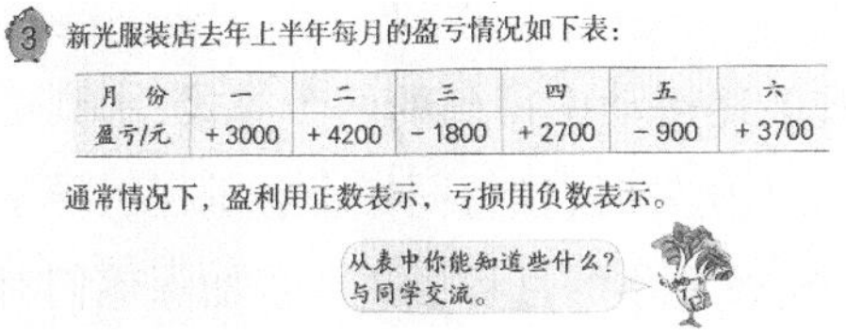
3 新光服装店去年上半年每月的盈亏情况如下表：

月份	一	二	三	四	五	六
盈亏/元	+3000	+4200	−1800	+2700	−900	+3700

通常情况下，盈利用正数表示，亏损用负数表示。

图7

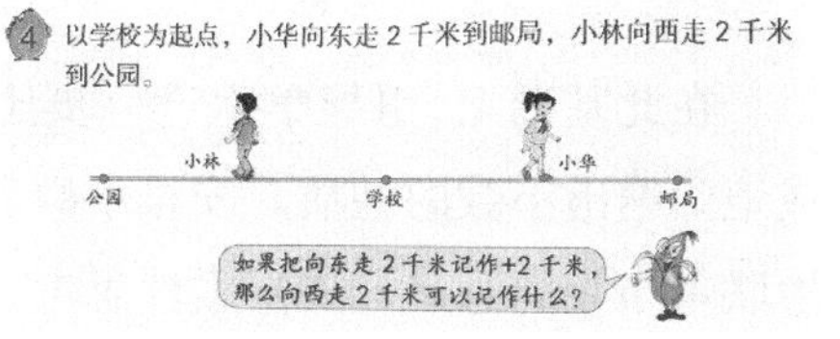

图8

（九）小数的意义和性质

苏教版教材将“小数的意义和性质”安排在五年级上册第三单元进行教学。此时，学生不仅已经完成对整数的认识，能够正确进行整数的四则运算，而且也已经初步认识了负数。学生的认知思维中已经初步形成关于整数的结构，此时相对集中地教学小数的意义和性质，一方面能满足学生进一步扩大认数范围的心理需求，另一方面也有助于他们从一个新的角度巩固和加深对整数的理解，并为进一步学习分数知识做好准备。

教材在教学小数的基本含义、数位名称及其顺序、计数单位及其进率之后，注重学生熟悉的日常生活情境，引导他们充分利用对小数的已有认识，从不同角度探索并理解小数的性质和大小，积累探索学习的经验。教学小数的性质时，首先创设了比较0.3元和0.30元是否相等的问题情境（见图9），引导学生联系0.3元和0.30元表示的具体钱数确认0.3＝0.30；或借助在正方形中的涂色操作确认0.3＝0.30；或依据相邻计数单位之间的进率，由1个0.1等于10个0.01推知3个0.1等于30个0.01，也就是0.3＝0.30。接着又创设了比较0.1米、0.10米和0.100米大小的问题情境（见图10），引导学生联系小数的基本含义，通过把0.1米、0.10米和0.100米分别改写成以分米、厘米、毫米作单位的数量，推知0.1＝0.10＝0.100。

图9

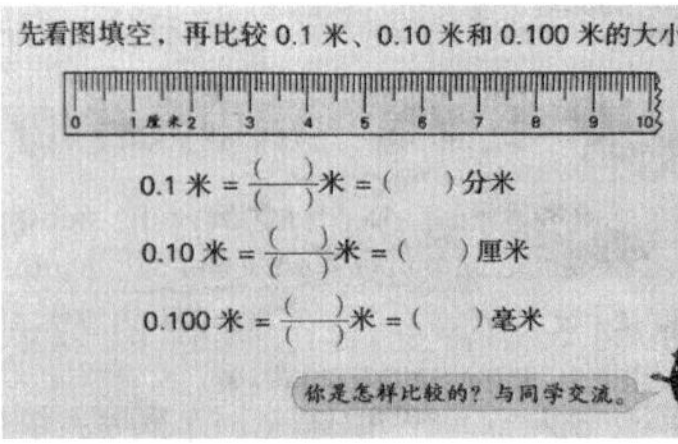

图10

在此基础上，引导学生进一步比较上述活动中得到的两个等式，水到渠成地归纳出小数的性质。安排小数的大小比较时，教材同样十分重视引导学生联系小数的意义开展探索性思考，在比较大小的过程中进一步加深他们对小数的理解。例如，在引导学生比较0.6元和0.48元的大小时，教材一方面启发学生依据这两个小数所表示的钱数多少进行判断，知道0.6元就是6角，0.48元就是4角8分，因为6角＞4角8分，所以0.6＞0.48；另一方面，则启发学生通过对每个小数所包含的计数单位的分析做出判断，因为0.6是6个0.1，也就是60个0.01，0.48是48个0.01，60个0.01一定大于48个0.01，所以0.6＞0.48。容易看出，上面提到的比较方法尽管思考角度不同，但其实都离不开对小数意义的理解。换言之，对小数意义的认识，是学生探索小数大小比较方法不可或缺的知识基础和逻辑前提。

（十）因数与倍数

因数和倍数内容大体分三阶段安排：第一阶段，认识因数和倍数，学习在1~100的自然数中有序地找出10以内某个数的所有倍数，以及100以内某个数的所有因数；探索2、5和3的倍数的特征，学习判断一个数是不是2、5和3的倍数，同时认识奇数和偶数。第二阶段，认识质数、合数和质因数，学习把一个合数分解质因数。第三阶段，认识公因数和最大公因数，探索求两个数的最大公因数的方法；认识公倍数和最小公倍数，探索求两个数的最小公倍数的方法。教材最后安排了全单元内容的整理与练习。

1. 因数和倍数的意义，2、5和3的倍数的特征

通过动手操作，引导学生借助直观理解抽象的数学概念，并感受学习方式的多样性和趣味性。教学因数和倍数时，先让学生用12个同样大的正方形

拼成一个长方形，引导他们依据不同的拼法写出不同的算式，由此揭示因数和倍数的意义（见图11）。

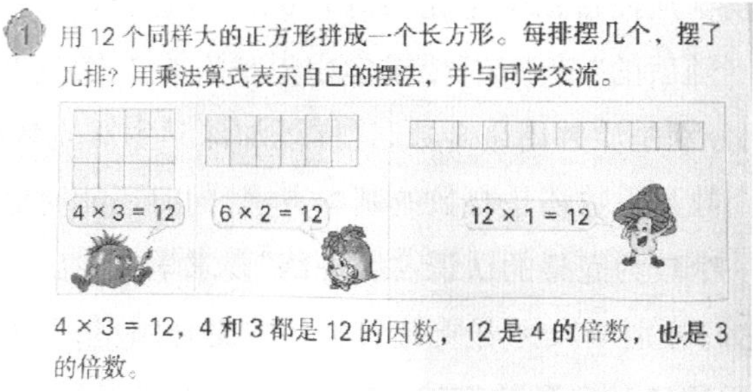

图11

教学公因数的认识时，先让学生用边长为6厘米和4厘米的正方形纸片铺一个长18厘米、宽12厘米的长方形，再启发他们依据“能否正好铺满”这一操作结果，初步理解公因数的意义和实际价值。教学公倍数的认识时，先让学生用长3厘米、宽2厘米的长方形纸片依次去铺边长6厘米和边长8厘米的正方形，再启发学生通过对操作结果的分析和比较，初步理解公倍数的意义和实际价值。这样的活动安排，不仅能吸引学生主动参与数学知识的形成过程，而且能帮助他们感受不同数学内容的内在联系，积累数学活动的经验，不断改善学习方式。

教学2、5和3的倍数的特征时，注意充分利用百数表引导学生在“圈一圈”“比一比”“想一想”“议一议”等活动中主动进行相应的归纳；教学求两个数的最大公因数和最小公倍数时，侧重于引导学生利用已有的知识和经验进行思考和交流，帮助他们在掌握基本思考方法的同时，感受解决问题策略的多样性。这样的教学思路，既体现了对学生学习主体地位的尊重，又能使他们在学习过程中真切感受数学活动的魅力。

2.质数、合数，分解质因数

教学质数、合数和质因数的认识，以及把合数分解质因数时，先让学生写出2、3、5、6、8、9这几个数的所有因数，再让他们根据给定的标准把这些数进行分类，然后组织讨论：只有两个因数的数，它们的因数有什么特点？教材这样安排，既明确了观察、分析的重点，突出了有关概念的本质特征，又能使学生体会到教材给定的分类标准的合理性。在此基础上,教材结合上述分类和讨论分别描述了质数和合数的含义,并进一步启发:1的因数有几个?1是质数吗?是合数吗?从而帮助学生完善对非0自然数的认识,加深对质数和合数概念的理解。随后的“试一试”要求学生先找出4、7、10这几个数的所有因数,再判断它们分别是质数还是合数,这样既加深学生对质数和合数的理解,又重温判断一个数是质数还是合数的基本方法,同时还能使他们对10以内的质数和合数有一个较为完整的认识。“练一练”要求学生找出11~20各数的所有因数,并将它们分别填入标有质数或合数的集合圈里,一方面进一步重温判断一个数是质数还是合数的方法,丰富对质数和合数的认识,另一方面也帮助他们相对完整地把握20以内的质数和合数。关于质因数的认识,教材首先呈现两道乘法算式,引导学生由“1和5都是5的因数,4和7都是28的因数,进一步认识到:如果一个数的因数是质数,这个因数就是它的质因数”。在此基础上,鼓励学生说出上述两道乘法算式中,哪个数是哪个数的质因数,使他们在交流中进一步明确对质因数的认识。

教学分解质因数时,教材首先要求学生把30用几个质数相乘的形式表示出来,引导学生自主探索分解质因数的方法。接下来,利用直观图启发学生逐步展开思考:先把30分解成2与15相乘,由于15不是质数,再把15分解成3与5相乘,于是得出30可以写成2、3、5这三个质数相乘的形式。在此基础上,教材进一步指出“把一个合数用质数相乘的形式表示出来,叫做分解质因数”,从而帮助学生形成合理的认知结构。随后的“练一练”要求学生把6和14分解质因数,帮助他们进一步理解分解质因数的过程,掌握分解质因数的方法。

3.公因数和公倍数

这部分内容结合具体情境,引导学生探索并理解公因数和最大公因数、公倍数和最小公倍数的含义,掌握求两个数最大公因数和最小公倍数的方法。教材首先安排了在一个长18厘米、宽12厘米的长方形内分别铺边长6厘米或4厘米的正方形纸片的操作活动,并通过讨论“哪种纸片能将长方形正好铺满”这一问题,引导学生具体感知正方形边长与长方形长、宽之间的关系。再通过进一步讨论“还有哪些边长是整厘米数的正方形纸片也能正好铺满这个长方形”,引导他们发现:只要正方形边长的厘米数既是12的因数,又是18的因数,就能正好铺满。在此基础上,结合具体的例子直观描述公因数的含义。最后,进一步启发学生思考:“4是12和18的公因数吗?为什么?”从而帮助学生从正反两个方面完善对公因数含义的理解。教学求两个数的最大公因数时,首先提出“8和12的公因数有哪些?其中最大的是几?”引导学生利用刚刚建立的对公因数的初步理解,自主探索求两个数公因数以及最大公因数的方法。教材呈现了两种较为典型的思路:一种思路是先找出8和12的所有因数,再找一找其中共有的因数;另一种思路是先找出8的所有因数,再从8的因数中选择12的因数。接下来,教材结合实例揭示了最大公因数的含义,并引导学生用集合图的形式表示出8和12的因数和公因数,以帮助他们加深对因数和公因数的认识。最后通过讨论“8是2和3的公倍数吗?为什么?”引导学生从正反两个方面进一步完善对公倍数含义的理解。

教学时让学生利用刚刚建立的关于公倍数的概念,自主探索求两个数的公倍数以及最小公倍数的方法。教材呈现了两种较为典型的思路:一种思路是先按照从小到大的顺序依次列举一些6和9的倍数,再从中确定它们的公倍数;另一种思路是先按照从小到大的顺序依次列举一些6和9的倍数,再从9的倍数中选出6的倍数。这样安排,一方面便于学生在不同思路的交流中自主选择适合自己的方法,另一方面也有利于学生在此过程中加深对公倍数的理解。接下来,教材结合上面的例子揭示了最小公倍数的含义,并引导学生用集合图的形式表示出6和9的倍数以及公倍数,帮助学生更加直观地理解概念,体会数学方法的严谨性。

(十一)分数的意义和性质

1. 分数的意义

这部分内容是在学生初步认识分数的基础上进行教学的。在三年级,学生已经学习了把一个物体(或图形)、几个物体组成的整体平均分成若干份,用几分之一或几分之几表示其中的一份或几份。这部分内容主要引导学生抽象出单位“1”的概念,概括分数的意义,认识分数单位,探索并理解分数与除法的关系。教材分四个层次编排:

第一层次，呈现用实物图表示的一块饼、一个长方形、一根1米长的直条和由6个圆组成的一个整体，让学生用分数表示每个图中的涂色部分，并说说写出的每个分数的含义，从而引起对相关旧知的回忆，感受被平均分的对象是非常广泛的，为建立单位“1”的概念积累具体的感性材料。

第二层次，引出单位“1”概念。教材指出：一个物体、一个计量单位或由许多物体组成的一个整体，都可以用自然数1来表示，通常我们把它叫做单位“1”（见图12）。这里把“自然数1”作为建立单位“1”概念的台阶，一方面体现了由具体到抽象的过程，一个物体、一个计量单位、一个整体都是1个，用“自然数1”表示，学生容易接受；先理解可以用“自然数1”表示，再抽象成单位“1”，这样安排降低了认知的难度。另一方面，这样做也是由数概念扩展的规则所决定的，用“自然数1”过渡，显示了分数与自然数是有联系的；只有以自然数1为标准，分数的大小比较及四则运算才能实施。

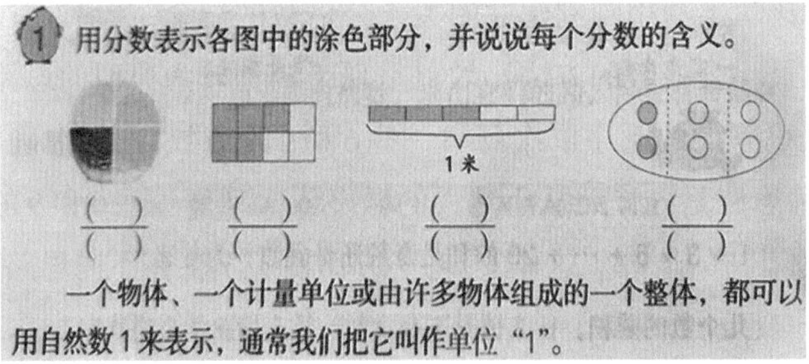

图12

第三层次，通过上面的分数分别是把单位“1”平均分成几份，表示这样的几份这个问题，再次确认各个分数的单位“1”是什么，使抽象的概念回归到具体实例中。

第四层次，从四个分数的具体含义中提取共同特征，概括分数的意义，揭示分数单位的含义。分数单位是分数的计数单位，分数单位同自然数的计数单位本质是一致的。由于分数单位是随着单位“1”被平均分成的份数的变化而变化的，不像自然数的计数单位[一(个)、十、百、千、万……]那样固定，这就使学生理解起来感到抽象、困难。所以，教材在揭示分数单位的含义后，紧接着安排学生结合具体的分数进行交流，以帮助他们巩固对分数单位的认识。

2. 分数的基本性质

这部分内容主要教学分数的基本性质。例题让学生先看图写分数，再借助直观操作从写出的四个分数中把大小相等的挑选出来，使他们初步感受分子、分母都不相同的分数中，有些分数的大小相等，有些分数的大小不相等（见图13）。

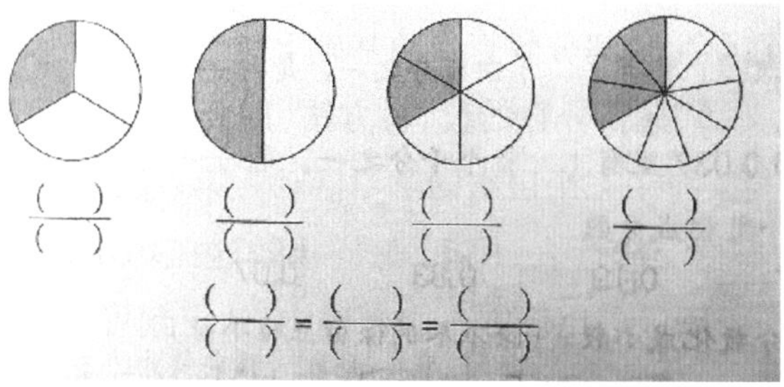

图13

接着让学生借助折纸操作寻找与$\frac{1}{2}$相等的分数，并用等式表示出来，再次感受分子、分母不同的分数，其大小可以相等。通过两道例题的教学，既为学生具体感知分数的基本性质提供了机会，又为接下来进一步的观察和分析提供了素材。在此基础上，教材分三步引导学生探索并发现分数的基本性质：第一步，观察例题中每个等式中的两个分数，分析它们分子、分母的变化情况，明确这种变化是有规律的。为了便于学生在观察、分析的过程中主动发现规律，教材引导他们用指定的方法表达每组两个分数的变化情况。从这样的表达方式中，学生很容易发现上述变化所遵循的数学规律，就是要么把原来分数的分子、分母同乘一个不是0的数，要么把原来分数的分子、分母同时除以一个不是0的数。第二步，要求学生利用例题中几组分数变化的方法和经验，继续观察、分析三个相等的分数，引导他们从每组两个分数的比较中，扩展至对相互关联的若干个分数进行比较，从而为归纳、发现分数的基本性质提供更为丰富的感性经验。第三步，综合上述活动中的认识，引导学生概括两道例题中相关分数分子、分母的变化情况，从而归纳出分数的基本性质。随后，教材还要求学生用整数除法中商不变的规律说明分数的基本性质。由于除法里的被除数和除数分别相当于分数的分子和分母，所以除法中的商不变规律和分数的基本性质本质上是一致的。沟通这两个知识，有助于学生建立新的认知结构，加深对分数基本性质的理解。在完成上述教学活动之后，教材还引导学生回顾分数基本性质的探索和发现过程，从知识、方法等不同层面总结收获、提升认识。

（十二）百分数

百分数是在学生理解分数意义的基础上教学的。通过教学，学生初步理解百分数的意义，掌握百分数的读、写方法，以及百分数与小数、分数相互改写的方法。教材安排了三个层次的学习活动。第一层次，呈现了学校篮球队三场比赛的投篮情况统计表，提出“怎样比较这三场比赛的投篮情况”的问题，引导学生在经历寻求比较方法的过程中，认识到可以先算出每场比赛投中次数占投篮次数的几分之几，再比较。明确方法后，教材要求学生算出每场比赛投中次数占投篮次数的几分之几，并进行比较。由于3个分数通分后的分母正好是100，这就很自然地引入了分母是100的分数，进而为下一环节的学习和探索提供了素材。第二层次，教材顺势告诉学生：为了便于统计和比较，通常把这些分数化成分母是100的分数。由此，让学生把3个分数改写成分母是100的分数，并比较它们的大小，初步体会百分数的特点。第三层次，在学生充分感知百分数意义的基础上，揭示百分数的概念，介绍百分数的读、写方法。随后的“试一试”以填空的形式，帮助学生进一步完善对百分数意义的理解，启发学生体会百分数与分数、比之间的联系，初步理解百分数又叫做百分比或百分率，进一步丰富对百分数意义的感知。

三 教学实践思考

教学案例1：10的认识

【教学实录】

环节一：故事激趣，初步感知10

师：这节课，老师要带大家去找我们的好朋友，一起来吧。（课件播放音乐

《找朋友》,学生跟着拍手唱。歌曲结束时,画面切入0～9十个数字娃娃的动画。)

板书课题:认识10。

环节二:创设情境,感受用10表示事物的数量

师:马上就是10月1日国庆节了,大家都会为祖国妈妈庆祝生日。瞧,小朋友们欢聚一堂,你能找出图中藏着的10吗?(图略)

生:图上有10个小朋友。

师:你是怎样数的?

生:一个一个地数,1,2,3,…,9,10。

生:两个两个地数,2,4,6,8,10。

师:动动小手,拿出10根小棒,看谁拿得又对又快。

学生一边拿一边数。

师:找一找,生活中有什么是用10表示的?

生:妈妈买了10个苹果。

生:我有10支铅笔。

生:我们每个人都有10根手指。

生:我们组有10个人。

生:……

师:是啊,数一数咱们的手指吧,刚好10根,能写会算还会画呢。

师:在"日"字格中,10该怎么写呢?

生:先写1,再写0。

师:对,10是两位数,写的时候要占两个日字格,一个格写1,一个格写0,注意两个数字不要写得太紧,也不要离得太远。

学生在日字格中描红写10。

师:以前学习的0~9都是一位数,而10是两位数。那么10在直尺上该排在哪里呢?

生:9的后面。

师:最小的0和1,站在一起变成比9还大的10,让我们从0开始,一起读一读。

学生齐读:0,1,…,9,10。

师:你还有别的读法吗?

生:10,9,…,1,0。

师:9看见10站在自己后面,比自己还大,就不服气了。它拿出9个点子说,我有这么多,你比我多吗?同学们说说看,怎么办?

生:当然是10比9大,因为9个点子再加1个才是10,10比9要多1个点子。

师:请你上来画出10个点子。

师:现在,10 >(　)。

生:9。

生:10还大于8,7,6,5,4,3,2,1,0。

生:10最大。

环节三:操作练习,理解10个一是1个十

师:我们认识了10,还用小棒数出了10。请把你数出的10根小棒摆在桌面上,说说几个一根是10根。

生:10个一根是10根。

师:10根小棒散开数比较麻烦,我们可以将10根小棒捆成1捆。这1捆就是1个十(师边演示边捆)。(板书:1个十)

师:刚刚我们感受了10个一变成1个十的过程,下面请小朋友动手用一根牛皮筋把它们捆起来,看看谁做得最好。

学生动手操作。

师:我们把10根小棒捆成1捆,就是1个十,10个一就是1个十。

学生齐读。

师:再数10根捆成1捆。

师:你知道这1捆是几根吗?

生:10根。

师:捆扎的例子在生活中用处很多,作用也很大,请你想想哪里用到了10个一捆或10个一扎。

引导小朋友找例子:小朋友用的铅笔一般10支一盒,硬币10个一扎,新的作业本10本一摞。这样一来,在我们统计数量时,不用再数,非常方便。

师:看来利用小棒还能学不少知识。我们继续来玩小棒,你能用小棒拼搭一个这样的图形吗?

课件出示第一幅图(图略)。

学生拼搭。

师:用了几根小棒?

生:4根。

课件接着出示第二幅图(图略)。

师:用了几根小棒?

生:7根。

师:从第一幅图到第二幅图多用了几根小棒?

生:3根。

课件出示第三幅图(图略)。

师:第三幅图比第二幅图多用了几根小棒?你有什么发现?

生:3根。

师:像这样摆,后一幅图形比前一幅要多用3根小棒。

课件出示第四幅图(图略)。

师:你数出的是几颗樱桃?

生:10颗。

师:你是怎样数出10颗的?数给大家看一看。

生:一个一个地数,1,2,3,…,9,10。

生:两个两个地数,2,4,6,8,10。

师:怎样数出这一双手上有几根手指?用想到的方法数一数。

生:一个一个地数,1,2,3,…,9,10。

生:两个两个地数,2,4,6,8,10。

师:你们能五个五个地数一数吗?

生:5、10。

师:数数可以一个一个地数,也可以两个两个、五个五个地数。

师:小朋友,我们已经认识了0～10这11个数字,其中有几个数字娃娃很调皮,躲起来啦(随手拿掉一些数字卡片),你能把它们找出来吗?

学生口答后,课件再出示第3题(题略),让学生独立填空。

出示学生的作品,然后集体读一读。

师:比7大的数有哪些?比7小的呢?7离10近一些还是离5近一些?

师:不看这些数的排列,你能直接比大小吗?

课件出示第7题(题略)。

交流完成情况，并适当提问，如：7>6表示什么意思？

师：你能一目了然地知道谁多谁少，多多少，少多少吗？（随着学生回答，课件演示一一对应的排列）

课件出示第8题（题略）。

师：△和□比，哪个多？多的部分在哪里？□比△少几个，△比□多几个？（随着学生回答，课件圈画出多的部分）

师：□比△少3个，也就是△比□多3个。

师：这些数字娃娃真调皮，这一次完全打乱重新排队了。

课件出示第4题（题略）。

师：第2张是8，第5张是几？第10张是几？

师：你是从哪边数起的？这样数，第4,7,9张又是几呢？

教师再次组织活动，让学生给它们重新排队。

学生上台重新排序自问自答。

师：看同学们玩得这么起劲，一群小鸭子也来凑热闹啦！

课件出示场景图（图略）。

师：数数一共有几只。

生：10只。

师：从左数起，戴帽子的小鸭子各排在第几？从右数起，哪几只戴帽子？

师：10只小鸭和第10只小鸭的意思一样吗？不一样在哪里？

环节四：深化提升，总结关于10的认识

师：大家学得开心吗？认识了哪个新朋友？了解了关于它的哪些知识？

【案例思考】

思考一

数学教学要紧密联系学生的生活情境，从学生的生活经验和已有的知识出发，使学生初步感受数学与日常生活的联系，感知数学源于生活。刚入学的儿童，活泼好动，对事物充满好奇，求知欲、表现欲很强。教师利用他们的心理特点，对他们进行数学感觉、感受乃至感情的培养，通过一个生动有趣的数字娃娃比大小的故事，一下子就抓住了学生的注意力，同时又蕴含了数的大小比较，为10以内数的大小比较做好铺垫。

思考二

本节课认识10的教学，首先利用场景图让学生观察、数数，又让学生动手数小棒，寻找生活中的10，获得对10的感性认识，然后用数字表示。这个逐渐抽象上升到理性认识的过程，不仅让学生真正理解了10的意义，初步培养了抽象概括的意识，而且也符合学生对数的认识和数的理解的一般规律。教学写数时，突出和以前学过的数的不同点，让学生认识到10是由过去学习的1和0两个数组成的，学习方式也是先由学生讨论汇报，然后教师小结示范。因为学生已有1和0的基础，所以这种学习方式的改变使得学生真正成为学习的主人。

思考三

本节课通过多层练习整合，有层次、有深度、整合性强，第1题用小棒表示10，然后捆起来，帮助学生认识10个一就是1个十，同时渗透数数的方法。接着在用小棒摆图形的过程中，重点突出数，引导学生注意在数的过程中观察规律：每增加一个图形增加3根小棒。这种整合可以避免学生不停地操作，同时又以主题活动贯穿，整合性强。在玩卡片的活动中，教师巧妙地将填缺的数、利用数轴比大小、利用数字卡片重新排序练习数的顺序等习题整合在了一起。通过这样的改变，学生不仅能感受知识之间的逻辑联系，更能在轻松愉快的氛围里学习了知识，激发了学习兴趣，增强了数学感受，培养了创新能力。

教学案例2：因数和倍数

【教学实录】

环节一：认识倍数和因数

师：一起看大屏幕，数一数，一共有几个正方形？能不能用一道非常简单的乘法算式表达出来？

生：1×12。

师：猜猜看，他每排摆了几个，摆了几排？

生：每排12个，摆了1排。

师:还有不同的想法吗?每排能摆5个吗?12个同样大小的正方形能摆3种不同的形式,得出3道乘法算式,千万别小看这些乘法算式,今天我们研究的内容就在这里。以第一道乘法算式为例,3×4=12,3和4都是12的因数,倒过来12是3的倍数,12也是4的倍数。这就是我们今天所要研究的因数和倍数。

师:还有两道乘法算式,先自己说一说谁是谁的因数,谁是谁的倍数。

师:刚才有两句特别拗口,是哪两句啊?

生:12是12的因数,12是12的倍数。

师:虽然拗口了点,但真是这么回事,12的确是12的因数,12也是12的倍数。为了研究方便,探讨因数和倍数的时候主要研究哪些数?

生:自然数。

师:而且谁要除外?

生:0。

师:你能从中选两个数,说一说谁是谁的因数,谁是谁的倍数吗?

环节二:探索找因数、倍数的方法

师:谁能把36的因数一口气说完?

生1:3,18。

师:还有谁?

生2:36。

师:3,18,36都是36的因数,只有这3个吗?

生1:1。

生2:4。

生3:6。

师:用你喜欢的方式找出36的所有因数。

师:老师展示3份不同的作业,把它们命名为A、B、C。

A:2,4,1,12,18,36

B:1,2,4,3,6,9,12,18,36

C:1,36,2,18,3,12,4,9,6

师:关于A这种方法你有什么话要说?

生1:都是对的。

生2:写全了。

生3:没有写全,少了3,6,9。

师:同学们来思考一下,6,9这两个数是36的因数吗?看来这个同学没有找全,没有找全仅仅是因为粗心吗?是因为什么呢?

生:36÷4,只写了4,没写9。

师:他的意思是说用除法来做的话,找一个数的因数,一个个找,还是两个两个地找?

生1:两个两个地找。

生2:先把1写在头,36写在尾,然后再把2写中间,这样依次写下去,比较美观。

师:老师提炼出两个字——“顺序”,没写全不仅仅是因为粗心,还因为没有按照一定的顺序。

师:第二个同学有没有找全,有没有更好的建议送给他。

生:他应该把4,3调换一下。

师:做了一个微调不仅仅是因为美观,更带给我们一种寻找的有序性。第三个同学是最没有顺序的,你们觉得有道理吗?

师:你想提出抗议吗?(询问作业C的学生)你觉得有顺序吗?(有)你自己来说一说。

生:B那样还要头对尾的,像我这样直接就可以写了。

师:同学们有没有听明白?C也是一对一对出现的。

生:C没有按大小顺序排,B按从小到大排看起来很舒服。

师:你看你那个舒服吗?(再次询问作业C的学生)

生:舒服。

师:正是因为同学们的质疑,他把方法说了出来。他用了什么方法?

生:乘法口诀。

师:非常感谢同学们的发言,正是你们的发言让我们学会了如何寻找一个数的因数。

师:请大家试着找到20的因数。

生(齐):1,2,4,5,10,20。

师:再试一个数:15。

生(齐):1,3,5,15。

师:大家会找一个数的倍数吗?3的倍数,谁来找一找?

生:21,300。

师:你能把3的倍数全部写下来吗?

生:不能,太多了。

师:那怎么办?写不完可以用省略号表示。

师:同学们虽然找的答案差不多,但用的方法各不相同。我想听听你是怎样找的。

生1:3×1,3×2,……

师:能理解吗?

生1:3+3=6,6+3=9。

师:有理吗?不要小看加3,当数大的时候会比较方便。

师:找50以内7的倍数。

师:谁来说说这一次你找了哪几个。

生:7,14,21,28,35,42,49。

师:为什么不加省略号?

生:因为有一个限制。

环节三:感受倍数和因数的神奇奥秘

师:因数和倍数是不是蕴藏了很有意思的规律?下面这题就隐藏了一条规律。

屏幕显示:9颗珠子全部放到十位和个位上,1颗放十位上,另外8颗放个位上。

师:这样能得到几?(18)要是不这样放,你能得到其他两位数吗?

生1:27。

生2:36。

师:把你知道的两位数跟同桌说一说。

生:27,36,45,54,63,72,81,18。

师:你发现了什么?

生:都是9的倍数。

师:9颗珠子拨的两位数都是9的倍数,8颗珠子拨的两位数都是——

生:都是8的倍数。

师:你发现了什么规律?

【案例思考】

思考一：丰富的文化底蕴，培养数学学科综合素养

本节课的文化气息相当浓厚，教师课前作了大量的准备工作，查阅了不少资料，进行了创造性组合和优化，非常有利于激发学生的学习兴趣。"计数器"九颗珠子的奥秘，让学生在不知不觉中感受到了数学的奥秘。因此，只要有了文化气息，数学课堂就有了灵魂，学生不再感到枯燥无味，定会乐在其中。

思考二：善于引导，让学生学会思考

教师善于捕捉学生发言过程中的信息，大胆地让学生自己找出36的因数和3的倍数，再通过对比几份不同的作业，层次清晰地得出找因数和倍数的方法。在这一过程中，教师与学生进行互动，沟通联系，交流想法，形成意见，真正做到了"教师是教学的组织者、引导者和合作者"。如："看来这个同学没有找全，没有找全仅仅是因为粗心吗？是因为什么呢？""他的意思是说用除法来做的话，找一个数的因数，一个个找，还是两个两个地找？"……教师一直用亲切的话语引导学生去发现、思考。

思考三：以生为本，教学内容探究化

波利亚说过，学习任何知识的最佳途径都是由学生自己去发现，因为这种发现理解得最深，也最容易掌握内在的规律、联系和性质。教学不是教师把找因数和倍数的方法直接告知学生，而是让学生在看一看、说一说、议一议、玩一玩的过程中自主探究，亲身经历知识形成的过程，顺利突破教学重、难点，体现"学生是教学的主体"这一课程核心理念。

教学案例3：小数的初步认识

【教学实录】

环节一：创设情境，引入新知

师：老师昨天买了一把米尺，谁能猜猜这把米尺的价格。

师：现在我公布它的实际价格（板书：3.85元），它怎么读？

生1:读作三元八角五分。

生2:我觉得应该读作三点八五元。

……

师:同学们,这个数读作“三点八五元”,我们一起读一下。(生齐读)你们知道它是什么数吗?

生:小数。

师:对!这是小数,今天我们就来学习小数的有关知识。

环节二:联系经验,学习读写

师:谁知道小数里面这个小圆点叫做什么?

生:小数点。

师:你们知道得真多,它就叫做小数点。谁还想读读这个小数?如果在3.85前面加上2,变成23.85,谁还会读?

师:原来我们对小数并不陌生,不仅看到过,也用过。你们想不想再来读一读、写一写小数?(出示六个小数:3.05,15.15,9.9,1.35,0.028,4.50)

先在自己心里默默地读一遍,再请几位同学依次读给大家听。

环节三:突出重点,理解意义

师:学习小数的知识还需要四把“金钥匙”,同学们愿意和老师一起去寻找这四把“金钥匙”吗?

投影:这是前两把“金钥匙”。

(1)1角$=\frac{(\quad)}{(\quad)}$元　　(2)1分$=\frac{(\quad)}{(\quad)}$元

师:谁来把这两把“金钥匙”补充完整。

生1:一角等于十分之一元。

生2:一分等于一百分之一元,因为一元等于一百分,所以一分等于一百分之一元。

师(结合板书):1角等于$\frac{1}{10}$元,还可以写成0.1元;1分等于$\frac{1}{100}$元,还可以写成0.01元。

师:现在这两把“金钥匙”已经完整了,你们从这两把“金钥匙”中明白了什么?

生3:分数可以用小数来表示。

生4:小数就是由分数得来的。

生5:十分之一就是零点一,百分之一就是零点零一,或者说零点一就是十分之一,零点零一就是百分之一。

师:如果是2角应该等于什么呢?自己想好了再举手。

生6:2角等于十分之二元,又等于0.2元。

师:如果是6分呢?

生7:6分等于一百分之六元,又等于0.06元。

师:看来这两把"金钥匙"你们都得到了,那看哪些同学自己能获得第三把和第四把"金钥匙"?

课件显示第三把和第四把"金钥匙":

(3)1分米=$\frac{(\quad)}{(\quad)}$米=(　)米

(4)1厘米=$\frac{(\quad)}{(\quad)}$米=(　)米

生:1分米等于十分之一米,也等于0.1分米。

生8:最后的单位应该是米,而不是分米,因为1分米不会等于0.1分米。

师:是呀,1分米用米作单位是0.1米,而不是0.1分米。

生9:1厘米等于一百分之一米,也等于0.01米。

师:如果是8分米、2厘米用米作单位,应该等于什么呢?

环节四:联系巩固,深化提高

1.填表(略)

先在数量下面画上横线,再填表,想一想为什么这样填,最后与同桌交流。

2.猜身高

师:你们真能干!(投影显示姚明的几张照片)同学们认识他是谁吗?知道他的身高吗?

生1:我觉得姚明的身高是2.2米。

生2:他的身高是2.12厘米。

生3:应该是2.12米。

师:对,如果是2.12厘米的话就是2厘米多一点,就应该到"小人国"去了!

生4:可能是2.29米。

生5:可能是2.26米。

师:嗯,你真了解姚明,他的身高确实是2.26米。2.26米有多高呢?比几把米尺还要多一点?

生:比两把米尺还要多点。

教师在墙上量出2.26米的高度。

生:啊! 这么高!

师:所以大家都叫他“巨人”! 你们知道自己的身高吗?

3.猜价格

师:下面,我们来一次价格竞猜!(投影显示一个可爱的瓷娃娃,并把实物放在讲台上)用小数猜猜这个可爱的瓷娃娃的价格。

生1:我猜是8.5元。

生2:我猜是8.9元。

生3:我猜是7.65元。

……

投影显示正确价格:7.60元。

4.组数比赛

师:下面我们进行一次比赛,看谁写得最多。(投影显示题目:用3、0、9这三个数字和小数点组成小数,看谁写得多!)

环节五:课堂总结,及时反馈

师:同学们今天学得真好! 说说你今天的收获。

【案例思考】

思考一:准确把握教学起点

数学教学是数学活动的教学,是一个以学生已有知识和经验为基础的主动建构过程。学生每天学的内容对他们而言未必都是全新的知识,有些会有一定的生活经验作基础。小数的认识,从逻辑结构来看是全新的,但从学生的生活现实来看,已有一些粗浅的了解。教师对本部分内容的教学,其教学起点把握准确,不是按部就班地先学小数的意义再学读写最后练习,而是先从学生有一定基础的读写开始,再重点突破小数的意义。在理解小数的意义时,借助分数,引导学生自主探究、自主发现、自主建构,感悟小数与十进分数的联系。

思考二:内容呈现别具匠心

整节课学习内容的呈现方式丰富多彩,如在猜价格中引入课题、在游戏中巩固学习内容、在阅读中了解小数的发展史……尤其是学习小数的意义时，采用四把“金钥匙”的形式，激发了学生强烈的好奇心，使整堂课学生的学习兴趣始终保持旺盛，取得了理想的教学效果。

思考三：课堂氛围民主平等

教学中，教师倡导教学民主，始终把学生摆在主体位置上，促使课堂学习活动热烈展开。整节课没有教师的说教，只有师生间的探讨和学生间的交流、讨论、争辩；没有教师的严厉批评，只有教师激励性的评价。学生在这样轻松愉快的环境中学到新知，在愉悦的氛围中提升了数学素养。

教学案例4：百分数的认识

【教学实录】

环节一：创设情境，构建新知

师：学校篮球队组织投篮练习，老师对其中三名队员的投篮情况进行了统计。观察这张统计表，从中你了解了哪些信息？

生：小明投了25次，投中了16次；小华投了20次，投中了13次；小军投了30次，投中了18次。

师：你认为谁投篮的成绩好一些？你是怎样想的？

生：成绩可以化成分数来表示。

师：也就是说在投的次数不一样的情况下，我们可以计算他们投中的比率，也就是投中的次数占投篮次数的几分之几。小明投中的比率怎么求？

生：用$16\div25=\frac{16}{25}$。

师：小华呢？

生：$13\div20=\frac{13}{20}$。

师：小军投中的比率呢？

生：$18\div30=\frac{18}{30}$。

师：分数要化成什么么？

生:最简分数$\frac{3}{5}$。

师:现在你能一眼看出他们三人谁投中的比率最高吗?怎么比?

生:把它们化成百分比:$\frac{16}{25}=\frac{64}{100}$,$\frac{13}{20}=\frac{65}{100}$,$\frac{3}{5}=\frac{60}{100}$,这样就可以看出第二个同学投中的比率大。

师:为了便于统计和比较,通常把这些分数用分母是100的分数来表示。

师:$\frac{64}{100}$表示什么意思?

生:表示投中次数是投篮次数的一百分之六十四。

师:$\frac{65}{100}$呢?

生:表示投中次数是投篮次数的一百分之六十五。

师:$\frac{60}{100}$呢?

生:表示投中次数是投篮次数的一百分之六十。

师:像上面这样表示一个数是另一个数的百分之几的数叫做百分数。百分数又叫做百分比或百分率。

学生齐读百分数的含义。

师:那么$\frac{64}{100}$应该怎样写,怎样读呢?请大家自学数学书85页的内容,百分数的读、写方法。

师:谁愿意向大家介绍一下百分号的用法?

生:把$\frac{64}{100}$的分数线和分母去掉,在分子64的后面写上百分号。

师:那就是先写它的什么?(分子)再写百分号。

教师指导百分号的书写:在分子的右上角写上一个小圆圈,画一条斜线,再在左下角写一个小圆圈,注意两个小圆圈的位置,而且两个小圆圈不要写得太大。

师:怎么读?

生:读作"一百分之六十四"。

师:一般不读"一百分之六十四",只读"百分之六十四"就可以了。$\frac{65}{100}$,$\frac{60}{100}$你会改写吗?请大家像这样写在草稿本上。(学生独立完成,指一名学生

上黑板板书）

师：你们写得和他一样吗？齐读这两个分数。

师：请同学们看大屏幕：读出下面的百分数，并说出每个百分数的含义。（课件出示练习，略）

生：我们班有50%的同学会游泳。

师：这里的50%表示谁是谁的百分之几呢？

生：这里的50%表示会游泳的同学是全班同学的50%。

师：很好。（师指名学生读第2题）

生：50%苹果汁，40%葡萄汁。

师：这里的两个百分数分别表示什么意思？

生：50%表示苹果汁占整杯果汁的50%，40%表示葡萄汁占整杯果汁的40%。

师：100%羊毛表示什么意思？

生：100%羊毛表示这件羊毛衫全部是羊毛。

师：很好。那么这里的100%如果让你换一个数来表示，可以用哪个数？

生：1。

师：课前，老师让大家收集了一些生活中的百分数，请你们在四人小组内相互说一说你收集的百分数表示什么意思。

师：谁愿意向大家介绍一下？

生1：A型酒含酒精65%，表示酒精占这瓶酒的65%。

生2：B型酒含酒精52%，表示酒精占整瓶酒的52%。

生3：免洗消毒液含酒精75%，表示酒精占这瓶消毒液的75%。

……

学生齐读这些百分数：27.8%，61.7%，72.7%，4.5%。

师：老师带来的百分数和刚才大家收集的有什么不同呢？

生：老师收集的百分数都含有小数。

师：也就是说百分数的分子可以是整数，还可以是小数。但是百分数的百分号表示它的分母一定是——

生：100。

师：只要我们留心观察，就会发现生活中处处有数学。

师：写出下面横线上的百分数。（课件出示，略）

学生在书上独立完成，教师指一名学生写在小黑板上。

学生齐读写出的5个分数：71%、29%、36%、12%、53%。

环节二：联系实际，分层练习

课件出示“试一试”的题目，学生根据下面每个百分数的意义填空。

学校合唱队中，男生人数是女生的45%。学校合唱队中，男生人数是女生的$\frac{45}{100}$，男生人数与女生人数的比是45∶100。

师：实际上百分数和分数、比之间有关系吗？有怎样的关系？

生：百分数的分子是分数的分子，是比的前项；百分号是分数的分母，是100，是比的后项，是100。

师：因此我们也可以说百分数是特殊的分数，是特殊的比。

师：六年级一班学生的近视率是20%，还可以怎么说？

生：六年级一班学生中，近视的人数占全班人数的20%。

师：百分数既可以表示百分比，也可以表示近视率，因此我们就可以把百分数叫做什么？

生：百分比或百分率。

师：百分数表示一个数是另一个数的百分之几，那么百分数表示的是几个数之间的关系？

生：两个。

师：如果表示两个数之间的倍数关系，可不可以加单位名称？

生：不可以。

课件出示题目：

1.对号入座：100%　0%　55%　99%

(1)这节课同学们学习积极主动，老师希望完全理解百分数意义的同学占全班人数的(　　)。

(2)一本书已经看了45%，还剩下(　　)没有看。

(3)一个工厂从一批产品中抽出200件，经过检验，有198件合格。合格的产品占(　　)。

2.猜百分数

百战百胜(　　)　十拿九稳(　　)

百里挑一(　　)　半信半疑(　　)

师：今天同学们的表现非常好。最后老师给你们讲一个名人，他是一位伟大的发明家，他的发明有2000多项，人们都称之为“天才”，可他却谦虚地说：天才=99%的汗水+1%的灵感。你们知道他是谁吗？

【案例思考】

思考一

这堂课体现了一种新的理念，用教材平台延扩教材的编写意图。教师在进行教学时，首先播放一段学校篮球赛视频，采用激趣教学，同时创造性地使用了教材，不拘泥于已有教材内容，而是根据实际情况巧改教材中的例1，联系了学生的生活实际，充分调动了学生学习的积极性，为探索新知做了一个很好的铺垫。

思考二

教材通过创设生活情境，引导学生自主学习，向学生渗透数学知识，联系生活实际。百分数在日常生产和生活中的使用频率很高，学生虽未正式认识百分数，但对百分数并非一无所知。在这一课中，教师从概念的引入—概念的形成—概念的强化—概念的运用，到每一个题材的选取，都从学生熟悉的生活情境和感兴趣的事物出发，为他们提供了观察比较、探索研究、归纳总结的机会，使他们感受到数学的趣味和作用，感受到数学知识就在身边，从而体会到学习数学的现实意义。

思考三

本节课练习题的设计，处处渗透百分数的重要性，符合学生的心理特点，关注了学生的兴趣，充分调动了学生参与的热情，并在学生评价后引用名言：“天才=99%的汗水+1%的灵感。”以含百分数的名人名言结束新课，既增加了学生的积累，又给学生树立了奋斗的目标，渗透了数学文化，培养了学生的综合素养。

第二章　数的运算

㊀ 教材内容编排

在小学数学课程中,“数的运算”(简称“运算”)是最重要的内容之一,之后的“平面图形的角度、周长和面积”“立体图形的表面积、体积”“数据分析”都建立在它的基础之上。“运算”涉及两个问题,即“怎么算”“为何这样算”。前者是讲计算的方法和程序,被称为算法。后者阐述计算的原理和性质,被称为算理。

“数的运算”内容贯穿于整个小学阶段,课程标准从四个方面加以阐述:整数的运算,分数、小数和百分数的运算,估算、计算器及算法的交流,问题解决与常见的数量关系。

第一学段包括万以内的数、简单的分数和小数的运算,主要是万以内整数的加、减、乘、除运算。有关四则运算的顺序主要学习加减混合运算,通过从左到右依次计算的混合运算式题,初步了解小括号的作用。

第二学段有三位数乘两位数的乘法、三位数除以两位数的除法,更多的是学习小数、分数的加、减、乘、除运算,以及更系统地学习混合运算的运算顺序,重点学习含有两级运算的四则混合运算,为学习列综合算式解决问题打下基础。同时,还包括运算定律的学习,主要是在学生已有的直观认识的基础上对有关加法和乘法的运算定律加以概括和总结,学习运用运算定律进行简便运算。

总体上，关于数的运算，两个学段均涉及整数、分数、小数的运算以及相关的运算规则，但第二学段对运算的要求和难度、运算规则的抽象程度较高。

苏教版小学数学教材关于“数的运算”相关内容，考虑到学生认知特点和思维层次，相应地分布在各个年级，主要编排结构如表2。

表2　苏教版小学数学教材“数的运算”内容编排结构

序号	册次	数的运算
1	一年级上册	10以内的加法和减法 20以内的进位加法
2	一年级下册	20以内的退位减法 100以内的加法和减法(一) 100以内的加法和减法(二)
3	二年级上册	100以内的加法和减法(三) 表内乘法(一) 表内除法(一) 表内乘法和除法(二)
4	二年级下册	有余数的除法 两、三位数的加法和减法
5	三年级上册	两、三位数乘一位数 两、三位数除以一位数 分数的初步认识(简单的同分母分数加减法)
6	三年级下册	两位数乘两位数 混合运算 小数的初步认识(简单的一位小数加减法)
7	四年级上册	两、三位数除以两位数 整数四则混合运算
8	四年级下册	三位数乘两位数 用计算器计算 运算律

续 表

序号	册次	数的运算
9	五年级上册	小数加法和减法 小数乘法和除法 (小数四则混合运算)
10	五年级下册	分数加法和减法
11	六年级上册	分数乘法 分数除法 分数四则混合运算
12	六年级下册	—

二 具体内容解读

(一)10以内的加法和减法

“1~5的加减法”主要包括初步了解加法、减法的含义,口算5以内的加法、减法。加减法的意义对学生来说很抽象。教材选取学生熟悉的事例,例如,通过形象的演示“把两只手中的气球合在一起”和“手中的气球飞走了一个”,将气球的合与分与加减法前的“分与合”内容建立联系。同时配合教材中的点子图表示“合并”和“去掉”的含义,实现从具体的“合”与“分”上升为抽象的“合并”与“去掉”,从而帮助学生理解加减法的含义。此外,注意运用学生熟悉的数数或数的组成和分解的算法进行口算。

“6~10的加减法”包括6和7的加减法、8和9的加减法、10的加减法、连加连减和加减混合计算。6~10的加减法与相应的数的认识有机地结合起来穿插安排,在学习了一组数后紧接着引导学生通过动手操作直观地认识数和数的组成,并在此基础上学习相应的加法和减法。例如,6,7的认识和有关6,7的加减法,教材让学生在认识数的过程中体会6,7的组成,然后通过具体拼摆引出有关6和7的加法和减法的计算。这样既有利于学生利用数的组成更好地掌握10以内的加减法的计算方法,同时也可在计算中加深学生对数概念的理解。连加、连减与加减混合计算是在10以内的加减法的基础上进行学习的。教学重点是通过联系实际情境，理解连加、连减和加减混合计算的意义及计算方法。对主题图的充分解读，可以帮助学生直观理解加减混合计算的意义以及计算方法，克服因前后两个计算步骤所采取的计算方法不一致产生的计算困难，明确先算什么再算什么，同时感受加减混合计算可以解决生活中的实际问题。

（二）20以内的进位加法

“20以内的进位加法”是在学习了20以内的不进位加法和不退位减法的基础上学习的，是学生后续学习20以内的退位减法和百以内的进位加法的重要基础。“20以内的进位加法”包括9加几，8，7，6加几和5，4，3，2加几。这部分内容的学习主要是让学生经历“凑十法”的过程，并达到熟练计算，初步形成一定的计算能力。然后在具体情境中，体现算法多样化，突出“凑十法”。其中9加几重点围绕“凑十”的过程，通过经历摆一摆或画一画，边操作、边对照算式进行计算，具体形象的操作过程与抽象的计算过程一一对应，便于理解和掌握算法。8，7，6加几的计算，引导学生运用“凑十法”解决新问题，并突出“为什么凑十”“怎样凑十”两个问题。5，4，3，2加几的计算，以渗透转化思想为主，将小数加大数转化为大数加小数。

（三）20以内的退位减法

“20以内的退位减法”包括十几减9，十几减8，7，6，十几减5，4，3，2。要求是通过动手操作、画图等方式，呈现出“破十法”“连减法”“想加法运算减法”等计算方法的直观图象，让学生感知并理解20以内的退位减法的算理，掌握20以内的退位减法的算法，熟练、准确地口算20以内的退位减法。

（四）100以内的加法和减法

“100以内的加法和减法（口算）”是对已经学过的20以内加减法计算的巩固和应用，又是学习多位数加减法以及乘除法的基础。主要内容包括：口算整十数加、减整十数，口算两位数加、减一位数和整十数，含有小括号的加、减混合运算。教学中需要运用多种方式帮助学生实现从“单一性概念结构”到“多单位概念结构”的过渡，需要运用有结构的直观教具，帮助学生理解算理，掌握算法。例如，借助成包的书、整捆的小棒和计数器等直观模型，帮助学生形成计数单位“十”的丰富表象，初步理解相同计数单位的数可以直接相加、减，计算方法与10以内的加、减法基本相同，同时培养初步的推理能力。

“100以内的加法和减法（笔算）”是在学生掌握了100以内的两位数加、减一位数和整十数的基础上学习的。主要内容包括：两位数加两位数的不进位加法和进位加法，两位数减两位数的不退位减法和退位减法，两位数的连加连减和加减混合运算。将笔算教学与解决问题的教学有机结合，先从现实情境中提出要解决的计算问题，突出学习计算的价值，接着通过直观操作、活动探讨、理解计算的算理，明确计算的方法，最后运用计算解决问题。例如，两位数加法包含2道例题。例1是两位数加一位数的不进位加法，这个内容学生一年级已经会口算了，在这里出现有两个目的：一是复习口算加法的计算方法，为学生理解笔算的算理和算法做好准备；二是口算也可以写成竖式，即用笔算，从而引出笔算。例3以“集邮票”为情境，解决两个小朋友一共有多少枚邮票问题，同时解决“34+16”的竖式计算，着重解决“从个位加起，个位满十向十位进一”。这部分教学需要让学生通过小棒的操作，经历竖式形成的过程。

（五）表内乘法和除法（一）

“表内乘法（一）”包括2~6的乘法口诀、乘加和乘减。“表内乘法（一）”是学生学习乘法的开始，遵循儿童已有的经验和认知发展的基本规律，教材提供大量同数相加的现实情境，架起加法算式与乘法算式之间的桥梁，突出乘法意义的本质。学生在理解意义的基础上熟记2~6的乘法口诀，并能在实际应用中进一步领会四则运算的意义，同时为后面学习7~9的乘法口诀做好方法上的准备，也是今后学习表内除法和多位数乘、除法的基础。2~6的乘法口诀学习要在生活情境中调动学生的学习兴趣，通过解决问题体会乘法口诀的必要性，从而经历编制口诀的过程，掌握编制口诀的方法，在解决实际问题中体会口诀的价值。例如，基于学生会“5，10，15，20，…”5个5个数数的基础，教材首先编排了5的乘法口诀。教材将5个5个连加的计算过程以此呈现出来，用箭头表示累加的过程，由学生在方框中填出得数，目的是调动学生的已有知识和经验，了解得数的由来，为编制乘法口诀积累感性经验。接下来将点子图（乘法的矩形模型）与相应的乘法算式、乘法口诀对照编排，用点子图为乘法口诀赋予直观意义，便于学生理解和记忆，同时体现乘法口诀的应用价值，用一句乘法口诀可以计算两道乘法算式，并为进一步学习2，3，4和6的乘法口诀打好基础。

“表内除法（一）”中用2~6的乘法口诀求商，是学生在体会和理解除法运算的意义之后，自主探索出求商的方法。重点是如何引导学生自主探索求商的方法，沟通乘法与除法的关系，理解用乘法口诀求商的道理。

（六）表内乘法和除法（二）

“表内乘法（二）”重点是经历7~9的乘法口诀编制的过程，理解每一句口诀的意义并熟记，会用类比推理的方法学习新知识。对于口诀的编制，除了建立在已有口诀编制经验的基础上，还要通过观察直观图，利用迁移的方法，促进学生对乘法意义的理解。

在数形结合中，加强相同数相加，可以依靠乘法算式编制乘法口诀的思考方法。例如，“8的乘法口诀”，采用学校军乐队的队列，进而分析结果，借助“数轴”直观模型，动态呈现小狗跳跃的画面，帮助学生理解和掌握几个8连加可以用乘法来表示的过程。

“表内除法（二）”主要学习用7~9的乘法口诀求商，通过独立思考、自主探索、合作交流等数学活动，让学生利用2~6的乘法口诀求商的思路与方法进行迁移、比较、推理，学会用7~9的乘法口诀求商，形成用7~9的乘法口诀求商的基本思路和基本方法，体会乘除法之间的关系。表内除法的学习，要求学生能熟练、正确地口算表内除法，形成表内除法的口算能力。

（七）有余数的除法

“有余数的除法”是表内除法知识的延伸和拓展，是今后继续学习一位数除多位数等除法的重要基础。这部分内容包括探索有余数除法计算的过程，掌握试商的方法，懂得通过余数与除数的关系判定所找到的商是否正确，会用竖式计算除数是一位数且商也是一位数的有余数的除法。

（八）两、三位数的加法和减法

“两、三位数的加法和减法”是学习整数加法、减法的最后阶段。主要内容包括口算两位数加、减两位数（和在100以内），笔算几百几十加、减几百几十，三位数加、减三位数的笔算。其中，连续进位加和连续退位减是笔算加、减法的重点和难点，还包括理解验算的意义，学习对加法和减法进行验算。这些内容是对学过的100以内的加减法的巩固和应用，又是学习多位数加减法的基础，起着承上启下的作用。一是通过口算和笔算，复习数和计算有关的知识；二是为进一步学习万以内的计算做铺垫；三是结合运用计算解决问题，在具体情境中逐步培养估算的意识。通过这部分内容的学习，一方面，学生基本掌握整数加法、减法的计算法则，能熟练地进行计算，并能通过迁移解决更多数位的加法、减法计算；另一方面，为进一步学习小数加、减法和多位数乘、除法打下基础。

（九）两、三位数乘一位数

“两、三位数乘一位数”是在掌握表内乘法，口算100以内加、减法的基础上学习的，主要内容包括口算乘法、笔算乘法。口算乘法即要求口算一位数乘整十、整百、整千数和两位数乘一位数（不进位）。笔算乘法包括两位数乘一位数（不进位）的笔算竖式，理解笔算的算理，还包括笔算乘法中的进位（及连续进位）问题以及乘数中间和末尾有0的问题。

（十）两、三位数除以一位数

“两、三位数除以一位数”是在表内乘除法、一位数乘多位数的基础上学习的，同时为学习除数是两位数的除法、除数是多位数的除法奠定基础。主要内容包括口算除法和笔算除法。口算除法包括：一位数除整十整百数，一位数除几百几（十）、一位数除几十几。笔算除法包括：一位数除两位数（十位和个位都能除尽、首位不能除尽、没有余数除法的验算），一位数除三位数（首位够除、首位不够除、有余数除法的验算），有关0的除法（0除以一个不为0的数、商中间有0末尾有0)。

(十一)简单的同分母分数加减法

“分数的简单计算”即简单的同分母分数加减法,是在分数的初步认识的基础上学习的。借助直观操作理解算理、掌握算法,加深对分数含义的理解是这节内容的主要目标。具体内容包括同分母分数的加法、同分母分数的减法,以及“1减几分之几”。

(十二)两位数乘两位数

“两位数乘两位数”包括口算乘法和笔算乘法。口算乘法包括两部分:第一部分是两位数乘一位数(积在100以内的进位乘法)、几百几十乘一位数(进位),它是在口算整十数、整百数乘一位数的基础上学习的;第二部分是两位数乘整十数、整百数。两位数乘两位数笔算乘法的内容是在笔算多位数乘一位数的基础上学习的,包括进位乘法和不进位乘法两个层次。“两位数乘两位数”的教学中,理解算理、掌握计算方法是重要目标。

(十三)混合运算

“混合运算”要求学生掌握含有两级运算的两步式题的运算顺序。在此之前学生会按照从左往右的顺序计算加减、乘除或乘加、乘减的两步式题,并且知道了小括号的作用。本节内容重点是梳理并教学混合运算的顺序。例如,在没有括号的算式里,只有加减或只有乘除法,按从左往右的顺序计算。在教学过程中,要加强脱式计算书写格式规范性的指导,要采用多种方法来帮助学生理解四则混合运算的计算法则。

(十四)简单的一位小数加减法

“简单的一位小数加减法”以“小数的初步认识”为学习基础。小数的加减法以元、角、分等常用计量单位的知识为形象支撑,探究小数加减法的算理和算法与整数加减法的联系,教材中仅出现一位小数或两位小数,计算仅涉及一位小数的加减运算。

（十五）两、三位数除以两位数

“两、三位数除以两位数”是小学阶段整数除法学习的最后阶段，是在学习了除数是一位数的除法、三位数乘两位数的基础上进行教学的。这部分主要内容包括除数是两位数的除法口算（整十数除整十数、整十数除几百几十的数）、笔算除法（商是一位数、商是两位数）。“三位数除以两位数”是计算学习的一次飞跃，需要注意计算过程中的“试商”“调商”，还需要注意如何确定商所在的位置。

（十六）整数四则混合运算

“整数四则混合运算”是在复习已经学过的四则运算知识的基础上，对加、减、乘、除四则运算进行概括和总结，完善学生的认知结构。主要内容包括四则运算的意义和各部分间的关系，混合运算的顺序。在已有加、减、乘、除运算意义的感性认识的基础上，通过解决简单的实际问题，引导思考，概括运算的意义。同时，在已有混合运算及其运算顺序、初步认识小括号作用的基础上，认识中括号，对整数四则混合运算进行概括和总结。

（十七）三位数乘两位数

“三位数乘两位数”是小学阶段整数乘法的最后一个知识块。三位数乘两位数的计算方法与两位数乘两位数的计算方法，在算理上是一致的，不同的是一个乘数的位数由两位变成了三位。这节内容需要对整数乘法的算理和算法进行回顾与整理，结合梳理进一步学会在整数运算中采取估算的方法，初步确定结果的大致范围，进一步加强对乘法运算结果的验算，以保证运算结果的正确性，培养良好的运算习惯。

（十八）用计算器计算

“用计算器计算”的重点是初步了解计算器的功能，能够用计算器进行简单的计算，体验计算器带来的简便与高效。计算器在生活中应用特别广泛，多用于帮助人们解决生活和生产中的具体计算问题，同时计算器也为探索数学问题、揭示数学规律带来了极大的推动。学生在生活中或多或少地接触或使用过计算器，通过学习用计算器计算，感受计算器的优点，培养运用现代信息技术的意识。

（十九）运算律

“运算律”是小学阶段首次系统地学习最基础的理论知识，然而有关这些运算律的实例在前几册已有涉及，学生有良好的认知基础。这里的“运算律”主要是探索和理解加法交换律、结合律，乘法交换律、结合律和分配律，以及运用运算律进行简便计算，还包括连减、连除类型的穿插渗透。提炼和概括运算律较为抽象，需要充分利用学生在第一学段积累的知识与活动经验，完成知识学习的迁移，帮助学生从原来零散的感性认识上升为理性认识，同时要注意形式归纳与意义理解相结合。

（二十）小数加法和减法

“小数加法和减法”主要内容包括小数加减法的计算、小数加减混合运算、整数加法运算律推广到小数。教学时需要在具体情境中引导学生探索小数加减法的计算方法，理解计算的算理，掌握一般的算法，并正确进行加减及混合运算。小数加减法和整数加减法之间有着密切的联系，可在整数加减法学习的基础上理解小数加减法中相同数位相加减及进退位的规则。计算的重难点集中在对小数点的处理上，计算的结果要考虑是否需要用小数的基本性质使之简化。

（二十一）小数乘法和除法

“小数乘法”的重点是理解和掌握小数乘法的算理和计算方法，正确地进行小数乘法的计算和验算；会用“四舍五入”法截取积（小数）的近似数；理解整数乘法运算律对小数同样适用，并会用这些运算律进行小数乘法的简便运算。

“小数除法”包括除数是整数的小数除法、一个数除以小数。由于除数是小数的除法主要通过商不变的性质转化为除数是整数的小数除法来计算，所以除数是整数的小数除法是小数除法计算的基础。除数是整数的小数除法分三类教学:一是除到被除数的末尾没有余数,能除尽的情况;二是除到被除数的末尾有余数,添0继续除;三是被除数的整数部分不够除,先商0,再点小数点继续除。

(二十二)小数四则混合运算

小数的四则运算的顺序与整数相同,整数的加法、乘法的运算律对于小数加法、乘法同样适用。小数四则混合运算其实就是整数四则混合运算的一次扩展,通过整数四则混合运算的经验迁移渗透迁移、类推等数学思想方法。本节课的重点是理解小数四则混合运算的运算顺序,感受小数四则混合运算的方便、简洁和灵活。教材编排的小数混合运算的步骤以两步为主,一般不超过三步;在具体数据的选用上一般不超过两位小数;在计算内容上强调学生掌握小数四则混合运算的顺序,不安排过难、过多、过繁的计算。

(二十三)分数加法和减法

“分数加法和减法”包括同分母分数加减法、异分母分数加减法、分数加减混合运算,以及整数加法的运算律推广到分数。教学时通过观察、分析、说理、交流等活动,理解算理并发现算法,沟通分数、整数加减法含义的内在联系,即“相同单位的数才能相加减”。

(二十四)分数乘法和除法

“分数乘法”在理解分数乘法的意义的基础上,理解和掌握分数乘法的计算方法,计算分数乘整数、分数、小数,运用乘法运算律进行一些简便计算。教学时直接利用整数乘法的意义来引入分数乘法,使学生理解几个相同分数相加和几个相同整数相加都可以用乘法计算,并通过分数乘法转化为分数加法来探究分数乘法的算理,掌握计算方法。同时,还需要根据分数、小数的数据特点灵活选择计算策略。例如,分数与小数相乘,可以把分数化成小数相乘(如果分数可以化成有限小数),也可以把小数化成分数相乘,或者当小数与分数的分母存在某种倍数关系时,可以直接“约分”。

“分数除法”教学主要是体会分数除法的意义，理解和掌握分数除法的计算方法，并进行分数除法计算。主要内容包括分数除以整数、一个数除以分数、分数混合计算。分数除以整数分两个层次，先是分数的分子能被整除的情况，再是分子不能被整除的情况。教学时可以利用数形结合，帮助学生直观理解分数除以整数的算理。一个数除以分数的计算，包括整数除以分数和分数除以分数两种情况。

（二十五）分数四则混合运算

“分数四则混合运算”是在分数加、减、乘、除的基础上，对分数运算进一步地深入与拓展。从整数四则混合运算到小数四则混合运算，再到分数四则混合运算，虽然数的形式变化了，但其内在的运算顺序和规律并没有变化。学生已经积累了大量的知识基础，因此教材安排了具体的问题情境，让学生在解决问题的过程中自主探索、类推出分数四则混合运算与整数四则混合运算、小数四则混合运算的异同点，进而能运用运算律进行分数的简便运算，体验简便运算的优越性。

三　教学实践思考

教学案例1：小数除法

【教学实录】

环节一：情境引入，提出问题

教师口述情境，学生用自己的方式记录。

师：张丽、王华、李刚、赵立四位好朋友，马上就要大学毕业了，他们相约吃了一顿饭，赵立同学去结账付了100元，找回3元。最后，他们四人商量想AA制。

有的学生不会记录信息，有的学生像写日记一样记录一段文字，有的学生只摘录数学信息：4人，100元，找3元，AA制。

师：你们觉得这里面可以提出什么问题？

生：每人付款多少元？

环节二：小组讨论，学生探究

组织学生交流，学生独立列式，过程略。

生1：(100−3)÷4=24……1。(学生都同意这样列式，这是学生的已有经验)

师：(启发)这里面就没有点儿新的问题？如果你是赵立同学，每人给你24元，你同意吗？

学生再次发现问题：余下的1元怎么分？

问题：1元平均分4份，每份是多少？

教师再次组织学生交流，同时展示两名学生的做法(如下)，教师先让生1交流。

生1：1元=100分，100÷4=25(分)
生2：1元=10角，10÷4=?

生1：大家看明白我的算式了吗？

生2：你的意思是1元=100分，100分平均分4份，每份25分。

针对生2的困惑，教师引发学生思考：1元等于10角，你怎么不往下分了？

生2:10角分4份，还有余数。

师：现在有想法了吗？

生2:2角=20分，20÷4=5(分)。

师：你们听懂他的意思了吗？

生3：每人2.5角就是0.25元。

生4：我用了画图的方法(如下)。

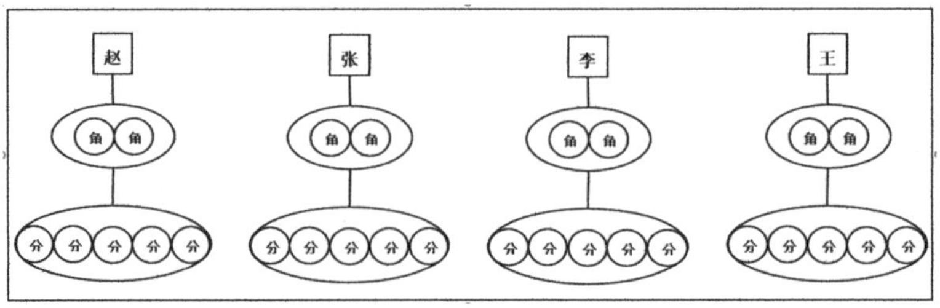

教师让学生评价画图的方法，继续引发学生深入思考，发现问题：对画图的方法你们有什么想说的吗？

生：画图有点儿复杂，不方便。能不能把这些过程写在一个式子里？

此时，教师发现一名学生一脸迷茫，就询问道："你还有什么新的问题吗？"

这名学生思考了一会儿，在已有算式的基础上列出了下列算式（如下左图）。

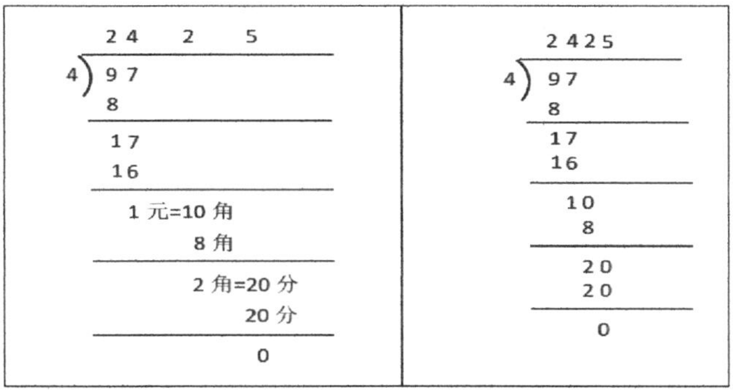

面对新的竖式，有的学生又发现了问题：应该每人24元2角5分，怎么看着是2425元呢？

生：请小数点来帮忙，点上小数点就是24.25元了。

师：对小数点，你们有什么想说的吗？

生：小数点，你可真有用啊，用你的时候你就来了。

师：你们还有其他想法吗？我特别喜欢有想法的孩子。

在老师的启发下，有的学生发现问题：竖式中不应该有单位呀？

学生经过思考，去掉了竖式中的单位（如上右图）。

又有学生提出新的问题：1就是1，怎么变成10了？2就是2，怎么变成20了？这里的10，20表示什么？

……

【案例思考】

有效的数学教学活动是学生学与教师教的统一，应体现"以人为本"的理念，促进学生的全面发展。在组织学生交流的过程中，教师不断启发学生思考，学生多次发现和提出问题："余下的1元怎么分""画图有点儿复杂，不方便。能不能把这些过程写在一个式子里？""应该每人24元2角5分，怎么看着是2425元呢？""竖式中不应该有单位呀？""1就是1，怎么变成10了？2就是

2,怎么变成20了？10,20表示什么?”通过对这一系列问题的思考,学生对计算的道理越来越明了。

数学知识的教学,应该注重学生对所学知识的理解,体会数学知识之间的关联。教师从现实的情境中抽取数学信息,进而培养学生发现问题、提出问题的能力。另外,教师充分利用学生资源组织学生交流,在学生出现困惑时,没有直接引导,而是启发学生深入思考。

教学案例2:加法交换律和结合律

【教学实录】

环节一:创设情境,导入新课

课件出示教材第55页主题图(略)。

环节二:加法交换律

师:想一想,要求跳绳的有多少人,可怎样列式计算?

(1)学生列式解答。(教师板书两种方法)

方法一:28+17=45(人)。

方法二:17+28=45(人)。

师:这两道算式都是求什么？结果都是多少?

生1:都是求跳绳的一共有多少人。

生2:结果都是45人。

师:仔细观察算式,说一说它们有何相同点和不同点?

生3:相同点都是求跳绳的人数,都是用加法。

生4:都是用跳绳的男生人数和女生的人数相加。

生5:不同的是方法一用男生人数加女生人数,方法二用女生人数加男生人数。

师小结:同学们观察得真仔细。这两道算式都是求跳绳的总人数,加数相同,得数也一样,只不过调换了两个加数的位置。

师:想一想,我们可用什么符号将这两道算式连起来呢?

生:等号。

教师板书:28+17=17+28。

师:你们能照样子试着写一些这样的等式吗?

学生尝试写等式，投影展示。

师：观察这些等式，同学们有什么发现？

生：两个加数交换位置，和不变。

师：像这样的算式，你写得完吗？

生：有很多，写不完。

师：想一想，你能用适当方法表示这种规律吗？

学生在练习本上表示规律后，交流各自的表示方法。

生1：我用文字表示：我+你=你+我。

生2：我用符号表示：○+△=△+○。

生3：我用字母表示：A+B=B+A。

师：同学们，大家觉得这几种表示方法怎么样？通常，我们用字母a、b分别表示两个加数，上面的规律可以写成：$a+b=b+a$。

师总结：两个数相加，交换两个加数的位置，和不变。这就是加法交换律。

教师板书：加法交换律。

环节三：加法结合律

师：下面我们来解决“参加活动的一共有多少人？”这个问题。请同学们在作业本上列式解答。

学生独立列式计算，教师巡视。

师：刚才老师发现同学们有不同的算法，我们一起来看一下。

方法一：先算跳绳的有多少人。(28+17)+23=45+23=68(人)

方法二：先算女生有多少人。28+(17+23)=28+40=68(人)

师：想一想，这两道算式有什么相同与不同的地方？

生1：都是算参加活动一共有多少人。

生2：都是用加法计算。

生3：得数都是68人。

生4：第一种方法先算跳绳的人数，再算总人数；第二种方法先算女生的人数，再算总人数。

师：既然这两道算式的结果相同，我们可以把它写成等式吗？应该怎样写？

根据学生的回答，教师板书：(28+17)+23=28+(17＋23)。

师：下面两组算式，算一算，判断一下○里能不能填等号。

(1)(45+25)+16○45+(25+16)

(2)(39+18)+22○39+(18+22)

师:仔细观察这两组算式有什么共同之处?有什么不同的地方?从这些例子中可以发现什么?

学生小组交流,得出结论:这两组算式中,3个加数分别相同,加数位置也相同;先把前两个数相加,或者先把后两个数相加,和不变。

师:这个结论一般情况下也正确吗?各小组同学不妨再仿写一些算式,算算看。

通过验证,学生发现一般情况下也是正确的。

师小结:三个数相加,先把前两个数相加,或者先把后两个数相加,和不变。这就是加法结合律。

教师板书:加法结合律。

师:如果用字母a、b、c分别表示3个加数,这个规律可以怎样表示?

学生尝试用字母表示,教师板书:$(a+b)+c=a+(b+c)$。

【案例思考】

基于建构主义的教学设计非常重视学习环境的四大要素,即情境、协作、会话和意义建构,并把情境创设视为教学设计最重要内容之一。同时,发现问题、提出问题的能力是教学课程标准提出的重要课程目标。因此,利用主题图创设问题情境,引导学生发现问题、提出问题充分贯彻了新课程理念。

加法交换律虽然形式简单,但结论的获得同样要遵循科学的发现过程。这里根据规律发现的一般过程,先运用经验归纳(或称不完全归纳)对交换律的几个特例进行归纳,从而发现共同特征,再引导学生从语言表述到符号表示,最后过渡到字母表示,逐步培养学生抽象概括能力。由于学生思维水平客观上存在差异,因此设计时尊重学生的多样化的表示方法,用文字、符号、字母都可以,从而贯彻"以人为本"的教学理念。

加法结合律的教学过程严格遵循了数学规则的一般认识步骤,即呈现例证—考察例证—归纳结论—验证结论。验证是一个必要环节,因为通过经验归纳获得的结论其正确性有待进一步确认,验证可以增加结论的可信度。这样设计教学,不仅可引导学生经历科学的发现过程,还能有效培育学生合情推理这一数学核心素养。

教学案例3：异分母分数加减法

【教学实录】

环节一：创设情境，提出问题

春天来了，是万物复苏的季节。学校为了美化校园，决定在一块长方形的空地里种花，其中月季花占$\frac{1}{2}$，兰花占$\frac{1}{4}$。

师：请同学们仔细读题，你找到了什么信息？想一想，根据这些信息，你能提出什么数学问题？

……

环节二：自主探究，解决问题

师：$\frac{1}{4}+\frac{1}{2}$这个算式到底怎么计算？请同学们先自我尝试解决。

投影展示学生不同的解法。

生1：$\frac{1}{4}+\frac{1}{2}=\frac{1}{6}$。

生2：$\frac{1}{4}+\frac{1}{2}=0.25+0.5=0.75$。

生3：$\frac{1}{4}+\frac{1}{2}=\frac{1}{4}+\frac{2}{4}=\frac{3}{4}$。

师：$\frac{1}{4}$和$\frac{1}{2}$的分数单位相同吗？

生：不同。

师：分数单位不同的分数能不能直接相加？

生：不能。

师：为什么不能直接相加？

生：表示的意义不同。

师：采用什么方法就可以使得它们能够相加？请同学们利用手中的学具折一折、涂一涂。

师：请仔细观察：把表示$\frac{1}{4}$和$\frac{1}{2}$的两个图（长方形）拼在一起，看看相加的结果。

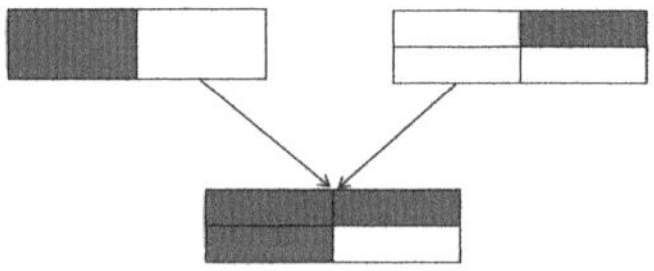

生：$\frac{3}{4}$。

师：请同学们在纸上画一画，涂出$\frac{1}{4}+\frac{1}{2}$。想一想为什么要把$\frac{1}{2}$再平均分成两份？

学生边涂色边思考。

生：把$\frac{1}{2}$再平均分成两份的目的是让这两个分数的分数单位相同。分数单位相同了，两个分数就可以直接加了。

师：$\frac{1}{2}+\frac{1}{3}$如何计算？把表示和的两个图拼在一起，不能直接看出结果。

生：只能把它们化为同分母，即通分。（如图）

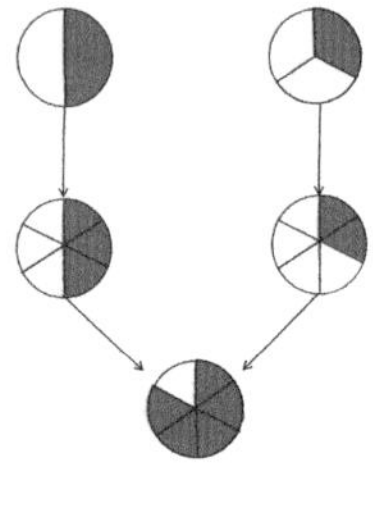

生：$\frac{1}{2}$通分后就是$\frac{3}{6}$，$\frac{1}{3}$通分后就是$\frac{2}{6}$。

环节三：对比分析，加深理解

师：我们来观察这两位同学的分法。

两位同学把图片平均分成12等份或18等份（图略）。

师：想一想，这两位同学分别按公分母是多少来通分的？

生：公分母分别是12和18。

师：再比较这几个公分母，你认为这哪个更简便？

生：公分母6更简便。

师：是的，用分母的最小公倍数做分母比较简便。

师：想一想，不同分母相加时，应先做什么？再做什么？

生1：先化成同分母分数。

生2：通分时选择最小公倍数做分母。

生3：然后再把同分母分数相加。

师：谁能把刚才几位同学的发言总结一下？异分母分数加法的计算方法究竟是什么？

生：异分母分数加法的计算方法是：先通分，再相加。通分的时候用分母的最小公倍数做分母。

师：继续看第三个问题，月季花比兰花的面积多几分之几？怎么列算式？

生：$\frac{1}{2}-\frac{1}{4}$。

师：那异分母分数相减又该怎么算？能直接相减吗？

学生先独立完成，再和同桌交流是怎样算的。

生1：不能直接相减，要先通分。

生2：必须化成同分母分数再相减。

师：通分的时候，一定要找到分母的最小公倍数，使计算简便。

师：你有什么需要提醒其他同学的吗？

生：计算结果能约分的要约分。

师：异分母分数的加法与减法，在计算方法上有什么相同点？

生1：都要先通分，再加减。

生2：都要化成同分母分数，再加减。

生3：能约分的要约分。

师：刚才我们研究了异分母分数加减法的计算方法。

……

【案例思考】

从$\frac{1}{4}+\frac{1}{2}$到$\frac{1}{2}+\frac{1}{3}$，既让学生感悟了异分母分数加法中通分法的一般性与产生的必要性，更通过直观操作体验了算法的过程，深刻理解了算理。在问题解决的过程中通过对比反思，感受到殊途同归之妙。这样设计教学过程既培养了学生思维的灵活性，又提升了思维的深刻性。

没有学生对运算意义的理解，所谓的运算方法也就成了无源之水。有些教师会忽略运算意义的教学而直接讲算理和算法。但实际上，教师应该利用知识的迁移，让学生明白通分的必要性。

在明确算理的基础上，把学习的主动权留给学生，学生通过独立思考、计算，充分交流之后，归纳出异分母分数加减法的计算方法。通过练习，学生进一步体会算理，在运用所学知识解决问题的时候既巩固了算法，又体会到数学与生活的联系，增强了数学应用意识。

新课标要求在“数与代数”的教学中重视数学核心素养的培养，提倡解题策略计算方法的多样化，这里的“多样化”不是形式上的多样化，而是学生的数学思维能力多样化。例如，教师在讲授运算的意义时需要注意培养学生的数学抽象能力和建模思想，讲授运算法则和运算性质时，除了要关注学生的计算能力还要注意培养学生的推理能力等。

教学案例4：三位数乘两位数

【教学实录】

环节一：复习旧知

师：今天我们一起研究“三位数乘两位数”（板书课题）。在研究新问题之前，我们先来回忆一下学习过哪些笔算乘法。

……

环节二：探究新知

课件出示：我国发射的第一颗人造地球卫星绕地球1圈需要114分钟。绕地球23圈需要多少时间？

师：想一想，要求“绕地球23圈需要多少时间？”这个问题该如何列式呢？

生：114×23。

师：需要多少时间呢？先估一估，与同伴交流你的想法。

小组交流，然后全班反馈。

生：我把114估成110，23估成20，114×23估成110×20=200（分钟），因为把两个乘数都估小了，所以正确的积一定比2200分钟多。

生：我把114估大，估成120，把23估小，估成20，114×23估成120×20=240（分钟），大约是2400分钟。

师：下面我们就来列竖式算一算准确的时间是多少。

学生尝试计算，教师巡视指导，然后全班交流，展示学生作品。

114	114	114
× 23	× 23	× 23
42	342	342
228	28	228
2322	622	2622

师：一道题出现了三个结果，仔细观察，你认为哪种做法是对的？其他方法错在哪里？

生：第二种做法肯定是错的，刚才估算的结果是比2200还要多，他的计算结果是622，一定不对！

师：用估算的结果来检验笔算结果，是个好方法！那我们仔细看看第二种做法错在哪里了呢？

生：第二种做法十位上的2没有乘百位上的数。

生：第一种做法也是错的，个位上的3没有乘百位上的数。

生：只有第三种做法是对的。

师：为什么十位上的2、个位上的3要乘百位上的1？不乘不行吗？

生：不乘不行，不乘就变成了两位数乘两位数了。

生：两位数乘两位数就是依次去乘每一位上的数，三位数乘两位数也要依次去乘每一位上的数。

生：不乘百位上的数，计算结果就少了。

师：联系这道题目，想一想，个位上的3去乘114，表示3个114，算出的是什么？

生：算出的是绕3圈需要多少时间。（师板书：绕3圈用的时间。）

师：那十位上的2去乘114表示的是什么？算出的又是什么呢？

生：表示的是20个114，算出的是绕20圈需要多少时间。（师板书：绕20圈用的时间。）

师：然后把两个积相加，表示的是什么？

生：表示23个114，也就是绕23圈用的时间。

师：现在明白为什么个位和十位上的数都要依次去乘乘数每一位上的数了吗？

生：我明白了，绕1圈需要114分钟，个位上的3乘114每一位上的数，表示3个114，是3圈的时间；十位上的2乘114每一位上的数，表示20个114，算的是20圈的时间。两者再相加，就算出了绕23圈的总时间。

师：谁能用自己的话说一说“怎样计算三位数乘两位数”？

生：先用个位上的数乘乘数每一位上的数，再用十位上的数乘乘数每一位上的数，然后把两次的积相加。

师：总结得真好！你觉得计算时应该注意些什么？

生：应该去乘乘数每一位上的数，不能漏掉百位上的数。

生：数变大了，一定要细心计算。

师：真好！比较一下，你觉得三位数乘两位数和以前学的乘法有什么相同点和不同点？

小组讨论，全班交流。

生：它们的计算方法是一样的，都要依次乘每一位上的数，而且相同数位要对齐；不同点就是由原来的两位数变成三位数了。

师：是的，看似不一样，其实它们的计算方法和道理是相同的。

……

【案例思考】

奥苏贝尔强调必须让学生把握具有较高概括性、包摄性和强有力的解释效应的基本概念和原理，这些被称作“先行组织者”的观念对新知的学习提供最佳关系和固定点。上述教学中，教师正是通过卫星绕地球的真实情境，帮助学生理解竖式中每一层积的含义；再通过比较两位数乘两位数的计算方法和三位数乘两位数的计算方法，沟通新旧知识间的联系，努力使学生获得“依次去乘乘数每一位上的数”这一包摄性强、具有强有力的解释效应的观念，把三位数乘两位数的计算固定在学生原有的认知结构中。这种观念的稳定性和清晰程度越高，越能促进学生向新知的积极迁移。

多位数乘多位数的计算本质上是计数单位的累加，笔算乘法就是对拆分成的几个几、几十个几、几百个几用竖式记录下来，再求它们的和。

教学案例5:分数除以整数

【教学实录】

环节一:探究分数除法的意义

第一小组:分蛋糕(一个蛋糕平均分给8人)

师:一块蛋糕,一个小组8人(座位4行)分享,如何表示每人分得多少?

生:先平均分成4份,然后4对同桌拿回,再平分,可以表示为$\frac{1}{4}\div 2$。

第二小组:分果汁(把4升果汁平均分给10人)

师:你打算怎样解决这个问题?

生:先把4升果汁平均分成5份,每份是$\frac{4}{5}$升,然后5对同桌拿回再分,表示成$\frac{4}{5}\div 2$。

环节二:探索分数除以整数的算法

(1)合作探究,交流算法。

①分蛋糕——感悟分数除以整数的意义。

师:想一想,每个人吃得占拿过去的蛋糕的几分之几?

生:$\frac{1}{2}$。

师:想一想,根据前面学过的分数乘法可以怎样表示呢?

生:可以表示为$\frac{1}{4}\times\frac{1}{2}$,最后每人吃了$\frac{1}{8}$块蛋糕。

师:也就是$\frac{1}{4}\div 2=\frac{1}{4}\times\frac{1}{2}=\frac{1}{8}$。请同学们自己动手画一画,用图形表示刚刚的分配过程。

小组交流:分数除以整数的意义是什么?

学生结合图形描述除法算式的意义。

生:几分之几平均分成若干份,求其中的一份是多少。

师:(揭示意义)分数除以整数就是将这个分数平均分成几份,表示其中的一份。

②分果汁——交流算法中理解算理。

师:我们再来看一看分果汁过程中列出的数学式子。你能不能联系已有的知识，想办法算出$\frac{4}{5}\div 2$的结果呢？可以画图说明用文字说明或者用算式说明。

生：$\frac{4}{5}\div 2=\frac{2}{5}$，因为$\frac{4}{5}$有4个$\frac{1}{5}$，再平均分成2份，每份就是2个$\frac{1}{5}$，就是$\frac{2}{5}$。

生：我们学过小数除法，把$\frac{4}{5}$化成小数0.8。$0.8\div 2=0.4$（升）。

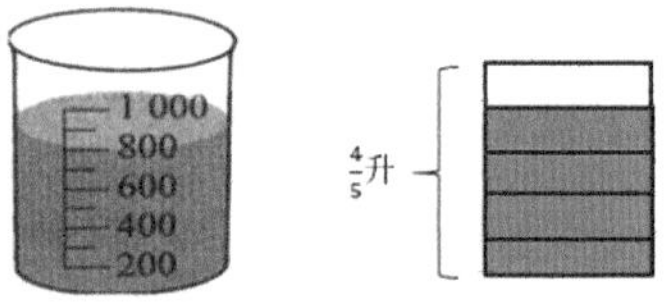

生：我是看了课本上的图。把1升平均分5份，$\frac{4}{5}$升就是这样的4份。$\frac{4}{5}$升就是4格，平均分给2人，每人2格，就是$\frac{2}{5}$升。

师（追问）：这个过程怎样用算式来体现呢？

生：$\frac{4}{5}\div 2=\frac{4\div 2}{5}=\frac{2}{5}$（升）。

生：1升就是1000毫升。$\frac{4}{5}$升是800毫升，平均分给2人，一人就是400毫升，就是$\frac{2}{5}$升。

生：我觉得计算$\frac{4}{5}\div 2$就是求$\frac{4}{5}$的一半是多少，可以转化为$\frac{4}{5}\times\frac{1}{2}$来计算。

师（追问）：你们听明白了吗？$\frac{4}{5}\div 2$表示什么？$\frac{4}{5}\times\frac{1}{2}$表示什么？它们相等吗？

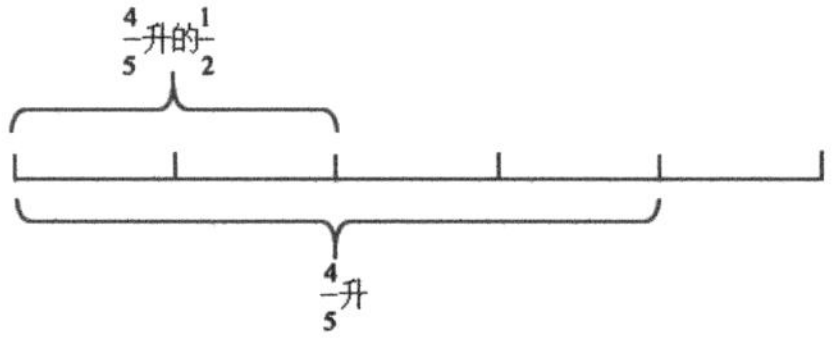

师小结：同学们不仅能用学过的知识解决问题，而且能将没学过的分数除以整数转化为分数乘法。

师：那么你们喜欢哪种方法？喜欢第一种的举手……你能试着用自己喜欢的方法计算$\frac{3}{7}\div 2$吗？

(2)比较归纳，优化算法。

生：$\frac{3}{7}\div 2=\frac{1.5}{7}$。

师：$\frac{1.5}{7}$，大家看了舒服吗？它究竟叫分数还是小数？怎么办呢？

生：把分子变整数。

师：怎么变呢？

生：$\frac{1.5}{7}=\frac{1.5\times 2}{7\times 2}=\frac{3}{14}$。

师：还有不同的方法吗？

生：我先把$\frac{3}{7}$转变成$\frac{6}{14}$。$\frac{3}{7}\div 2=\frac{3\times 2}{7\times 2}\div 2=\frac{6}{14}\div 2=\frac{6\div 2}{14}=\frac{3}{14}$。

生：$\frac{3}{7}\div 2=\frac{3}{7}\times\frac{1}{2}=\frac{3}{14}$。$\frac{3}{7}\div 2$的意义是把一个数$\frac{3}{7}$平均分成2份，求其中的一份就是乘以$\frac{1}{2}$。

师追问：你为什么一下子就选择"转化为乘法"的方法来做呢？

生：因为$\frac{3}{7}$不便化为小数，用份数直接平均分又太麻烦了。

师：我们把眼光聚焦到黑板上的这几道算式上来，一起来观察算式，看看有什么发现？

生：分数除以整数都是将除法改为乘法，除数改为它的倒数来计算的。

师：观察得真仔细。这个方法较其他方法来说具有准确性、普遍性，我们把这种方法叫做颠倒法。即分数除以整数，被除数不变，除号变成乘号，除数变成原来的倒数。

环节三：总结算法算理

小结：一个分数除以整数（不为0），等于这个分数乘以这个整数的倒数。

……

【案例思考】

思考一：正确处理好算理与算法的关系

算理是探索算法的依据，算法是算理导出的结果。分数运算之所以成为学习难点，不是因为算法过程本身多么繁复，而是因为赖以存在的算理难以理解和把握。例如，为什么分数相乘可以用分子、分母分别相乘，而分数加减却不可以用分子、分母分别加减？为什么分数相除可以用被除数乘除数的倒数？由于六年级学生的抽象思维能力已经有了较大发展，他们不再像中低年级的学生那样，轻易接受由简单观察或动手操作得出的结论，寻找发现结论背后的理据已经成为他们较强的心理需求。在分数运算教学中，忽视算法背后的算理，不仅可能导致学生的运算错误，更为严重的是可能影响他们学习数学的信念，为后续学习留下隐患。因此，设计教学时，要留足时间让学生经历用算理引入算法的重要过程，在观察、操作的基础上开展充分讨论与交流，做到在理解的基础上发现算法，在运算的过程中感悟算理。

思考二：选择适切问题情境和直观模型讲清算理

要讲清分数运算的算理，绝不是一件轻而易举的事情。困难不是来自教学中的表达要求，而是来自设计时所选择的问题情境和直观模型。因为算法的形成过程要建立在清晰的逻辑推理基础上，说理透彻。按照这样的思路进行教学设计，小学生才能够理解算法背后的算理。由此可见，选择适切的问题情境和直观模型，是成功进行分数运算教学设计的必然要求。

思考三：算法多样化的基础上优化算法

分数运算算法的探索过程，归根结底就是将其转化为整数运算的过程。通过探究$\frac{4}{5}\div 2$、$\frac{3}{7}\div 2$，让学生体会到当分子不能被整数整除时可用颠倒法计算，并且在一般情况下也可以进行计算，该方法是普遍适用的。教师不仅用各种方法解释、验证了颠倒法，还把各种方法连贯起来，融为一个整体，课堂教学没有显得零落杂碎。算法的多样化培养了学生的数感和计算的灵活性，通过不同类型的分数除以整数逐步呈现了算法的优化过程。这样，算法的优化充分建立在算法多样化的基础上，在对比优化的过程中，学生逐步体会到颠倒法的价值。

第三章　常见的量

（一）教材内容编排

“常见的量”属于“数与代数”领域。“常见的量”是小学数学重要的学习内容。这部分内容包括“比长短、高矮、轻重”“认识元、角、分”“认识吨、千克、克”“认识时、分、秒和年、月、日”。质量、时间等这些量之所以称为“常见的量”，是因为它们在生活中常见常用。

教材以生活场景为题材，结合学生的生活经验，帮助学生理解长短、高矮、轻重的含义，掌握比较物体长短、高矮、轻重的一般方法，学会比较物体的长短、高矮和轻重；在现实情境和操作活动中，帮助学生认识各种面值的人民币，认识人民币的单位及它们之间的进率；使学生在熟悉的生活情境中，通过观察、操作、推理等活动，感受并认识质量单位克、千克和吨，初步建立克、千克和吨的质量观念，探索并认识质量单位间的进率；选择学生熟悉的，感兴趣的素材，让学生在观察、操作、体验、概括、交流等活动中，认识时间单位时、分、秒和年、月、日，以及相邻时间单位间的进率，初步建立时、分、秒和年、月、日的时间观念。

苏教版小学数学教材关于“常见的量”相关内容，考虑到学生生活经验和认知特点，全部编排在第一学段，主要编排结构如表3。

表3　苏教版小学数学教材“常见的量”内容编排结构

序号	册次	常见的量
1	一年级上册	比一比(比长短、高矮、轻重)
2	一年级下册	元、角、分
3	二年级上册	—
4	二年级下册	时、分、秒
5	三年级上册	千克和克
6	三年级下册	年、月、日(含24时记时法) 千米和吨

二　具体内容解读

(一)比长短、高矮、轻重

“比长短、高矮、轻重”位于苏教版教材一年级上册,教材以学生熟悉的生活场景为题材,分别呈现比长短、比高矮和比轻重的内容,让学生通过观察,并联系自己已有的生活经验进行比较,获取结论。积累丰富的数学活动经验,为后续学习物体长度、质量、体积等量的计量和比较打下基础。

“比长短、高矮、轻重”是在学生积累了生活中有关物体大小、多少、长短、轻重等直接经验的基础上进行教学的。教学过程中要充分利用学生已有的生活经验,引导学生通过“看一看”“找一找”“比一比”“数一数”“掂一掂”等活动探索比较的一般方法,形成初步的比较意识,培养初步的观察、判断和推理能力。

本单元的教学重点是学会物体长短、高矮、轻重的一般比较方法。教材让学生在活动中体会到比较的方法,例如,比物体的长短或高矮时,要把物体的一端对齐;比物体的轻重时,要用手去拎去掂,还可以借助天平和秤这样的工具。稍复杂的问题还可以采用推理、判断等灵活的方法。教学难点是多个物体之间比较长短、高矮和轻重。教材结合实例引导学生采用灵活的方法去比较。

（二）元、角、分

苏教版教材把认识元、角、分编排在一年级下册。教材让学生在现实情境中，认识不同面值的人民币及其人民币的单位和进率，学会解决一些和购物有关的简单实际问题。这部分内容包括认识1元及1元以下的人民币、认识大于1元的人民币。认识1元及1元以下的人民币，教材安排了两个例题，引导学生认识面值是1元、1角和1分的人民币，并介绍人民币的单位，再引导学生探索相邻两个人民币单位之间的进率。认识大于1元的人民币，教材利用学生已有的知识和经验，直接让学生辨认。人民币的认识拓宽了学生解决实际问题的范围，也为学生学习四则运算提供更多素材。

随着经济的发展和手机支付时代的到来，学生在生活中接触各种面值人民币的机会越来越少，尤其是1元以下的人民币接触得更少，缺少生活经验的支持，给学生学习这部分内容带来一定的困难。本单元教学重点是认识人民币及人民币的单位和单位之间的进率。教学难点是解决和购物有关的简单实际问题。教学中要结合学生的实际情况和教学重难点，按照由易到难的顺序，以购物活动为主线，组织学生参与取币、换币、付币、找币等不同形式的数学活动，让学生在“数一数”“比一比”“换一换”“连一连”等活动中明确认识人民币，提高解决实际问题的能力。

（三）时、分、秒

苏教版教材把认识时、分、秒编排在二年级下册。教材在学生已有的生活经验以及对时间认识的基础上，创设学生上学的生活情境，引导学生认识钟面。通过观察钟面，认识时间单位时、分、秒，以及相邻时间单位之间的进率，初步建立时、分、秒的时间观念。整个单元的教学都是在学生操作、直观感受、亲身体验的基础上完成的，充分调动了学生手、脑并用的能力。同时，这部分内容还是学生后续学习认识年、月、日，以及24时记时法的重要基础。

认识时、分、秒这部分知识比较抽象，单位间的进率也比较复杂，而且时、分、秒的知识点零散，学生接受起来有一定的困难。但因为这部分内容和学生日常生活息息相关，或多或少接触到一些，所以学生学习时很有兴趣。教学时，教师要利用学生已有生活经验调动学生学习的兴趣，并通过动手“拨一拨”“数一数”等活动，让学生在动手操作中直观感知，加深体验，理解知识。

本单元教学重点是认识时间单位时、分、秒，以及相邻时间单位间的进率，初步建立时、分、秒的时间观念。教学难点是初步建立时、分、秒的时间观念，能正确认读钟面上接近整时的时间。由于时间看不见、摸不着，具有一定的抽象性，所以教材注重安排多种形式的活动，让学生在活动中亲身体验1时、1分、1秒的长短，认识接近整时的时间。同时，教材充分利用学生已有的知识和生活经验，引导学生经历大约几时—比几时多或少几分—是几时几分的探索过程。这样在操作和探索活动中，由易到难，突破教学重难点。

（四）千克和克

苏教版教材把认识千克和克编排在三年级上册。本单元内容包括认识千克、认识克以及千克和克之间的进率。教材让学生在比较两袋食品的轻重以及称食品的轻重的情境中，通过观察、操作、推理等活动，感受并认识质量单位千克和克，知道它们之间的进率，初步建立千克和克的质量观念。这部分内容也是学生后续学习认识吨、认识升和毫升等常见量的重要基础。

数学课程标准指出：数学教学活动必须建立在学生的认知发展水平和已有的知识经验基础上。认识千克和克是在学生已经认识了元、角、分和时、分、秒的基础上进行教学的，学生积累了一些学习常见的量的数学经验，并且对比较物体的轻重也有一定的生活经验，这些都为本单元的教学做好了铺垫。虽然在生活中接触过质量问题，但质量单位是第一次接触，学生还缺乏经验认识。而且，质量单位不像长度单位那样直观、具体，不能靠观察得到。三年级学生正处在具体形象思维到抽象思维的过渡期，他们需要通过丰富的活动积累大量的经验，形成鲜明的表象。结合学生的实际情况，教材安排了形式多样的操作活动，如“掂一掂”“拎一拎”“称一称”“数一数”等，让学生在活动中形成千克和克的表象，从而加深对质量的理解。

本单元教学重点是认识质量单位千克和克，探索并掌握千克和克之间的进率，初步建立千克和克的质量观念。教学难点是用千克和克作单位，合理估计物体的质量。教材通过具体的拎、掂、称、数等多种形式的操作活动，让学生感受并认识千克和克，突出重点。怎样突破教学难点呢？教材从生活中选取很多实例,例如让学生估计1千克的蔬菜或水果大约各有多少个,学生经历先估计再验证的过程,从而建立1千克物品的表象。这样,学生在解决问题的过程中,提高了估计能力。

(五)年、月、日

苏教版教材把认识年、月、日编排在三年级下册。本单元内容包括认识年、月、日,认识平年和闰年,认识24时记时法和求简单地经过时间。教材注重联系学生的日常生活,通过观察、探索、交流等方式,引导学生进行学习。教材从观察2014年的年历活动中引导学生认识一年有12个月、大月和小月、2月的天数以及平年和闰年等知识;从学生感兴趣的电视节目预告情境中学习24时记时法;再从电视节目预告的现实素材中学习求简单地经过时间。教材这样安排,充分利用学生已有的生活经验,帮助他们进一步探索和思考,加深对年、月、日之间的关系以及24时记时法的感知和体验,也为学生后续学习与时间有关的各类实际问题打下坚实基础。

学生在二年级时已经学习了时、分、秒的认识,并在日常生活中积累了对年、月、日的感性经验。有关年、月、日的知识和24时记时法的知识,学生在日常生活中都有接触到,然而学生的这些经验往往是零散的,模糊的。时间的概念复杂且抽象,学生学习这部分知识时有一定的困难。教材从学生的实际出发,通过具体的场景和有趣的活动调动学生的主观能动性,同时结合多媒体教学手段,引导学生经历独立思考、自主探索、合作交流的过程,并在活动过程中指导学生理解时间单位及它们之间的关系,逐步建立相关的时间观念。认识年、月、日的教学过程中,教师要让学生感受数学的文化价值,养成珍惜时间的好习惯。

本单元教学重点是认识年、月、日等时间单位及它们之间的关系。教学难点是求简单地经过时间。教材以一年有几个月、一个月有多少天、一天有多少小时把相关教学内容串联起来,通过区分大月与小月、平年与闰年、季度与季节、普通记时法与24时记时法、特定时刻与经过时间等知识,在完成教学重难点的同时,将这些知识组合成一个完整的知识结构。

（六）吨

苏教版教材把认识吨编排在三年级下册。本单元包括认识千米和认识吨两部分，把认识千米和认识吨放在一个单元进行教学，是因为千米是较大的长度单位而吨是较大的质量单位。为了帮助学生对质量单位吨有具体的感性认识，教材通过几幅比较重的或者大宗物品有关的图片，揭示吨在生活中的应用。同时，结合大米的质量，帮助学生初步建立吨的概念，通过推算多少袋大米重1吨，知道吨与千克之间的进率，再借助统计感知1吨的实际轻重。这部分内容的学习，拓宽了学生所能解决的实际问题的范围，同时也为学生后续学习相关知识积累了活动经验。

学生在三年级上册的学习中已经认识了质量单位千克和克，是在此基础上认识较大的质量单位吨。虽然吨在生产和生活中都有着广泛的应用，但是学生很少接触吨这个质量单位，它与学生的生活有一些距离。教学的首要任务就是帮助学生感受1吨有多重，建立1吨的质量观念。教材通过多种形式的操作活动，帮助学生建立1吨表象，加深对1吨的认识。

本部分内容教学重点是认识吨的含义，知道1吨=1000千克，学会吨与千克之间的换算。教学难点是初步建立1吨有多重的质量观念。为了更好地突破教学重难点，教材联系现实生活，精心挑选素材，从码头装卸货物的场景、大型集装箱和货运列车的图片引入新知，并通过介绍体型较大的动物的体重、货运列车每节车皮的限载量、桥梁通行限载量等，让学生认识并感受吨的含义。再让学生联系每袋大米100千克，具体感知10个100千克就是1吨，借助操作和推理活动感知1吨的实际轻重；称出一桶水重多少千克，让学生分组去拎一拎这桶水，体会一桶水有多重，算一算多少桶水大约重1吨；了解每个同学的体重，推算多少个同学的体重大约是1吨。这样通过推算不同的物体各有几件（桶、袋）重是1吨，从不同的角度丰富学生对1吨有多重的体验。

㊂ 教学实践思考

教学案例1:比一比

【教学实录】

环节一:情境导入

1.猜一猜

情境下老师手中握住2支粉笔,1支短一些的红色粉笔和1支长一些的白色粉笔,故意将红色粉笔露在外面多一些,让学生猜一猜哪支粉笔长一些。

预测:大部分学生会猜红色粉笔长。

老师揭晓答案,完全展现出这两支粉笔。

师:小朋友,你猜对了吗? 现在你能说说这两支粉笔谁长吗?

生:白色粉笔长。

师:你为什么会猜错呢?

生:我只看到了粉笔露在外面的这一端,没有考虑到粉笔握在老师手里的另一端是怎样的。

师:看来比较粉笔的长短,不能只看一端,还要考虑另一端。

2.揭示课题

师:今天这节课,我们就一起来学习比较物体的长短、高矮和轻重。

教师板书:比一比。

环节二:自主探究

1.比长短

出示书中例题情境图。

师：仔细观察这幅图，图上画的是哪儿？从图中你看到些什么？

生1：图中画的是游乐园，有两个小朋友在玩滑滑梯，还有两个小朋友在跳绳。

生2：图中有1棵石榴树和1棵柿子树，1杆路灯和1个灯箱，1张桌子和2个凳子。

师：同学们观察得真仔细！图中还隐藏着很多数学知识，我们一起去探索吧！

师：图中两个跳绳的小朋友，想比一比他们的跳绳哪根长，你能帮帮他们吗？先想一想，再和小组内同学交流一下！

生：要比较跳绳的长短，只靠眼睛看肯定不行。我们需要先把跳绳放平、拉直，把跳绳的一端对齐，再看另一端，哪根跳绳多出一些，那根跳绳就长。

师：这个方法真好！我们一起去看看书上是怎样比较的。

出示书中比跳绳长短的图。

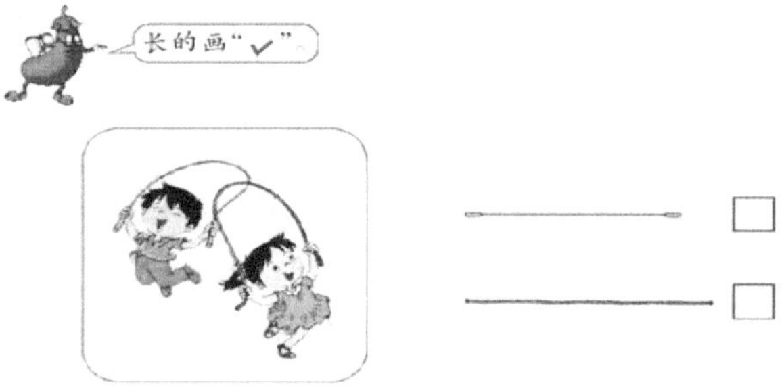

师：左图中跳绳拿在小朋友的手里无法比较它们的长短，像右图那样把一端对齐，再看另一端就可以比较啦！请同学们在那根长的跳绳后面的方框内画√。

师：老师这里也准备了两根跳绳，谁来和老师合作，比较一下这两根跳绳的长短。

师生合作共同完成跳绳的长短比较。

师：老师这里有1支铅笔，你说它是长的还是短的？

生1：我觉得它是长的。

生2：我认为它是短的。

老师拿出提前准备好的另外两支铅笔，依次放在第一支铅笔的旁边。

师：谁的答案是正确的呢？你现在想说什么呢？

生：答案是否正确要看这支铅笔和哪一支铅笔比较。如果和比它短的铅笔比较，它就是长的；如果和比它长的铅笔比较，它就是短的。

师：1支铅笔没有比较的对象，不能说它是长的还是短的。铅笔的长短取决于比较的对象，所以答案不是固定的，要看它和谁比较。

师：你会比较2支铅笔的长短吗？把你手里的铅笔和同桌的铅笔比一比，看谁的铅笔长一些。操作的时候注意安全哦！

师：谁来演示比较的过程，并说出你比较的方法。

生：我把铅笔的一端对齐，再看另一端，哪根铅笔多出一些，哪根铅笔就长。

师：同学们真棒！很快就学会了比较2根跳绳和2支铅笔的长短！

师：那么你会比较3支铅笔，或者更多一些铅笔的长短吗？试着拿出3支铅笔比一比它们的长短。

学生操作后交流。

师：说说你是怎么比较的？

生：无论几支铅笔比较，我们都要把铅笔的一端对齐，再去观察另一端，多出一些的是长的，在最内侧的是短的。

师：同学们会比较跳绳和铅笔的长短了，那么其他物体怎样比较长短呢？

生：如果物体是直的，我们只要把一端对齐就可以比较了；如果物体是弯曲的，先要把物体放平、拉直，再把一端对齐去比较。

2.比高矮

出示两个小朋友在滑滑梯上的图。

师：我们帮助跳绳的小朋友比较了跳绳的长短，玩滑滑梯的两个小朋友也想请你们帮忙，比一比谁高谁矮，你们愿意帮助他们吗？

学生热情高涨，齐声喊：愿意。

师：你们打算怎么比较他们的高矮呢？先思考，再和小组内同学交流一下。

生：图上的小朋友站在滑滑梯的上下两个台阶上，相当于一端没对齐，要让他们站在同一个台阶上或者站在相同高度的地方，才能比较他们的高矮。

出示两个小朋友站在同一个平面上的图。

师：是的，要想准确地比较他们的高矮，也要像比长短那样把一端对齐，让他们站在同一个平面上。现在你能说出谁高谁矮吗？请在高的方框里画√。

生：右边的小朋友高。

师：下面请两位小朋友到讲台上来比一比谁高，再和老师比一比谁高。

学生到讲台上站一站，比一比。

师：我们又学会了比高矮，你能说说比高矮的方法吗？

生：比高矮的方法是先让比较的人站在相同高度的地方，再看谁的头部在上面，谁就高。

3. 比轻重

师：树上的石榴和柿子也想比一比，你猜它们会比什么呢？

出示书中比轻重的图片。

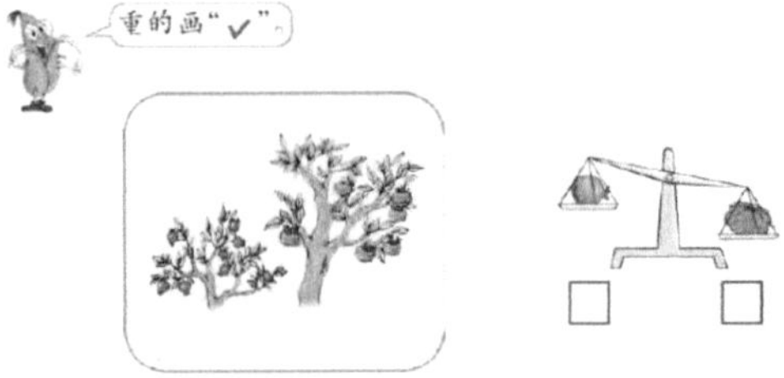

生：图上有“重的画‘√’”，说明石榴和柿子想比一比谁轻谁重。

师：是的，它们想比一比谁轻谁重。你知道什么是物体的轻重吗？我左手拿数学书，右边拿铅笔，用手掂一掂，感受一下数学书和铅笔谁重。

学生模仿老师的演示进行操作。

生：数学书比铅笔沉一些，所以数学书比较重。

师：你打算怎样比较石榴和柿子的轻重呢？观察书上的图，说说比较的方法。

生：比较物体的轻重要用天平，把石榴和柿子分别放在天平的两端，哪一端沉下去，那边的物体比较重。

教师介绍天平，演示操作，把石榴和柿子分别放在天平的两端，学生观察后交流。

师：为什么天平下沉一端的物体比较重？

生：天平有点像跷跷板，重的一端会把称杆往下压，自然就沉下去了。

师：你举的例子真好！很有说服力！

4.体会比长短、高矮和轻重的方法

师：再次观察例题图，图中还有哪些物体可以比一比长短、高矮或轻重呢？

生1：石榴树和柿子树可以比高矮，柿子树高。

生2：路灯和灯箱也可以比高矮，路灯高。

生3：桌子和凳子可以比高矮，也可以比轻重。

生4：跳绳的两个小朋友可以比轻重，两根跳绳也可以比轻重。

……

出示比较长短、高矮和轻重的3幅图。

师：比较物体的长短、高矮和轻重我们都用了哪些方法？

生1：比较长短，要把物体拉直一端对齐，再看另一端，谁多出一些，谁就长。

生2：比较高矮，方法和比长短一样，都是要把一端对齐，就是物体要在同一个水平面上，再去比较另一端。

生3：比轻重可以用手掂一掂，也可以借助天平去比较，天平沉下去的一端物体重。

师：同学们总结得很好，好的方法等于成功的一半。

环节三：巩固练习

练习：做“想想做做”第2题

2. 近的路画“✓”。

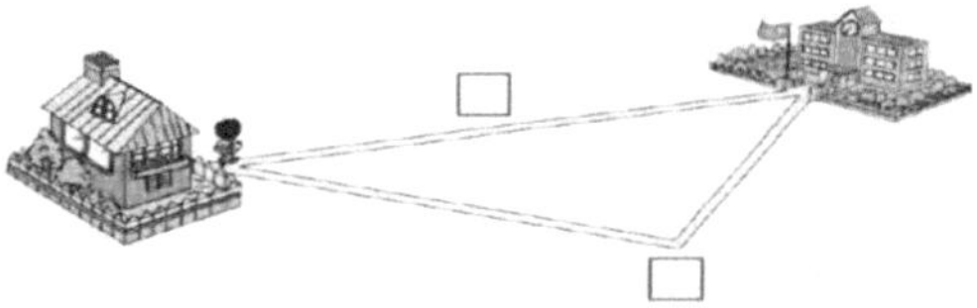

师：图上的小朋友从家到学校走哪条路近一些？

生：从家到学校有两条路，一条是直的，另一条是弯的，直的路近一些。

教师拿出准备好的三角形模型，把三角形的另两条边拉直和其中一条边比较长短，验证学生的判断。

环节四：课堂小结

师：这节课你有哪些收获？

师：学以致用，请同学们课后寻找身边的物体比一比它们的长短、高矮或者轻重！

【案例思考】

比较是常用的思维方式，可以帮助学生确定事物之间的相同点和不同点；比较也是一种基本的学习方法，有助于学生把握知识之间的联系，发现事物中隐藏的规律。比较物体的长短、高矮和轻重，作为“常见的量”教学的初始课，承载着万事开头难的重任。这部分内容的学习，不仅可以让学生建立长短、高矮、轻重的观念，而且可以让学生体会比较的基本方法，形成初步的观察和比较的意识，为学习其他“常见的量”积累数学活动经验。

思考一：突出比较的方法

学生在生活中有过比较物体长短、高矮和轻重的经历，也能用自己的语言表达比较的结果，但是对于比较的方法却很模糊。本节课的教学重点是让学生掌握物体长短、高矮和轻重的比较方法，因此教学中突出比较的方法，意在用方法引领学生学习，且每一次比较活动后都让学生说一说比较的方法。同时设计体会比较方法的教学环节，把比较长短、高矮和轻重的例题图放在一起进行对比，让学生说说比较的方法，从而总结出：比较长短、高矮时，把物体的一端对齐或使人站在同一个平面上；比较物体轻重时，可以借助简易的天平进行观察、判断。

思考二：突出学生的自主学习

《义务教育数学课程标准(2011版)》指出：学生是学习的主体，教师是学习的组织者、引导者与合作者。教师要把课堂还给学生，让学生自主探究比较的方法。比跳绳的长短时，先让学生自己思考比较的方法，再提供实物，让学生亲身经历比较的过程，验证比较的方法。比铅笔的长短，从1支铅笔无法比较长短，到两支铅笔可以比较长短，渗透长短的相对性，再到3支铅笔比较长短，得出方法的普遍性，让学生经历学习的过程。比高矮和轻重时，教师也只是出示例题图，提出问题，让学生通过观察、操作，并联系自己的生活经验做出判断，获取结论。

教学案例2：24时记时法

【教学实录】

环节一：情境导入，引入记时法

课件呈现问题情境：小红和小方约定大年初一9时去电影院门口集合看电影。大年初一这天，小明和小方都9时到达电影院，可是他们却没见到彼此。小朋友们，你知道为什么吗？

生：他们虽然都是9时去了电影院，但一个人是上午9时去了电影院，另一个人是晚上9时去了电影院。

师：一天有两个9时，看来是他们约定时间的时候没有说准确呀，今天这节课，我们就来学习有关记时法的知识。

环节二:合作交流,探究记时法

1.回顾春晚,了解一天之始

师:要准确地记录时间,首先要知道一天是从什么时候开始的。我们先来看春晚视频吧!在观看之前,请注意观察当倒计时数到1的时候,钟面上的指针都指向几?是几时?是什么时候的12时?

生:当我们倒数到1的时候,钟面上的指针都指向12,此时是晚上12时,代表新的一年开始了,也代表新的一天开始了。

师:看电视上是怎么显示时间的呢?为什么显示0时?

生:晚上12时是一天的结束,一天结束了,新的一天就要开始了,所以这个时间也是第二天的0时。

2.时间旅行,感知不同记时法

师:我们知道了一天的开始,那么该怎样记录一天的时间呢?我们来一场为期一天的时间旅行吧!把一天的时间记录下来,并说说你是怎样记录这些时间的。

(1)出示钟面(指向12时)。

师:我们的时间旅行就从新的一天开始,现在是几时?

生:0时。

师:0时我们在做什么?在我们的睡梦中,新的一天悄悄地来临了。那么0时该怎么记录呢?

生1:0:00。

生2:晚上12:00。

师:你们表达得都正确,真是爱动脑筋的好孩子,老师把你们的两种方法都写到黑板上。

(2)出示钟面(指向6:30)。

师:现在钟面上呈现的是什么时间?这个时候你们一般在做什么?

生1:6:30。

生2:上午6:30,这时候我们该起床了。

(3)出示钟面(指向8:30)。

师:现在是几时?该如何记录这个时间?通常这个时候你们在做什么呢?

生1:8:30。

生2:上午8:30,我们已经在上第一节课啦!

(4)出示钟面(指向12:00)。

师:时间过得真快,现在是几时呢?谁上来像老师一样记录一下这个时间。此时你们一般在做什么呢?

生1:12:00。

生2:中午12:00,这时候我在吃午饭。

师:这时时针已经在钟面上转了1圈,一天的生活结束了吗?(没有。)是的,这只是一天当中的前一半时间。一天中后一半时间该如何表示呢?我们的时针继续转动。

(5)出示钟面(指向1:00)。

师:现在时针又转动了一大格,这时候该如何记录时间呢?

生1:1:00。

生2:下午1:00。

生3:13:00。

师:你们认可哪些记录方法,说说为什么?

生:我认可第二种和第三种方法。如果写1:00,就不知道是凌晨的1:00,还是下午的1:00,一天里有两个1:00,这样容易混淆。

师:你表达得真清楚,孩子们,你们同意吗?那为什么写成13:00呢?

生:因为时针过了12时后,又走了一大格,相当于走了13个大格,是一天中的第13个小时,所以记作13:00。

师:你的思路清晰,依此类推,时针再走一大格就记作14:00。

(6)出示钟面(指向6:00)。

师:不知不觉,太阳快要落山了,现在是几时呢?这个时候的你们,又在做什么呢?

生1:下午6:00。

生2:18:00,这时候课后服务结束了,我们该回家啦!

师:是的,一天的学习结束了,可我们一天的生活还没结束呢,时针还在勤勤恳恳地工作着。瞧,天已经黑啦!

(7)出示钟面(指向8:30)。

师:现在是几时?此时的你,通常又在做什么呢?

生1:晚上8:30。

生2:20:30,现在我打算睡觉啦!

师:现在一天的时间结束了吗?

生:没有。

师:虽然我们一天的活动结束了,但是这一天还没结束。在我们的睡梦中,时针又走向了什么时刻呢?还可以怎么说?为什么?

生1:到了夜里12:00,同时又可以说成24:00。

生2:夜里12:00是一天的结束,同时它又是下一天的开始,所以又可以说成0:00。

3.回顾总结,理解24时的由来

师:孩子们,请回顾一天的时间旅行,想一想一天有多少个小时?你是怎么知道的?

生:一天有24个小时,一天中时针转了2圈,转1圈是12时,转2圈就是24时。

课件演示时间彩条图。

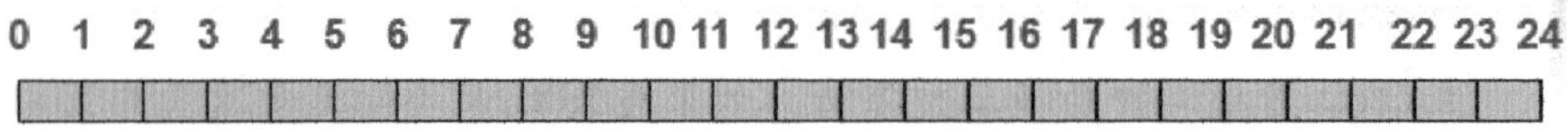

师:古人是怎么记录时间的呢?一天为什么有24小时呢?

播放视频。

4.比较两种记时方法,探索转换方法

(1)比较两种记时方法的不同点。

师:一天有24小时,我们探索出了两种不同的记时方法,请同学们比较一下,这两种记时方法有什么不同?请同学们先小组合作交流,再汇报。

晚上12:00	上午6:30	上午8:30	中午12:00	下午1:00	下午6:00	晚上8:30
0:00	6:30	8:30	12:00	13:00	18:00	20:30

生1:上面时间和时钟上对应的时间是一样的,而在下面的记时法中,只有前面一半的时间和时钟上是一致的,下午就出现了13:00等钟面上没有直接显示的时间。

生2:上面多两个汉字,下面则没有。

师:的确,上面的每个时间前面都有上午、下午、晚上或者凌晨,我们把这些表示时间的词叫做时间词。在下面的记时法中，并没有写时间词。可是为什么在上面记时法中，要写上时间词呢？

生：因为在上面记时法中，每天有两个同样的时间，如果不写时间词，就容易把相同的时间点弄混淆了。

师：在下面的记时法中，为什么不用时间词呢？

生：下面的时间表示的是0:00–24:00，数字没有重复，所以不需要用时间词。

师：同学们真聪明，像上面这种带时间词的记时方法，我们称作普通记时法，下面这种不带时间词的记时方法叫做24时记时法。

师：你们手中的信封里有6张时间卡，请你帮它们分分类吧。

出示时间卡：

8:00	下午6:30	12:00	0:00	上午10:00	晚上20:30

（2）探索两种记时方法的转换方法。

师：同学们已经能正确区分这两种记时法，那么这两种记时方法又有什么关系呢？他们之间是怎样转换的？请继续观察黑板，小组讨论交流：怎样把普通记时法转换成24时记时法？怎样把24时记时法转换成普通记时法？

生1：把普通记时法转换成24时记时法，就是在原来的时间基础上加上12，24时记时法就是在原来的基础上减去12。

师：你们同意吗？

生2：我不同意，在前面的一半时间中，也就是下午1:00前，普通记时法转换成24时记时法，只要去掉时间词就行了，把24时记时法转换成普通记时法，只需要加上时间词。从下午1:00开始，普通记时法转换成24时记时法在去掉时间词的基础上，还需要加上12，反过来则要减去12，加上时间词。

师：孩子们，你们听明白了吗？我觉得此处必须要有掌声。

普通计时法

晚上12:00	上午6:30	上午8:30	中午12:00	下午1:00	下午6:00	晚上8:30

24时计时法

				−12 ↑		↓ +12
0:00	6:30	8:30	12:00	13:00	18:00	20:30

师：刚才你们把信封里的6张时间卡已经分类了，你们现在能试着把两种记时法相互转换吗？先思考，再在小组内交流。

环节三：巩固练习，强化记时法

练习1. 小明爸爸晚上8:00开车能通过该路段吗？

7:30-20:30

能□　　　　不能□

生：不能，因为晚上8:00是20:00，20:00在7:30 — 20:30范围内，所以小明爸爸不能开车通过该路段。

练习2.晚上______：______到常州火车站比较合适。

生1：晚上8:54到常州火车站比较合适。

生2：我觉得应该早于晚上8:54到，因为我们乘车时一般要提前一些时间到，防止来不及检票。

师：那你觉得晚上什么时候到比较合适呢？

生2：晚上8:24比较合适，提前半个小时。

师：你们同意生2的观点吗？是的，根据我们的日常生活经验，我们最好提前半小时达到火车站，因为我们可能要取票、排队、上厕所等。如果我们正好晚上8:54到，会错过这班车。

环节四：课后总结，升华记时法

师：不知不觉，这节课已经走向了尾声，通过这节课的时间旅行，你有哪些收获呢？

【案例思考】

思考一：关注学生的生活经验

数学课程标准指出：要重视从学生的生活经验和已有知识中学习和理解数学。关于普通记时法，学生在日常生活中特别在交流对话的过程中应用较为广泛，而24时记时法，学生在生活中接触的有点少。同时两种记时法的特点、区别和联系，学生也没有系统地学习过。时间的概念是抽象的，三年级学生的思维正从具体形象思维向抽象思维过渡，仍以具体形象思维为主，他们缺乏对“24”这个时间数值的认识，关于普通记时法和24时记时法之间的转换更是难以理解。因此，教师把两种记时法中的具体时刻与学生一天中的生活经验相结合，让学生在一天的时间旅行中直观感受普通记时法和24时记时法的含义。

思考二：培养学生的自主探究能力

普通记时法和24时记时法之间的关系是本节课的难点，学生只有真正理解了两种记时法的含义，才能突破这一难点。先通过春晚倒计时，结合学生已有的知识经验了解一天的开始，接下来跟着时钟的脚步，开启一天的时间旅行。通过引导学生用两种记时法表示出某些具体的时刻，并结合这些时刻时学生自己的生活片段，将抽象的时间变成具体的具有画面的时间。接下来继续引导学生观察两种记时法，通过小组合作交流的方式，找出两种记时法的不同点。最后引导学生自主归纳两种记时法的互化方法，使学生在学习中不仅知其然，而且知其所以然。

教学案例3：认识吨

【课堂实录】

环节一：提出问题，引入“吨”

师：小朋友们一定去过动物园吧！动物园里有许多可爱的动物！（出示图）瞧，这是一只鹦鹉。

师：它的体重大约是多少呢？

生：一只鹦鹉大约重200（克）。

师：这是一只兔子，它的体重大约是多少呢？

生：一只兔子大约重3（千克）。

师：这是一只长颈鹿，它的体重呢？

生：一只长颈鹿大约重600（千克）。

师：这是一头大象，它的体重呢？想一想，大象的体重用什么作单位比较合适？

生1：我觉得大象比较重，不可能是4千克，用“克”或“千克”作单位都不合适！

师：分析得很有道理，真是个爱动脑筋的孩子！

生2：我知道，应该用“吨”作单位，一头大象约重4（吨）。

师：是的，这头大象约重4吨。今天我们就一起来认识一个新的质量单位——吨。

环节二：认识“吨”，感受意义

师：我们先来看一段视频，听一听“吨”的自我介绍吧！（视频略）

师：通过观看视频，我们知道生活中有许多物品的质量是用“吨”作单位的。

师：这是一艘可载重8000吨的轮船，这是一个可装2吨货物的集装箱，这是一节可装50吨货物的火车车厢。

师：像轮船、集装箱、火车车厢等，比较重的或大宗物品的质量，通常用“吨”作单位，“吨”用英文字母“t”来表示。

师：那么，1吨有多重呢？让我们一起通过生活中的大米来感受一下吧！请同学们数一数，这里有几袋大米？

生：10袋。

师：对，10袋大米，每一袋大米重100千克，10袋大米一共重多少千克呢？你是怎样想的？

生1：可以一百一百地数，100千克、200千克、300千克、400千克、500千克、600千克、700千克、800千克、900千克、1000千克。

生2：还可以这样想，10个100是1000，10个100千克就是1000千克。

师：说得真好！数学上把1000千克物品的质量规定为1吨。1吨就是1000千克，可以用字母表示为1 t=1000 kg。

环节三：建立表象，加深对“吨”的理解

师：再来看看我们三年级小朋友的体重。瞧，这名同学的体重大约是多少千克？

生：这名同学的体重大约是25千克。

师：10名这样体重的同学大约是多少千克？

生：10名这样体重的同学大约是250千克。

师：那么40名这样体重的同学大约是多少千克呢？请你算一算！

生：40名这样体重的同学大约是1000千克，也就是1吨。

师：想一想，你们班全体同学的体重相加，有1吨吗？

生：我们班有45人，45大于40，所以我觉得我们班同学的体重相加有1吨。

师：下面每种物体重1吨，各有多少呢？

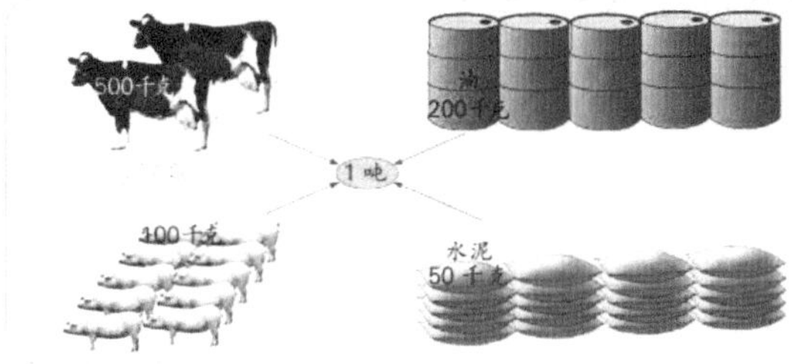

师：一头奶牛重500千克，想一想，几头奶牛重1吨？

生：2头奶牛重1000千克，也就是1吨。

师：一桶油重200千克，几桶油重1吨？

生：5桶油重1000千克，是1吨。

师：真棒！一头猪重100千克，几头猪重1吨？

生：10头猪的质量是1000千克，也就是1吨。

师：一袋水泥重50千克，多少袋水泥重1吨？

生：可以这样想，1袋水泥的质量是50千克，10袋水泥的质量就是500千克，所以20袋水泥重1000千克，也就是1吨。

师：同学们，1吨到底有多重呢？请你用自己的话说一说。

生1：1袋大米重100千克，10袋大米重1吨。

生2：1个小朋友的体重大约是25千克，40个小朋友的体重大约是1吨。

生3：2头奶牛的体重大约是1吨。

生4：20袋水泥大约重1吨。

……

师：是的，表示较重的物体质量时，我们都可以用"吨"作单位。

下面我们一起来探究一下"吨"和"千克"的关系吧！

师：3吨=(　　)千克。请同学们想一想，说一说！

生：因为1吨是1000千克，3吨是3个1000千克，所以3吨=(3000)千克。

师：8000千克=(　　)吨。

生：因为1000千克是1吨，8000千克里面有8个1000千克，所以8000千克

=(8)吨。

师:同学们,刚才我们探究了质量单位——“吨”,知道了“吨”是一个较大的质量单位,还知道1吨=1000千克。下面我们运用今天所学的知识来解决一些问题!

环节四:巩固应用,内化对“吨”的认识

1.它们的体重各是多少?请你连一连。

学生连线,并汇报。

师:在这4种动物中,鲸的体重最重,所以是50吨,大象的体重要比熊猫和小狗重得多,所以是4吨,小狗的体重最轻,所以是6千克,熊猫的体重就是80千克。

2.在(　)里填上合适的单位。先想一想,再填一填。

师:一只山羊大约重45(千克);苹果的质量很轻,所以一个苹果大约重200(克);一辆卡车的车载质量是6(吨)。

师:小朋友们,你们填的质量单位合适吗?

3.根据质量单位“吨”和“千克”之间的关系,想一想,填一填。

7吨=(7000)千克,4000千克=(4)吨,

5吨=(5000)千克,9000千克=(9)吨。

师:同学们,仔细核对一下,你填对了吗?谁能说一说7吨=(7000)千克,是怎样想的呢?

生:因为1吨是1000千克,7吨是7个1000千克,所以7吨=(7000)千克。

师:说得真好!4000千克=(4)吨呢?

生:因为1000千克是1吨,4000千克里面有4个1000千克,所以4000千克

=(4)吨。

4.请你算一算，填一填。

(1)1桶水大约重10千克，10桶水大约重(　)千克，(　)桶水大约重1吨。

(2)1块轻质砖大约重20千克，10块这样的轻质砖大约重(　)千克，(　)块这样的轻质砖大约重1吨。

5.解决一道生活中的实际问题：

发电厂运来15车皮煤，每车皮煤重60吨。一共运来多少吨煤？请大家认真思考一下，可以怎样列式计算？

生：我们可以这样计算：15×60=900(吨)。答：一共运来900吨煤。

师：同学们，你们算对了吗？

师：祝贺同学们运用今天所学的知识出色地完成了练习！

环节五：课堂小结，谈谈对“吨”的感受

师：同学们，通过这节课的探究学习，你有什么收获呢？

【案例思考】

思考一：缺少体验的概念教学是不完整的

这篇课堂实录来源于线上教学，受线上教学的限制，本节课缺少体验活动，使得本节课重难点的教学未能突破。“认识吨”是一节概念教学课，同时又是一个大计量单位的教学。虽然吨在生产和生活中应用很广泛，但是学生对吨接触得很少。吨的质量观念的建立是比较困难的，所以吨的质量观念的建立是本节课的难点。吨的质量观念建立不像千克和克的质量观念的建立可以让学生通过“称一称”“拎一拎”“掂一掂”等操作活动去直观感受、亲身体验。吨是一个很大的质量单位，课堂上很难操作，教师常用图片、视频、计算等其他一些教学形式代替学生的亲身体验，把大部分时间放在吨与千克的单位换算上，这样的教学让学生觉得枯燥，也不够完整。

思考二：增加体验，丰富感知，形成表象

教学中要使学生建立1吨的质量观念，应增加一些体验活动，引导学生在体验活动中逐步建立吨的质量观念。第一个体验活动，感受1袋大米的质量。教材中100千克1袋的大米在生活中很少见到，有些脱离现实生活，对学生理解1吨的实际大小，容易产生误导作用。超市常见的大米有10千克1袋的、20

千克1袋的，也有50千克1袋的，可以选择其中一种规格的大米，把大米搬进课堂让学生拎一拎，亲身感受1袋大米的质量，再推算出多少袋大米重1吨。第二个体验活动，感受身边的同学有多重。通过抱一抱或者背一背感受同学的体重，再估计全班同学体重相加有没有1吨。第三个体验活动，感受1桶水有多重。称出1桶10千克的水，让学生拎一拎，再算一算多少桶这样的水重约1吨。经历三次体验活动，学生虽然没有直接感受到1吨有多重，但是学生感受了10千克或20千克的实际轻重，能够在想象中感受1吨很重。经历了操作活动，学生对吨的认识不再是仅仅停留在图片上了。这样的体验活动，让学生的感受是充分的、完整的，有助于建立1吨的表象。

第四章　探索规律

一　教材内容编排

数学是研究数量关系和空间形式的科学。无论是数学中的抽象、推理，还是数学中的建模，数学总是研究千变万化中不变的关系。从广义上说，数学本质上就是探索规律的一门科学。“探索规律”对于发展学生数学思维，改善学生的学习方式具有积极的意义。“探索规律”属于“数与代数”领域。苏教版教材除隐含在数学知识学习中的规律探索外，在例题、练习以及综合实践活动中特意编排的探索规律内容有75处之多，还编排了8个“探索规律”的专题教学。从三年级上册开始，每册编排一个“探索规律”专题活动，展开规律的探索过程，让学生在探索、发现规律和反思探索活动的过程中体会数学思想方法，积累数学活动经验，发散数学思维。对于小学生而言，掌握探索规律的初步方法对今后的学习和生活，有着举足轻重的作用。

“探索规律”内容贯穿于整个小学阶段，苏教版教材修订后不再安排“找规律”单元，而是通过“探索规律”的活动，引导学生经历由特殊到一般的探索过程，积累数学活动经验，增强探索意识。

第一学段，探索简单情境下的变化规律。具体内容包括：结合相关内容探索简单的数和图形的变化规律；间隔排列的两种物体个数之间的关系；两位数乘11积的规律及特殊两位数相乘积的规律。

第二学段，探索给定情境中隐含的规律或变化趋势。具体内容包括：周期排列的物体排序及个数的规律；四边形、五边形、六边形等多边形内角和的规律；钉子板上围出的多边形面积与钉子数之间的关系；若干个非零自然数相加、相乘后，和与积的奇偶性；正方体表面涂色后切开，每个小正方体涂色面个数的规律；图形放大、缩小后，面积变化与边长变化之间关系的规律。

苏教版小学数学教材关于“探索规律”相关内容，考虑到学生认知特点和思维层次，相应地分布在三至五年级，主要编排结构如表 4 。

表4　苏教版小学数学教材“探索规律”内容编排结构

序号	册次	探索规律
1	三年级上册	间隔排列
2	三年级下册	有趣的乘法计算
3	四年级上册	简单的周期
4	四年级下册	多边形的内角和
5	五年级上册	钉子板上的多边形
6	五年级下册	和与积的奇偶性
7	六年级上册	表面涂色的正方体
8	六年级下册	面积的变化

苏教版教材编排的 8 个“探索规律”的专题活动，遵循从简单到复杂、从直观到抽象，由浅入深、由易到难，逐步过渡的原则。这样的编排较好地体现了《义务教育数学课程标准(2011年版)》关于“探索规律”的学段要求。

二　具体内容解读

(一)间隔排列

这部分内容主要引导学生探索间隔排列的两种物体个数之间的关系以及其中蕴含的简单规律。教材通过五个层次的学习活动，使学生经历观察现象、探索规律、发现规律、认识规律、感悟方法的过程。第一层次，让学生通过观察教材中的情境图了解间隔排列这一现象。第二层次，通过观察、填表、比较、归纳等活动，初步探索间隔排列的两种物体数量之间的关系。第三层次，在初步发现间隔排列的两种物体数量关系的基础上，引导学生进一步探索其中的原因，从而发现规律。第四层次，让学生在相同和不同的问题情境中进一步完善对规律的认识。第五层次，让学生回顾探索和发现规律的过程，说说自己的体会，感悟探索规律的基本方法。

（二）有趣的乘法计算

“有趣的乘法计算”是探索一些特殊的两位数乘两位数计算规律的专题活动。教材引导学生通过计算、观察、比较、归纳等活动，探索并发现特殊的两位数乘两位数的计算规律，加深对两位数乘两位数计算过程和方法的理解，增强对计算内容的学习兴趣和学好数学的信心，进一步发展数学思考。教材分四个层次编排。第一层次，引导学生探索两位数与11相乘的计算规律。教材采用“观察现象—建立猜想—验证猜想”的编排线索，首先让学生观察算式，说出算式特点，再算出各题的得数，其次引导学生观察比较算式和得数，初步发现规律，最后让学生举例验证并完善规律。第二层次，引导学生探索十位上的数相同且个位上的数相加都等于10的两个两位数相乘的计算规律。教材继续采用“观察现象—建立猜想—验证猜想”的教学方法，让学生仿照探索两位数乘11的计算规律的步骤进行活动。第三层次，引导学生进一步探索形如$(a-1)(a+1)$的乘法算式与形如$a \times a$的乘法算式的关系。教材要求教师充分放手，鼓励学生通过观察、计算和比较，在明确这类算式共同特点的基础上，发现其中的规律。第四层次，引导学生回顾探索和发现规律的过程，说说自己的体会，在回顾和交流中进一步明确规律，体会探索学习的乐趣。

（三）简单的周期

“简单的周期”主要内容是引导学生结合具体的问题情境，探索并发现事物的排列规律。教材分三个层次安排活动。第一层次，引导学生在观察中初步感知规律并引发探究兴趣。教材结合场景图呈现了按周期规律摆放的盆花、彩灯、彩旗这三种物体，引导学生通过观察和比较“图中盆花、彩灯和彩旗的排列有什么共同特点”，发现图中事物排列的共同特点，初步感知周期排列规律，引发探索规律的心理需求。第二层次，深入探究并归纳规律。引导学生通过观察、比较、分析和归纳等具体的活动，深入探索盆花、彩灯和彩旗的排列规律，获得对规律的更一般的认识。第三层次，拓展应用并回顾反思。教材要求学生用三角形、正方形和圆这三种图形设计一个按周期规律排列的图形序列，这样的设计使学生加深了对周期排列规律的认识，培养了创新意识。

（四）多边形的内角和

“多边形的内角和”是探索图形规律的专题活动，主要是引导学生通过观察、操作、比较等具体活动，探索并发现多边形内角和与它的边数之间的关系以及多边形内角和的计算方法。这部分内容是在学生认识了三角形内角和等于180度，了解多边形基本特征的基础上教学的。教材分四个层次安排学生探索规律的活动。第一层次，提出问题，明确目标。教材出示一组多边形，同时提出问题“三角形三个内角的和是180度，四边形、五边形、六边形等多边形的内角和各是多少呢？”明确本次活动的目标，激发学生探索规律的兴趣。第二层次，自主探索，寻求方法。教材以四边形为例，引导学生想办法求出它的内角和。学生可能想到先量出四边形各个内角的度数，再求和。第三层次，深入探究，发现规律。教材引导学生把任意多边形分成几个三角形，计算每个多边形的内角和，并列表整理所获得的数据，观察表中数据，发现规律，归纳多边形内角和的计算方法。第四层次，回顾过程，反思总结。教材意在让学生积累丰富的活动经验，感悟转化、类比等数学思想方法，发展探索意识和创新意识。

（五）钉子板上的多边形

这个探索规律专题活动的主要内容是引导学生在观察、操作、猜想、验证等具体活动中，发现在钉子板上围出的多边形与它的边所经过的钉子，以及多边形内部钉子数的关系，会用含有字母的式子表示发现的规律。教材分四个层次安排本次探索活动。第一层次，探索内部只有1枚钉子的多边形面积与它边上钉子数的关系。教材在由边长1厘米的小正方形所组成的钉子板上围出一些内部只有1枚钉子的多边形，让学生计算出每个图形的面积，数出每个图形边上的钉子数，引导学生比较表格中每组的两个数据，初步发现这些多边形面积与它边上钉子数的关系。学生由观察到现象，提出猜想，验证规律，进而把这里的规律用含有字母的式子表示出来。第二层次，探索内部有2枚钉子的多边形面积与它边上钉子数的关系。教材利用学生已有的探索规律的经验和成果，使他们再次经历上述探索规律的过程。第三层次，探索内部有3枚、4枚……或者没有钉子的多边形面积与它边上钉子数的关系。教材鼓励学生利用已有的探索经验自主开展操作、比较、发现等活动，在活动中发现规律、揭示规律、验证规律。第四层次，回顾反思探索和发现规律的过程，帮助学生积累探索规律的经验，提高对规律的认识。

（六）和与积的奇偶性

“和与积的奇偶性”是探索计算规律的专题活动，主要内容是引导学生在观察、举例、猜想、验证、归纳等具体活动中，探索并发现两个或几个数的和、积的奇偶性，初步发现其中蕴含的数学规律。这部分内容是在学生已经认识奇数、偶数、质数、合数等概念，并且已经积累了一些探索规律的经验的基础上教学的。本次活动重点是让学生经历数学发现的一般过程，运用不完全归纳的方式发现两个或者几个数的和、积的奇偶性的有关规律。教材分四个层次安排本次探索活动。第一层次，探索两个数和的奇偶性。第二层次，探索几个数和的奇偶性。第三层次，探索几个数积的奇偶性。第四层次，组织对探索活动过程进行回顾和反思。前三个层次，教材均安排了举例、猜想、验证等探索性活动，使学生在活动过程中感受由具体到抽象、由特殊到一般的探索方法，进一步发展数学思考。最后组织的回顾与反思活动，依然是帮助学生积累活动经验，感悟数学思想方法。

（七）表面涂色的正方体

这部分内容是在学生认识了正方体的特征的基础上安排的一次探索规

律的活动，主要让学生通过把表面涂有颜色的正方体切成若干个同样大的小正方体，探索小正方体表面涂色的各种情况以及其中蕴含的简单规律。教材安排了四个层次的活动内容。第一层次，提出问题，引发思考。教材呈现一个表面涂色的正方体，每条棱都平均分成2份，引导学生看图思考：如果照图中的样子把它切开，能切成多少个同样大的小正方体，每个小正方体有几个面涂色？提出问题的同时也激发了学生探索的兴趣。第二层次，自主探索，感知规律。教材依次呈现把每条棱都平均分成3份、4份、5份的大正方体，引导学生观察和想象，说说像这样把正方体切开能切成多少个同样大的小正方体，切成的小正方体中3面涂色、2面涂色、1面涂色的各有多少个，分别在什么位置，并把获得的结果填入表格中，使学生在观察、想象、填表中获得对规律的初步感知。第三层次，深入探究，发现规律。教材要求教师放手，引导学生观察、比较表中数据，说说从中发现的规律。

（八）面积的变化

这部分内容主要是引导学生结合具体的实例，探索并发现平面图形按比例放大后面积的变化规律，进一步加深对图形放大和缩小的含义以及比例意义的理解。教学这部分内容是之前学生已经认识了图形放大和缩小的含义，能在方格纸上把一个简单图形按一定的比例放大或缩小，理解了比例的意义和基本性质，并且积累了较多探索规律的经验。本次探索规律的活动，侧重让学生经历提出问题—操作发现—获得结论的过程。教材分三个层次安排活动内容。第一层次，创设情境，提出问题。教材呈现了两个长方形，其中大长方形是小长方形按比例放大后得到的，要求学生分别量出放大前后两个长方形的长和宽，写出对应边长的比，再估计这两个长方形面积的比，最后通过计算它们的面积验证自己的估计。学生初步感知长方形在放大前后对应边长度的比和面积的比的变化规律，并由此提出"其他平面图形按比例放大后，面积的比又会发生怎样的变化"的问题。第二层次，观察操作，自主探索。教材呈现正方形、三角形和圆分别按比例放大前后的图形，引导学生观察和比较表中数据，自主发现规律并描述规律，明确规律后让学生仿照上述步骤画一组封闭图形，验证规律。第三层次，回顾反思，提升认识。教师组织回顾反思活动，帮助学生进一步反思探索数学规律的一般过程和方法，感悟归纳的思想和方法。

㊂ 教学实践思考

教学案例1：间隔排列

【教学实录】

环节一：观察——感知规律

师：请同学们欣赏一组美丽的图片。

课件出示：电线杆和广告牌、课桌和凳子、篱笆和木桩、窗帘上的花纹和斑马线……

师：刚才的图片漂亮吗？

生：漂亮。

师：仔细观察这些图片，他们有什么共同的特点？

学生观察后交流。

师小结：是的，像这样一个隔着一个排列的方式，我们把它叫做"两种物体一一间隔排列"（板书：间隔排列）。今天我们就来找一找"间隔排列"物体之间的规律（板书：找规律）。

环节二：对比——寻找规律

1. 观察体验

师：让我们去动物乐园看一看，你能找到像这样一一间隔排列的物体吗？

学生观察后交流。（出示教材第78页情境图）

生1：兔子和蘑菇是一一间隔排列的。

生2：木桩和栅栏是一一间隔排列的。

生3：夹子和手帕是一一间隔排列的。

……

引导学生观察并初步了解图中物体在排列方式上的共同之处。

2.比较发现

(1)学生按要求填写教材78页的表格。

小兔(8)只	木桩(13)根	夹子(10)个
蘑菇(7)个	篱笆(12)根	手帕(9)块

(2)提问:从每排两种物体的比较中,你发现什么共同的特点?

学生先独立思考,再同桌交流,全班汇报。

生1:小兔的只数比蘑菇的个数多1。

生2:木桩的根数比篱笆的块数多1。

生3:夹子的个数比手帕的块数多1。

生4:每排两种物体的个数都相差1。

3.分析规律

师:为什么每排两种物体的数量都相差1?

引导学生用"一一对应"的分组方法圈一圈,确认已经发现的数量关系,从不同角度解释规律。

师小结:两种物体一个隔着一个地排列,排在最边上的那种物体的个数比夹在中间的物体的个数多1。

问题:20只小兔站成一排,每两只小兔中间有一个蘑菇,一共有多少个蘑菇?

学生运用上面发现的规律独立思考后交流。

环节三:操作——完善规律

师:是不是这样排列的两种物体都有这样的规律呢?

验证:任意拿几个圆片,在桌上摆成一排,再在每两个圆片中间摆1个三角形,使它们成为一一间隔排列。数数圆片的个数与三角形的个数,看看有什么关系。

师:你是怎样摆的?你发现了什么规律?

生1:我摆了5个圆片,三角形有4个,圆片的个数比三角形的个数多1。

生2:我摆了8个圆片,三角形有7个,圆片的个数比三角形的个数多1。

师:如果●与△一个隔一个排成一行,●有10个,△最少有几个?最多呢?●与△的个数之间可能有什么关系?

师:请你们用手中的学具摆一摆。

师小结:间隔排列中两种物体个数之间的关系:两端物体相同,两种物体数量相差1;两端物体不同,两种物体数量相等。

环节四:体验——应用规律

1.列举规律

师:在我们的身边,有没有这样一一间隔排列的规律呢?

2.应用规律

(1)锯木头问题:把一根木料锯成4段,要锯几次?锯4次能锯成多少段?

(2)乒乓球问题:出示一串乒乓球,问黄球和白球是怎样排列的,哪种颜色的球多?

将这些乒乓球围成一圈,思考:黄球和白球是不是一一间隔排列的?怎样才能使它们成为一一间隔排列?

生1:增加一个白球。

生2:去掉一个黄球。

环节五:反思——延伸规律

师:这节课我们学习了什么内容?回顾探索和发现规律的过程,你有什么收获?

【案例思考】

从三年级开始,苏教版各册教材独立设置“探索规律”的教学内容。学习这样的内容,重在让学生运用已有的数学学习方法和经验,经历由观察现象、探索规律到发现规律,再到完善规律和应用规律,体验学习数学需要运用观察、分析、综合、归纳、抽象和概括等基本数学方法,培养初步的探索意识,积累探索规律的活动经验。所以上好本节课的关键有两点:一是通过探究活动让学生建立起“一一间隔排列”的概念,二是要体现学生学习的主动性,帮助学生树立探究规律的意识。本节课,时刻以学生为中心,始终从学生的角度考虑,密切联系学生的生活实际,用一些身边常见的物体和图形帮助学生建立探索规律的桥梁。在初步感知“两端物体一样”的一一间隔排列的物体数量关系的基础上,让学生进一步探究和交流“两端物体不一样”的一一间隔排列的物体数量关系,使得规律不断地完善。同时,让学生在观察中感知规律,在比较中发现规律,在操作中完善规律,在实际中应用规律,并在反思中延伸规律。这样的教学使学生整节课都处在积极的状态中，体会到可以从多种角度思考问题和用不同的方法解决问题，不断积累解决问题的策略，培养学生的创新意识。

教学案例2：多边形的内角和

【教学实录】

环节一：情境引入，提出问题

师：同学们大家好！很高兴和大家一起探索多边形的内角和。

师：请大家看水立方的外墙，它是由许多神奇而美丽的图案拼成的，这些图案是什么样的图形呢？

生：三角形、长方形、五边形、六边形……

师：对，有三角形、四边形、五边形、六边形等。

师提问：你能否设计一个内角和为2019°的多边形呢？

抛出设计好的问题，激发学生学习兴趣。

师：让我们带着这个问题开始探索多边形内角和之旅吧！

环节二：探索多边形内角和的规律

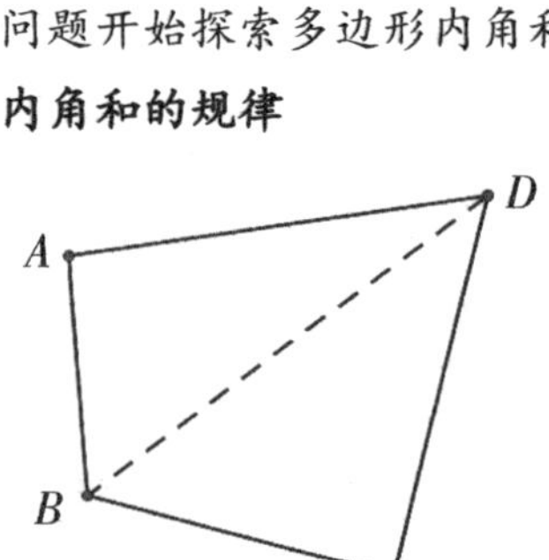

师：这是任意一个四边形 $ABCD$，我们作它任意一个顶点的对角线，把四边形分成2个三角形，一个是三角形 ABD，另一个三角形 CBD，这两个三角形

内角和都是180°,这个四边形的内角和就是这两个三角形内角和之和。实验证明任意四边形的内角和都是360°。

师:我们来看五边形,作五边形任意一个顶点的对角线,把五边形分成几个三角形?

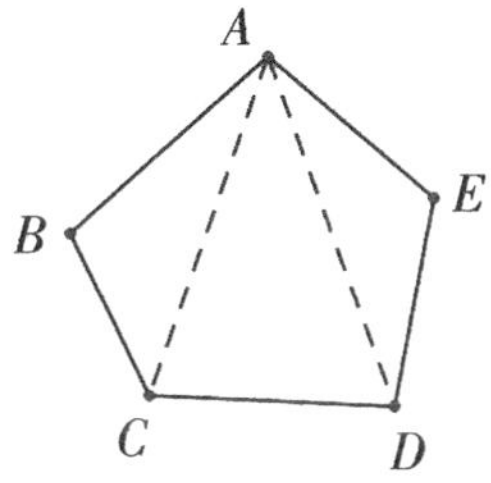

生:3个三角形。

师:对,把五边形分成3个三角形,五边形的内角和就是这3个三角形的内角和之和,即180°×3=540°。

师:作六边形任意一个顶点的对角线,把六边形分成4个三角形,六边形的内角和就是180°×4=720°。

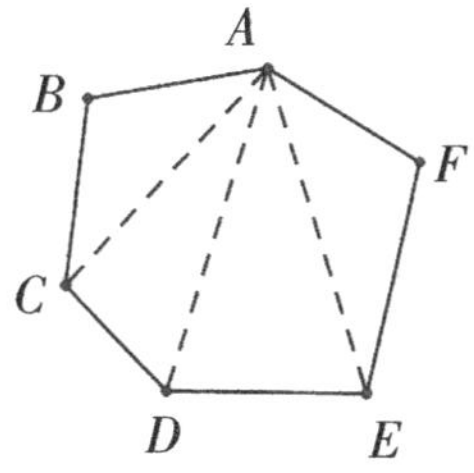

师提问:其他多边形也可以像这样分成几个三角形来计算内角和吗?

师:请同学们在作业纸上任意画一个七边形和八边形来试一试并完成表格。

让学生独立完成动手实践活动,探索着完成表格,锻炼动手又动脑的能力。

图形名称	边数	分成的三角形个数	内角和
三角形	3	1	180°
四边形	4	2	180°×2
五边形	5		
六边形			
七边形			
八边形			
……			

师：观察表格中的数据，你有什么发现呢？

学生各抒己见。

师生共同小结：我们先竖着看，多边形的边数越多，分成的三角形个数就越多，内角和也就越大。再横着看，分成三角形的个数总比多边形边数数少2。通过上面的实验我们明白，可以把多边形分成若干个三角形，计算它的内角和，分成了几个三角形，多边形的内角和就有几个180°，所以多边形的内角和一定是180°的倍数。由此可得：多边形的内角和＝(多边形的边数－2)×180°，n边形的内角和＝$(n-2)\times180°$。

先思考再体验，培养学生的发散思维，拓展知识面。

师：把一个多边形分成几个三角形还有其他方法吗？

生：有。

学生饶有兴趣地探索着多边形的内角和。

师：同学们真爱动脑筋。

根据学生叙述，老师操作课件：从四边形内任意取一点再与四边形的四个顶点连接，就把四边形分成了4个三角形，四边形的内角和就等于4个三角形内角和之和减去中间的一个周角，即四边形内角和＝180°×4－360°＝360°。

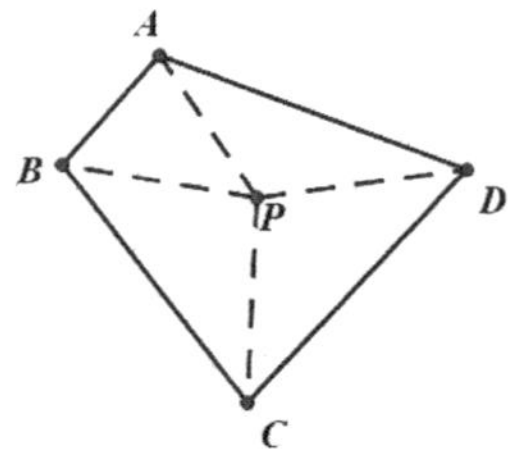

师：五边形呢？

生：我们从五边形内任意取一点再与它的5个顶点连接，就把五边形分成了5个三角形，五边形内角和就等于这5个三角形内角和之和减去中间的一个周角，即五边形内角和＝180°×5－360°＝540°。

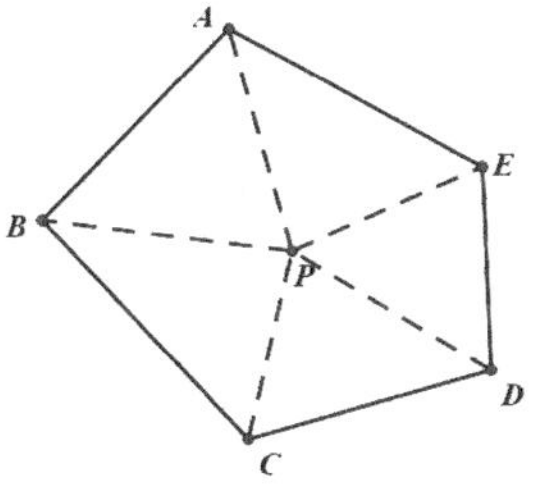

师：六边形呢？

生：从六边形内任意取一点再与它的6个顶点连接，就把六边形分成了6个三角形，即六边形内角和＝180°×6－360°＝720°。

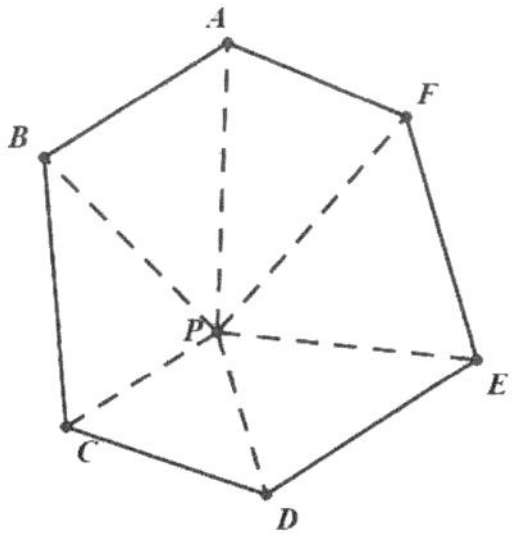

师：七边形、八边形呢？请同学们自己试一试并完成表格。

师生小结：从表格中我们发现，分成的三角形的个数与多边形的边数相等，多边形内角和＝180°×多边形的边数－360°，n边形的内角和＝180°×n－360°。

师：我们一起回忆一下两种方法，然后再比较一下，看看有什么发现。

生：n边形的内角和＝$(n-2)\times180°$。

生：n边形的内角和＝$180°\times n-360°$。

师：这两种不同的分法，根据乘法分配律可以看出得到的结论是相同。即$(n-2)\times180°=180°\times n-360°$。

师：通过上面探索和发现多边形内角和的规律，能说说你们的体会吗？

师生共同总结：

a. 多边形内角和可以根据三角形的内角和推算出来。

b. 从简单的问题入手，进行有序思考，是探索规律的有效方法。

c. 可以把新问题转化成能够解决的问题。

环节三：应用解惑

师：课前老师请同学们设计一个内角和为2019°的多边形，这个愿望能实现吗？

生：不能。

师：对，不能实现，因为多边形的内角和一定是180°的倍数。而且$2019^\circ\div180^\circ+2\approx13.2$，边形边数必须是正整数。

【案例思考】

多边形内角和的学习对小学生来说是难点，教师首先要从传统的教师角色转变成学生学习的组织者、引导者、合作者和研究者，引导学生画图，测量发现的结论，利用几何画板直观地展示，激发学生自觉探究数学问题，体验发现的乐趣。整个教学过程中，师与生、生与生之间以"对话""讨论"为对话方式，以互帮互助为原则，共同解决问题，使得学生在一个比较宽松愉快的环境中自主选择发现的价值，以及获得成功的方向。

教学案例3：简单的周期

【教学实录】

环节一：激趣引入

师：今天这节课，我们先来做一个游戏，比比同学们的记忆力。游戏内容是这样的——这里有A、B两张写有数字的卡片。A组同学对应A卡片，B组同学对应B卡片。比比哪组同学最先记住自己卡片上的数字。

师同时出示A卡片（162598043728）和B卡片（123412341234）5秒钟，学生观察、记忆、反馈。

生1：123412341234。

生2：老师，不公平！

师：为什么B组同学记得准、记得快？

生1：B组的卡片有规律。

生2：B卡片都是1、2、3、4，重复了三遍。

师：像这样有规律的现象在我们身边还有很多，今天我们就从一些排列中找一找，看看什么是数字规律，并从中学到哪些数学方法。

环节二:探索规律

1.呈现情境,整体感受

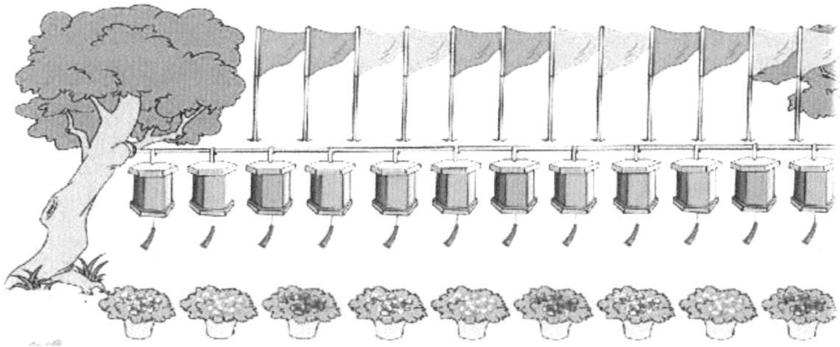

师:国庆节快到了,为了增添节日气氛,公园里装扮的东西真不少! 大家看看都有什么?

生:有各种颜色的花、灯笼和彩旗。

师:仔细观察,它们的排列有什么共同的特点?

生1:都有规律。

生2:都在重复出现。

2.分别探索,发现方法

(1)师:让我们先来看看盆花是按怎样的顺序排列的? 先在图上找一找,看自己有什么数学发现? 再和同桌讨论一下。

师巡视,了解学生想法。

师:谁来给大家说说你是怎么找的? 有什么发现?

生1:我在盆花图上圈一圈,每3盆一圈,发现一共有3×3=9(盆)。

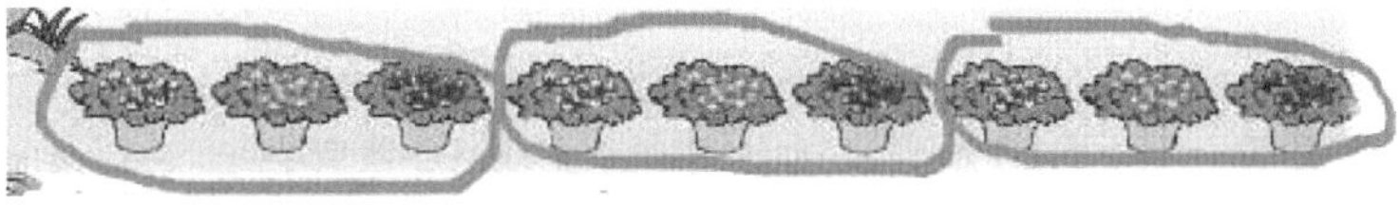

生2:我也在盆花图上作了分组标记,用"/"表示,发现每组都是"一蓝一黄一红"排列的。

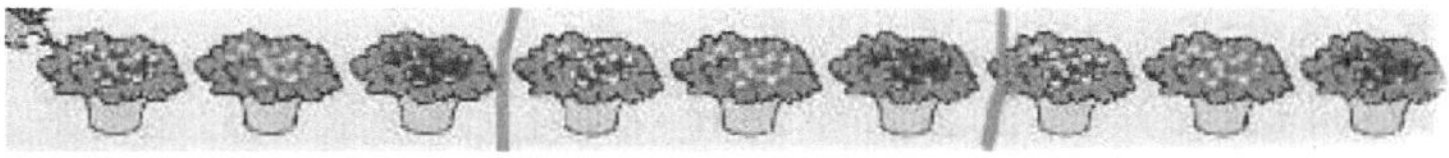

生3:每3盆一组,每组都是按"先蓝再黄后红"的顺序排列的,一组一组重复出现。

师:刚才同学们都想到了在图上分组标记,找到了每3盆一组,按"蓝、黄、红"的顺序,依次重复出现。大家不仅关注了每组的个数,还关注了颜色和顺序，更关注了每组都在依次重复出现，观察物体非常全面、到位。

师：想一想，按盆花的排列规律，第19盆花是什么颜色的？写在学习单上。

生1：按蓝、黄、红三种颜色符号依次列举到第19盆，确定是蓝花。

蓝 黄 红 蓝 黄 红 蓝 黄 红 蓝 黄 红 蓝 黄 红 蓝 黄 红 蓝

生2：用水彩笔依次画出不同颜色的符号表示不同颜色的盆花，到第19盆是蓝花。

生3：可以用除法计算。有19盆花，把每3盆看作一组，就可以分为6组还余下1盆。这余下的1盆就是第19盆，也就是第7组的第1盆，所以它是蓝花。即19 ÷ 3 = 6（组）……1（盆）

师：谁听懂了他的发言？为什么第19盆是蓝色？

生：因为是每3盆一组，第19盆是第7组的第1盆；又因为每组都是依次重复出现，所以第7组的第1盆也是每组的第1盆，就是蓝色。

师：同学们在解决盆花排列中的实际问题时，通过符号列举、文字列举和除法计算的方法，找到了第19盆花是蓝花。尤其是利用除法计算的同学，还解释了第19盆为什么是蓝色，理解非常正确、透彻。

（2）师：同学们，彩灯是按怎样的顺序排列的？有规律吗？

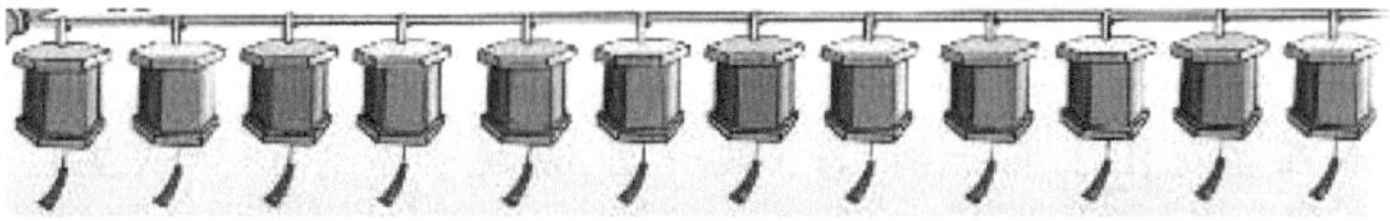

生：有。

师：看图想一想，第20盏彩灯是什么颜色？第23盏呢？

生1：彩灯是每4盏一组，按红、紫、绿、紫的顺序，一组一组重复出现。

生2：20÷4=5（组），即20除以4没有余数，说明第20盏是第五组第4盏，是紫色的，所以没有余数就是一组中的最后一盏。

生3：23÷4=5（组）……3（盏），即23除以4商是5余数是3，说明第23盏是第6组第3盏，是绿色的。

师：在解决盆花问题时，同学们想到了多种策略来解决问题，这里大家怎么都想到用计算法了？

生：不管总数有多大，不管每组有多少个，最终只要研究余数就行，计算法比较方便。

师：也就是大家觉得用除法计算，方法更高级、更有水平。可见，大家的学习在深入，方法也在逐渐优化。

(3)师：那么彩旗是按什么规律排列的？

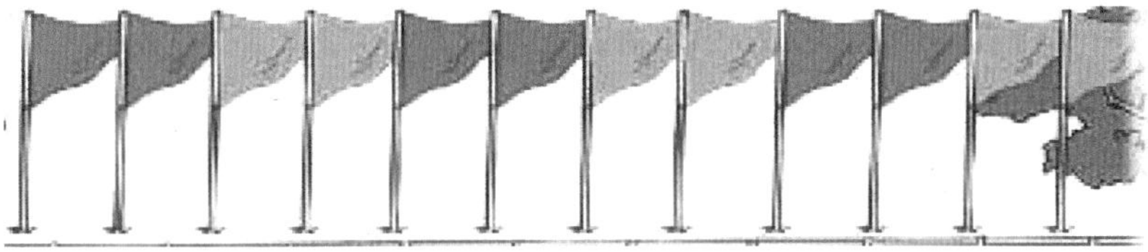

生：每4面一组，颜色是红、红、黄、黄。

师：你们能像刚才一样提一个数学问题吗？谁来考考大家？

生1：第26面彩旗是什么颜色？

生2：26÷4=6(组)……2(面)，应该是红色的。

生3：第31面彩旗是什么颜色？

生4：31÷4=7(组)……3(面)，应该是黄色的。

师：瞧瞧这速度，除法计算的确是个好方法。

师：回顾一下我们刚刚研究的三种物体的排列，它们都是按照一定的规律依次重复出现。像这样，同一事物，每几个一组，每组里排列顺序相同，一组一组重复出现叫做周期现象。

师：现在谁来说说，你明白什么是周期现象吗？

生：一个东西几种颜色重复出现就是周期现象。

师：一组事物就是一个周期，像盆花里第一组是第一个周期，第二组是第二个周期，接着是第三个周期……我们今天学习的知识就是简单的周期。

师：哪几盏彩灯是一个周期？彩旗呢？

生：4盏彩灯是一个周期，4面彩旗是一个周期。

师：那我们怎样确定简单周期现象中，第(　)盆花是什么颜色、第(　)盏彩灯是什么颜色、第(　)面彩旗是什么颜色呢？

生：先确定每几个一组，除数就是几，也就是除数和每组的个数相对应。用除法来计算，先用总数÷每几个一组=多少组余几，再观察余数的特点，余数是几，就对应每组的第几个物体，没有余数，就对应每组的最后一个物体。

师：同学们，我们只要找准周期现象中的规律，就能列出算式轻松解决问题。算式看似简单,实则背后蕴含着精深的学问!

环节三:延伸运用

师:生活中,周期现象无处不在。一年有四季(春夏秋冬),四季更替,可以看作周期现象吗?日出日落,月圆月缺,可以看作周期现象吗?

生:都是周期现象。

师:你还能举例说说生活中的周期现象吗?

生1:十二生肖,鼠牛虎兔龙蛇马羊猴鸡狗猪,也是依次重复出现的。

生2:我会造一个周期现象:太阳、月亮、星星、太阳、月亮、星星……

(1)出示:唯真笃行。

师:读一读,这行文字里有周期现象吗?为什么?

生:没有周期现象,因为至少要重复出现两次。

(2)出示:唯真笃行唯真笃行……

师:现在呢,有没有周期现象?

生:有。

师:第41个字是哪个?你是怎么知道的?

生:列算式算一算就知道了,是"唯"。

师:这一串符号呢?

(3)出示:△○□△○□△○□△○□△○

生:是的。

师:这一串呢?

(4)出示:○△□□□○△□

生:不是。

师:你能移动这8个图形中的一个图形,使它符合周期现象吗?

生:把第5个移到最后,这样就是○△□□重复出现2次。

师:你能用△、□和○这三种图形设计一个按周期规律出现的排列吗?

学生独立设计,师巡视收集。

师:让我们来看看这几个同学的作品。

呈现学生设计的不同周期排列,说说每个排列的周期有几个图形。

环节四:回顾总结

师:请大家回顾一下今天这节课探索和发现规律、欣赏和设计规律的过程,说说你有哪些体会和收获和大家分享?

【案例思考】

思考一:课堂是展现教师智慧的场所

在“探索规律”环节,教师大胆放手,依据学情进行设计,由盆花的“找一找—我发现—算一算”到彩灯的“我发现—算一算”,再到彩旗的“我想研究什么,我想解决什么问题”,最后归纳三种事物的共性特点,由此完成对排列中周期现象的完整理解。课堂上,教师注重方法的提炼,注重规律的表达,注重思维的碰撞。面向全体学生,关注不同层次学生的发展,展示交流由偏到全,由全到优;放手中又有追问,追问中纠正学生理解的偏颇,从而加深学生的认识,提升思维的品质,完善语言的表达。

思考二:课堂是学生探求真知的场所

学生动起来,课堂亮起来。教师的退位,让学生走到了课堂舞台的中心,并在展示交流中呈现了多样的精彩。在交流中,我们看到了多样的发现,与众不同的发现,教师想不到的发现。学生在实物图上采用不同的方式进行分组标记,在描述数学发现的时候都具有一定概括性和严谨性(如:每组3个,按蓝、黄、红的顺序排列,一共有3组;一蓝一黄一红,先蓝再黄后红,前者说清了每组的个数和颜色,后者说清了排列的顺序)。在解决排列中的实际问题时更是理解精准,被除数表示第几个还是共几个,余数表示第几组的第几个,相当于每组的第几个,有余数怎么看,没有余数怎么看。就这样,学生的发现在互动中越来越到位、精彩、深刻,思维的缜密程度也在不断提升,各种思维品质(如倾听、补充、质疑、评价)都在发展。生生互动充盈着课堂,学生学而有所得,享受着主动获知、主动发现的乐趣。

“发现”从哪儿来,从学生的眼睛里来。课堂上,只有让学生擦亮双眼,不断地进行新旧知识的碰撞,提供更多的、足够的机会进行思考研究,才能使他们有越来越多的发现,并且日趋完善,渐近真理。

第五章　解决实际问题

㈠ 教材内容编排

“解决实际问题”属于“数与代数”领域。这部分内容包括“从条件或问题出发思考的策略”“用画图的策略解决实际问题”“用列举的策略解决实际问题”“用转化的策略解决实际问题”“用假设的策略解决实际问题”“选择和运用适当的策略解决实际问题”等重要知识。

第一学段主要帮助学生联系已有的解决问题的经验，初步掌握从问题出发思考的策略，使学生学会从问题出发分析并解决一些两步计算的实际问题；使学生在对解决实际问题过程的不断反思中，积累从问题出发分析和解决问题的经验，感受从问题出发思考是分析和解决实际问题的常用策略之一，进一步发展分析、综合和简单推理的能力；使学生联系已有的解决实际问题的经验，学会从条件出发思考的策略，分析数量关系，探寻解题思路，并解决一些实际问题；使学生在对解决实际问题过程的反思中，提升从条件出发思考对于解决实际问题的感受价值，体会从条件出发思考是解决实际问题常用的策略之一，进一步提高简单推理的能力；使学生进一步积累解决问题的经验，逐步增强解决问题的策略意识，获得解决问题的成功经验，提升学好数学的信心。

第二学段主要帮助学生经历解决问题的过程，理解有关实际问题的数量关系；体验从条件或问题出发分析数量关系，探寻解题思路的策略，能根据需要合理确定解题思路；能归纳和总结解决问题的一般步骤，能按一般步骤正确解决相关的实际问题；使学生经历从条件或问题出发分析数量关系、探寻解题思路的过程，使学生经历按解决问题的一般步骤实施解题活动的过程，进一步丰富解决问题的经验，学会逐步有条理地思考，有理有据地表达，培养学生初步的数学思维能力，以及分析问题和解决问题的能力，增强应用意识；使学生经历用列举的策略解决简单实际问题的过程，能有条理地分析相关实际问题中的数量关系，并获得问题的答案；使学生在对自己解决实际问题过程的不断反思中，感受列举策略的特点和价值，进一步发展思维的条理性和严密性；使学生经历用转化策略解决问题的过程，体会用转化策略解决问题的基本思考方法和特点，能根据具体问题确定合理的解题思路，从而有效地解决问题；使学生经历解决实际问题的过程，初步学会用假设的策略分析数量关系，确定解题思路，能正确解答一些简单的含有两个未知数的实际问题。

苏教版小学数学教材关于“解决实际问题”相关内容，考虑到学生认知水平和思维层次，相应地分布在三至六年级，主要编排结构如表5。

表5 苏教版小学数学教材“解决实际问题”内容编排结构

序号	册次	解决实际问题
1	三年级上册	从条件出发思考的策略
2	三年级下册	从问题出发思考的策略
3	四年级上册	灵活运用条件或问题出发思考的策略
4	四年级下册	用画图的策略解决实际问题
5	五年级上册	用列举的策略解决实际问题
6	五年级下册	用转化的策略解决实际问题
7	六年级上册	用假设的策略解决实际问题
8	六年级下册	选择和运用适当的策略解决实际问题

二 具体内容解读

（一）从条件出发思考的策略

教材安排的实际问题紧扣常见的数量关系，既有利于突出从条件出发思考的特点，又有利于学生进一步熟悉这些常见的数量关系。从条件出发思考，是从实际问题中的已知条件入手的，其关键是要能看出条件间可能存在的关系，既可以使他们运用从条件出发思考的策略分析和解决问题，又可以使他们在运用策略解决问题的同时进一步加深对这些常见数量关系的认识。通过合理使用列表、画图等方法辅助思考，使策略运用过程更具针对性，并从不同角度不断丰富解决问题的经验，促进数学思考的有效展开。

（二）从问题出发思考的策略

通过选择合适的问题，引导学生主动尝试从问题出发展开分析和思考。苏教版三年级下册教材第27页安排的两道例题都是与购物有关的实际问题。其中，例1要解决的问题是："买一套运动服和一双运动鞋，最多剩下多少元？"根据生活经验，容易知道"要求最多剩下多少元，就要选择价格最低的运动服和运动鞋，并先算出购买这样的一套运动服和这样的一双运动鞋一共要用多少元"。这样的思考过程既与学生已有的知识经验和生活经验相符，又体现了从问题出发展开分析和思考的基本策略特点。例2要解决的问题是："买一件上衣和一条裤子一共要用多少元？"由加法运算的含义，不难想到"要求这个问题，需要知道一件上衣的价格和一条裤子的价格；又因为一件上衣的价格是未知的，所以要先算出一件上衣的价格"。这样的思考过程同样也是由所求问题的特点所决定的，学生对相应解题策略的选择自然也是相对主动和相对独立的。教师要引导学生经历解决问题的完整过程，帮助他们不断积累解决问题的经验。教材安排的两道例题都按照"理解题意—分析数量关系—列式解答—回顾反思"这四个基本环节来展开。教材归纳出它们在思考方法层面上的内在一致性，从而形成对解决问题策略较为理性的认识。经历这样的过程,不仅有助于学生逐步积累解决问题的策略经验,而且有助于他们不断加深对分析和解决问题过程的理解,提高他们分析问题和解决问题的能力。

(三)用画图的策略解决实际问题

教材选择合适的实际问题,让学生在经历画图策略解决问题的过程中,感受借助图形描述和分析问题,确定解题思路的方法,逐步培养学生运用策略解决问题的意识。借助直观图直观分析数量关系,这是解决问题最常用的策略之一。借助画图的策略解决问题,往往需要根据实际问题的特点,选择线段图、示意图等不同的方式,清楚、准确地揭示数量关系,确定解题思路。教材中的两道例题,在呈现问题后,分别通过适当的提示或提出合适的问题启发学生去运用策略。苏教版四年级下册教材第48页例1呈现了表达不完整的线段图,并通过"你能根据题意把线段图填写完整吗"的提示,启发学生用线段图整理题中的条件和问题;例2呈现了示意图的一部分,并通过"如果用下图表示原来的花圃,怎样画图表示条件和问题"的提示,启发学生画示意图表示题中的条件和问题,注意解题时要抓住"面积增加前后,长方形花圃的宽不变"这一关键策略。同时,在例题之后的"练一练"和练习中,不断提示学生"先画图整理条件和问题,再解答",帮助学生在解决问题的过程中,学会用画图描述问题的方法,逐步形成画图解决问题的策略意识,提高分析和解决问题的能力,发展几何直观。

(四)用列举的策略解决实际问题

教材选择典型且富有变化的实际问题,引导学生逐步体会列举策略的意义,经历运用列举策略解决问题的基本思考过程,掌握运用列举策略解决问题的方法。苏教版五年级上册教材第94页例1利用学生对长方形周长与它的长、宽关系的已有认识,要求他们找出用22根1米长的木条围成长方形的各种方法,并通过对不同围法的比较,找出使长方形面积最大的围法。例2启发学生用列举的策略求出4支球队进行单循环赛的总场次,进一步突出用列举策略解决问题时需要不重复、不遗漏地进行思考。解决这些问题,不仅能进一步丰富学生运用列举策略解决实际问题的体验,而且能使他们逐渐领悟策略的广泛应用价值及其思考过程的基本特点。引导学生根据所要解决的问题特点,在列举的过程中合理使用列表或画图等辅助性手段,感受不同策略在解决问题过程中的不同价值,提高综合运用数学知识和方法的能力。列举的思考过程通常不仅需要用列表或画图的形式表达出来,而且其操作过程本身也有助于学生不重复、不遗漏地进行列举。

(五)用转化的策略解决实际问题

教材通过对比和回顾,引导学生感受转化的策略意义,体会运用这一策略解决问题的基本过程和特点。对比是认识策略、感受策略价值的重要方法。教材中的两道例题,都是先让学生基于已有经验尝试解决提出的问题,再引导他们应用转化策略寻求更为简便的解法。在这一过程中,学生起初探索时所产生的困惑以及运用较为繁琐的解题方法的感觉,与运用转化策略后的简便解法之间形成了鲜明的对比。这种对比一方面能使学生突出地感受到运用转化策略解决问题的好处,另一方面也能使他们在不同解题思路的对比中,深入体会运用转化策略解决问题的基本过程和特点。除了对比之外,教材还十分重视引导学生通过回顾和反思加深对策略的认识。一是重视引导学生在解决某一问题之后,对解决这一问题的过程进行回顾反思;二是特别安排学生回顾过去的学习中,曾经运用转化的策略解决过哪些问题。通过这两个环节的回顾和反思,既帮助学生进一步明确了转化策略的运用过程,也让他们体会到转化策略运用的广泛性。

提供合适的探索空间,引导学生逐步积累针对具体问题的转化经验。对转化策略认识的不断提高,是伴随着学生通过自主探索一次次成功实现转化而获得的。要成功实现转化,在面对不同的问题时,其具体实现方法各不相同,但关键都在于能否准确判断向何处转化以及怎样实现这一转化的问题。考虑到学生的思维发展水平,教材为他们成功运用转化策略提供了合适的探索空间。比如,苏教版五年级下册教材第105页例1在让学生初步交流自己的想法后,提示他们先认真观察图形特点,再想想可以怎样转化;例2在让学生根据已有经验解决问题之后,进一步引导他们用正方形表示原来的算式,并提示他们“把算式和图形联系起来想一想,原来的算式可以怎样转化”;在两道例题后面的“练一练”中，教材通过图形或文字给学生适当的启发，帮助他们探索转化的路径和方法。正是这些恰到好处的启发，一方面能使学生通过自主探索实现转化，从而加深对转化的认识；另一方面也能让他们亲身经历针对不同问题的具体转化过程，从而为自觉而有效地运用转化策略奠定基础。

（六）用假设的策略解决实际问题

教材选择较为典型的实际问题，让学生在运用策略解决问题的过程中，感悟假设的策略及其价值。在日常生活和生产中，经常需要运用假设的策略解决一些比较复杂的实际问题。教材精心选择较为典型的且学生能够理解的实际问题，作为学生学习和感悟假设策略的载体。例如，未知量之间存在倍比关系或存在相差关系的实际问题，其数量关系都比较隐蔽，都需要通过假设将两个未知量转化成一个未知量，进而找到解决问题的思路。这样选择结构、数量关系差异较小，学生能够理解，且具有一定挑战性的实际问题为素材，既有利于学生在解决问题的过程中获得对假设策略的感悟，又有利于学生充分感受假设策略的应用价值。

教材呈现解决问题的一般过程，促使学生有序、有效地思考。在学生的数学学习过程中，解题是必不可少的训练。了解并掌握一些解决问题的策略和方法，养成良好的解题习惯，是学生学习数学的重要方面，也是学生解决问题能力形成和发展的重要途径。为此，教材在编排解决实际问题的教学内容时，一方面以解决问题的策略为主线，引导学生在解决实际问题的过程中，感悟并习得一些解决问题的策略和方法，提高分析和解决问题的能力；另一方面以“理解题意—分析数量关系—列式解答—检验反思”为基本线索，引导学生经历解决问题的全过程，并在这一过程中获得一些分析问题的经验，经历解决问题的一般过程，逐步养成良好的解题习惯。例如，苏教版六年级上册教材第68页例1在呈现问题后设计了四个板块的解题活动，先引导学生讨论对题中数量之间关系的理解，再思考准备怎样解决这个问题，并在明确解题思路后，列式解答和检验，最后引导学生回顾解决问题的过程，说说自己的体会，同时启发学生回忆曾经运用假设的策略解决过哪些问题。这样的设计，不仅可以促使学生在教材的引领下有序、有效地展开思考，找到解决问题的方法，而且有利于学生领悟运用假设的策略解决问题的过程，获得更丰富的分析数量关系的经验，形成策略意识。

（七）选择和运用适当的策略解决实际问题

教材选择较为典型的实际问题，让学生切实经历解决问题的过程。选择题材精当、结构典型、难度适中的实际问题，是有效组织学生活动的必要前提。因此，教材一方面精心选择能有效激活学生策略意识的实际问题作为例题，另一方面引导学生在运用不同策略解决问题的过程中，初步形成选择策略解决问题的意识。例如，苏教版六年级下册教材第27页例1是"已知一部分数占总数的几分之几和另一部分数，求这部分数"的实际问题。这样的问题看似简单，但仅凭直觉和经验又不能很快确定解决问题的思路。学生面对这样的问题，既能自然引起探索兴趣，又能充分激活已经积累的解决问题的经验，积极、主动地寻求解决问题的策略，进而呈现出解决问题策略的多样性，然后经历选择策略解决问题的过程，初步形成灵活运用策略解决问题的意识。例2是传统数学名题"鸡兔同笼"问题的变式题，相对而言，数量关系比较复杂。这样的问题能更有效地激活学生在例1的学习中获得的经验，促使他们主动尝试运用已经学过的策略解决问题。这样安排，一方面有利于为学生自主选择策略解决问题提供机会，又有利于发展学生的策略意识；另一方面，精心安排有层次的练习，可帮助学生进一步获得对选择合适的策略解决问题过程的体验，积累分析数量关系的经验，提高运用所学知识解决问题的能力。例如，配合例1的教学，教材在"练习五"的第1题安排了把数量之间的倍比关系转化成比，或把两个数量的比转化成倍比关系的练习，既突出了转化的思想方法，又为学生主动从不同角度分析数量关系提供了帮助。再如，在例2教学的基础上，教材在"练一练"中安排了一道"鸡兔同笼"问题，并以填空和列表的形式对解题思路进行了提示，既可以促进学生有效地展开思考，获得正确的解题思路，又可以帮助学生体会不同解题策略之间的联系与区别，加深对相关解题策略的体验。

教材合理设计教学活动的线索，引导学生切实展开自主探索与合作交流的活动。教材中的两道例题，在提出问题后，都通过富有启发性的问题，引导学生通过自主的活动尝试解决问题。同时，对学生中可能出现的不同的策略和方法作了预设,引导学生在充分交流的基础上,用自己选择的策略完成解题。这样从学生已有的知识和经验出发,引导学生经历用不同的策略解决问题的过程,既为学生提供了足够的自主探索的空间,又不失时机地通过师生对话为学生提供了必要的指导和帮助,有利于学生充分感受不同的策略在解决问题过程中的作用,体会切合自身实际的解题思路,形成解决问题的策略意识,提高分析问题和解决问题的能力。

三　教学实践思考

教学案例1:用画图的策略解决实际问题

【教学实录】

环节一:提出问题

1. 小宁和小春共有72枚邮票,小春比小宁多12枚。

两人各有邮票多少枚?

你能根据题意把线段图填写完整吗?

师:想一想从题目中你知道了哪些数学信息?

生:可以知道小宁和小春一共有72枚邮票。

生:可以知道小春比小宁多12枚邮票。

师:那问题是什么呢?

生:问题是“两人各有邮票多少枚?”

师:这个问题和以前学过的问题有什么不同?

生:这一题有两个问题,也就是有两个未知数。

师:对,那么该如何解答这个题目呢?这节课我们就来学习如何用新的策略解决此类问题。

环节二:解决问题

师:你觉得像刚才这样解释题目,别人能够将题目的条件和问题理解得很清楚吗?有没有更好的方法让自己和别人更清楚地理解题目的已知条件和问题?

生:可以用画线段图的方法对这些信息进行整理。

师:今天这节课我们就一起来学习用画图的策略解决问题。

师:根据题目意思,你能把线段图补充完整吗?

学生尝试补充线段图,交流各自补充的数学信息。

师:根据我们刚才所画的线段图,请大家想一想:要求“两人各有邮票多少枚”应该先算什么?

生:先算出小宁有多少枚邮票。

生:总数一12=小宁邮票数的2倍。

生:总数+12=小春邮票数的2倍。

师:说得都有道理,那选择一种你喜欢的方法解答吧!

教师板书不同算法:

方法一:小宁的邮票数量:(72−12)÷2=30(枚);

小春的邮票数量: 30+12=42(枚)。

方法二:小春的邮票数量:(72+12)÷2=42(枚);

小宁的邮票数量:42−12=30(枚)。

方法三:小宁的邮票数量:72÷2−12÷2=30(枚);

小春的邮票数量:30+12=42(枚)。

师:那如何判断我们计算的结果是否正确呢?

生:可以检验。

师:对,那这道题怎样检验呢?

生:可以先把两人的邮票的枚数加起来,看是不是72枚。

生:再用小春的邮票枚数减去小宁的邮票枚数,看是不是12枚。

生:也就是既要检验总数是不是72枚,还要检验小春的邮票数是不是比小宁的多12枚。

学生检验,反馈交流。

师:回顾刚才解决问题的过程,你有什么体会?(学生交流)

师:在过去的学习中,哪些地方运用了画图的策略?

生：一年级学习的“分与合”。

生：20以内的退位减法。

……

环节三：拓展运用

补充线段图，分析、解决问题。

1.两个小队的少先队员去植树，一共植了34棵。其中第二小队比第一小队多植4棵。两个小队各植树多少棵？（先根据题意把线段图补充完整，再解答）

第一小队 ____________________

第二小队

师：从题目中你知道了哪些数学信息？

生：我知道了两个小队植树之和是34棵，两队植树之差是4棵。

师：想一想，该如何计算？

学生独立计算，核对答案。

2.李娟在手工课上剪了4条花边（如下图）。

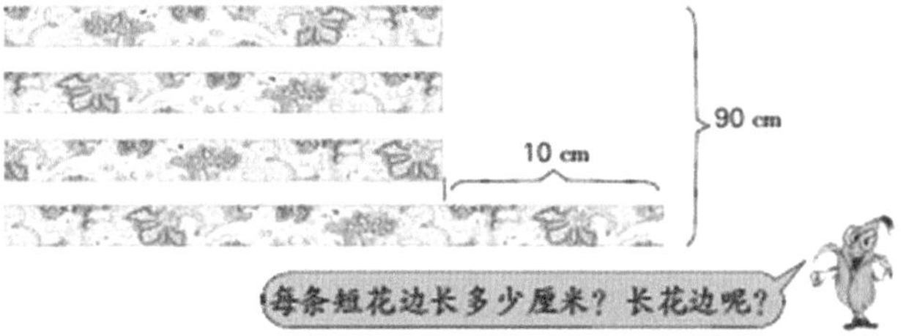

师：这一题你又获得了哪些数学信息呢？请试着算一算吧！

学生独立计算，核对答案。

【案例思考】

特级教师徐长青在他的报告《做简单的数学》中提出：好的教学应是让知识从缄默走向明确再回归缄默的过程。线段图作为解决问题的一种基本策略，从数学教学的“辅助工具”向“课程目标”的价值提升转变，有助于培养学生的主动性和自觉性，提高学生运用线段图策略解决问题的能力。本课的教学中着重从以下方面引导学生用画线段图这一策略解决生活中的一些复杂问题。

思考一：分析题目，体会画图策略的必要

教学时，可以先让学生读题，在明确题意的基础上尝试解答。由于问题对学生来说有一定的挑战性，因此有部分学生觉得困难。这时，教师及时提示：能不能画图把题目的条件和问题表示清楚？如果能，怎样画图？进而逐步引导学生经历画图的过程。

思考二：尝试画图，体会画图策略的特点

学生对于解决问题策略的认识，是从解决问题的方法开始的。因此，要让学生学会根据题意正确画图，同时能够根据图分析数量关系。就上面问题的教学而言，学生在教师的指导下画图，尝试解答后，还应该引导学生完整地分析思考问题的过程，在用分析法和综合法分析数量关系的基础上，再次让学生明确画图策略。也就是要学会看着图思考：要求"两人各有邮票多少枚"，先要求出什么？或者根据"共有72枚邮票，小春比小宁多12枚"，可以知道什么？这个反思的过程如果忽略，学生可能就体会不到画图策略"化抽象为形象"的特点。

思考三：正确画图，学会运用画图策略

学生对策略的掌握也要经历从模仿到逐步内化的过程。如果说例题是引导学生模仿画图的策略，那么拓展应用则重在引导学生逐步内化策略。教材拓展应用也安排了两道题，都要求学生先根据题意正确画图，然后再根据图分析数量关系。在学生运用画图策略出现困难时，教师要着重引导学生理解条件的含义。

教学案例2：用列举的策略解决实际问题

【教学实录】

环节一：创设情境，感知策略

课件呈现海狮每场表演开始的时刻表。

观看海狮表演的画面，引出海狮每场表演开始的时刻表。

第一场:9:00
第二场:9:40
第三场:10:20
第四场:11:00
第五场:(　　)
第六场:(　　)

师:在小组内交流,说一说你的发现。

生:我发现这几个时刻是有规律的。

师:能具体说一说有怎样的规律吗?

生:每隔40分钟演一场。

师:你能按这样的规律把海狮表演的时刻表补充完整吗?

生:第五场是11:40,第六场是12:20。

师:像这样,把海狮表演时刻一个一个按顺序排下去,在数学上叫"一一列举"。(板书:一一列举)

环节二:自主探究,体验策略

课件出示情境图:王大叔:"我用18根1米长的木条围成一个长方形花圃。"

师:从这句话中你获得了哪些数学信息?

生:花圃是长方形的,周长是18米。

师:周长是18米的长方形花圃可以怎样围呢?请同学们用自己喜欢的方法试一试。(提示:可以围一围、画一画、想一想、算一算。)

学生动手操作,并在小组内交流。

师:哪个小组愿意与同学们分享你们的围法?

师:先说一说你们是怎样围的?围成的长方形花圃的长和宽各是多少?

生:我们是长边用8根木条,短边用1根木条,围成的长方形花圃的长是8米,宽是1米。

师:有不同的围法吗?

生:我们是长边用5根木条,短边用4根木条,围成的长方形花圃的长是5米,宽是4米。

生:我们是长边用7根木条,短边用2根木条,围成的长方形花圃的长是7米,宽是2米。

师:还有不同的围法吗?

生：我们是长边用6根木条，短边用3根木条，围成的长方形花圃的长是6米，宽是5米。

师：你能把这些围法一个不漏地列举出来并填写在表中吗？

学生独立列举并填表，投影展示。

长方形的长 / 米				
长方形的宽 / 米				

师：我们一起来看看这位同学的答案。一共有多少种不同的围法？

长方形的长 / 米	8	6	7	
长方形的宽 / 米	1	3	2	

生：他列举的不完整，他没有写长是5米，宽是4米的。

师：是的，他列举的不全。那这位同学的呢？

长方形的长 / 米	6	8	5	7
长方形的宽 / 米	3	1	4	2

生：他列举的是完整的。

师：我们对比一下这两位同学的答案。

长方形的长 / 米	6	8	5	7
长方形的宽 / 米	3	1	4	2

长方形的长 / 米	8	7	6	5
长方形的宽 / 米	1	2	3	4

师：这两位同学的列举都是完整的，你觉得哪个更好一些，为什么？

生：我觉得第2个更好一点，因为他写的时候是按一定的顺序来写的。

生：我也觉得第2个更好，按顺序写看起来更清楚。

师小结：如果我们按一定的顺序进行列举，就可以做到既不重复也不遗漏，从而找到所有的答案。

师：想一想，我们是怎样解决围花圃的问题的？运用了哪些策略？

生：我们用了列表、画图的方法。

生：我们用了一一列举的策略。

师小结：解决问题的策略是多样的，同一个问题可以运用不同的策略，从不同的角度去分析。

师：如果王大叔想种更多的花，你会向他推荐哪一种围法呢？为什么？

长方形的长/米	8	7	6	5
长方形的宽/米	1	2	3	4
面积/平方米	8	14	18	20

生:我会推荐最后一种围法。因为面积大,种的花就多。

师:仔细观察表中的长、宽和面积的变化,你有什么发现?

生:我发现长越长,面积越小。

生:我发现长和宽的差越小,面积越大。

环节三:尝试应用,巩固策略

第一关:牛刀小试(教材第97页练习十七第5题)

师:用1、2、3这三张数字卡片一共能组成多少个不同的三位数?用0、2、3这三张数字卡片呢?

生:我想百位是1的有2种,百位是2的有2种,百位是3的也有2种,一共就有6种。

生:用0、2、3这三张数字卡片可以组成4个不同的三位数。

师:都是3个数字,为什么列举出来的三位数的个数不同呢?

生:“0”不能在百位呀!

第二关:轻松驿站(教材第97页练习十七第6题)

师:轻声读一读游戏的规则。(投中内圈得10环,投中中圈得8环,投中外圈得6环。)

师:图中有位同学投中了两次,他一共得了多少环?

生:他得了14环。

师:如果老师也给你两次机会,并且你两次都投中了,最多得到多少环?最少呢?

生:最多得到20环,最少得到12环。

师:小华投中两次,可能得到多少种不同的环数?

提出要求:先独立思考,再小组交流,然后列举出所有可能的答案。

集体订正,投影展示不同的列举方法,并比较优化,提醒学生注意有序思考。(注意:重复答案,两个16环只要答一个就行了。)

【案例思考】

兴趣是最好的老师,当学生对所学对象产生了兴趣,就有了行为内动力,学习便成了一种自觉的活动。因此,在课的开始将教材第95页练一练的第1题改成学生喜闻乐见的海狮表演,由此提出疑问,激发了学生找规律的探究兴趣。这样将生活经验数学化,数学问题生活化,激发了学生的学习兴趣。教学有法,教无定法,贵在得法。通过自主操作,一方面使学生明确围成的长方形的周长与它的长和宽的关系,另一方面也使学生实实在在地感受到:要找出所有不同的围法,需要有条理地一一列举。

有序的填表是对操作的升华,让学生由形象思维过渡到抽象思维。在填表的过程中,让学生初步掌握"一一列举"的具体思考方法,感受其必要性;在交流的过程中,让学生体会有序思考的优越性。利用交互式电子白板的拖放功能,让学生直观、形象地经历用两组卡片分别组成三位数的不同列举过程,体会准确理解题意、恰当运用策略的重要性,发展了学生的动手操作和探究能力。

教学案例3:用转化的策略解决实际问题

【教学实录】

环节一:小组合作,引出策略

师:先观察"课件1"方格纸中的两个图形,再仔细思考用什么方法比较两个图形的面积,然后学习小组内交流"是怎样比较的"。

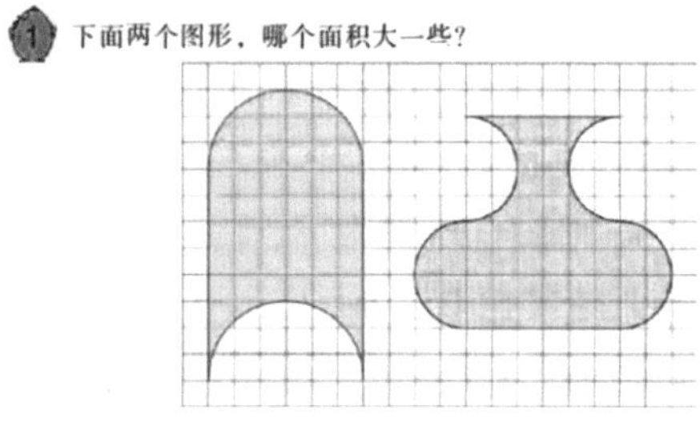

学生动手操作教师巡视指导。

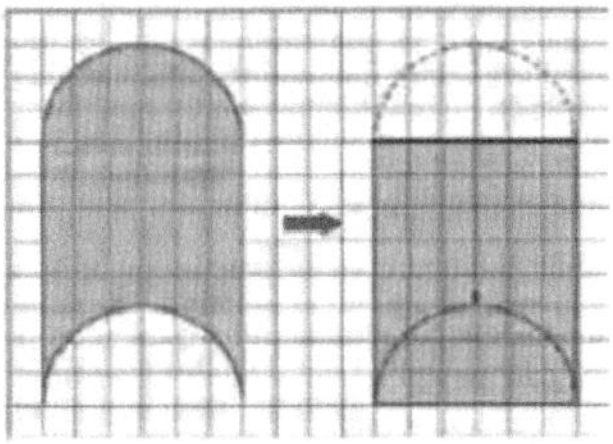

各小组向全班同学汇报。(教师同步演示课件,分别把不规则图形变为长方形。)

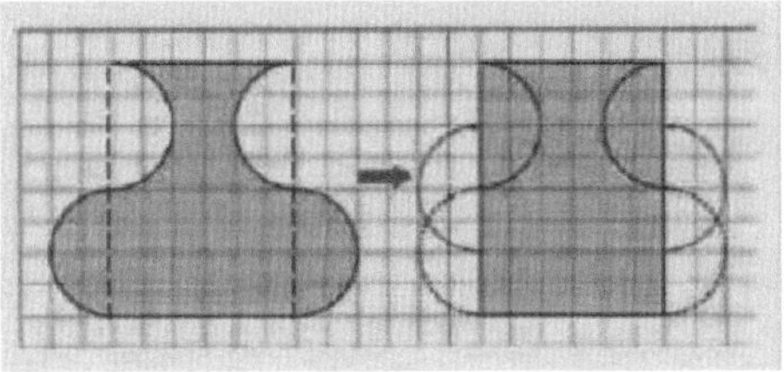

师:真了不起,你们用平移和旋转的方法,将两个不规则的图形转化成长方形后,便知道了两个图形的面积是相等的。实际上你们运用的就是一种解决问题的策略——转化。

生:齐读课题。

环节二:忆旧入新,理解策略

课件出示:以前在解决哪些问题时,运用过转化策略?

生1:在面积公式或体积公式的推导过程中,运用过"形的转化"。(平行四边形→长方形;三角形→平行四边形;梯形→平行四边形;圆形→长方形;圆柱体→长方体;圆锥体→圆柱体)

生2:在一般的计算题中,运用过"数的转化"。(异分母分数加减法→同分母分数加减法;小数乘除法→整数乘除法;分数除法→分数乘法)

生3:在简便计算中,运用过"数与式的转化"。

师生交流:运用转化策略解决问题有什么优越?

生1:运用转化策略解决问题能化繁为简。

生2:运用转化策略解决问题能化难为易。

生3:运用转化策略解决问题能让陌生的问题成为熟悉的问题。

师:说得真好!实际上,转化就是复杂 → 简单,未知 → 已知。(边说边板书)数学家路莎•彼得曾经说过:"解题时,往往不对问题进行正面攻击,而是将它不断变形,直至转化为已经能够解决的问题。"(课件出示名言)

环节三:正确解题,巩固策略

(1)用分数表示下图中的涂色部分。

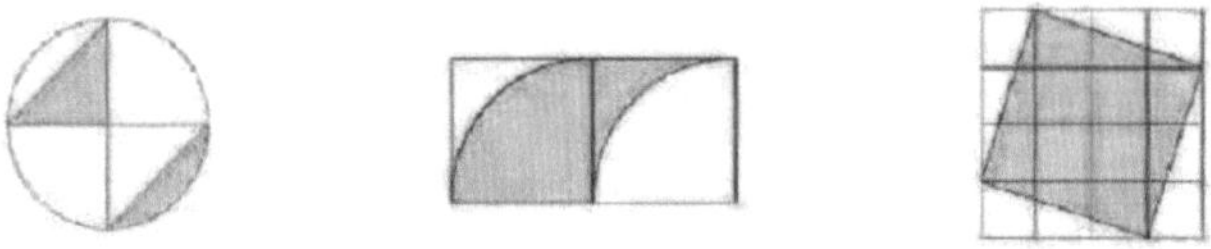

$\frac{(\quad)}{(\quad)}$　　$\frac{(\quad)}{(\quad)}$　　$\frac{(\quad)}{(\quad)}$

(2)计算下面图形的周长。

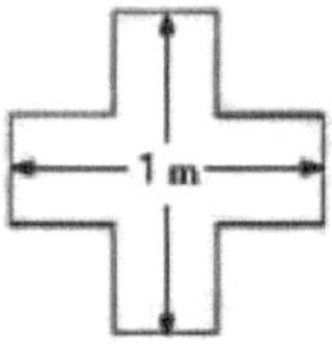

【案例思考】

思考一:重视学习素材组织

教材是教师与学生、学生与学生开展教学活动的资源,并非不可调整的资源。很多情况下,教材因篇幅的限制,往往侧重于数学知识的传授、积累和训练,呈现的只是数学知识的静态结果,很少体现数学知识形成的动态过程。为了促使学生对数学知识的内化、生成和拓展,以上的教学活动既做到基于教材,又不拘泥于教材,没有受教材的束缚,而是对教材进行了科学调整。首先组织学生巧妙比较,引出转化策略;然后组织学生仔细回忆,理解转化策略;最后组织学生正确解题,巩固转化策略。这样便把学生的发展放在了第一位,学生学得主动、学得积极、学得轻松、学得活泼。同时,学生在学习活动中,既掌握了知识,又张扬了个性,还形成了能力。

思考二:关注学生已有经验

教学的资源离不开也少不了学生的已有经验。关注学生的已有经验,有利于学生的发展;无视学生的已有经验,不利于学生的发展。以上教学活动建立在尊重学生已有经验的基础之上,故学生学习兴趣盎然。在学生以往学过的知识中,转化策略多有"潜伏",只不过没有像本堂课这样捅开"窗户纸",对转化"直呼其名"。环节一中,教师组织学生观察,将不规则图形转化为规则图形;环节二中,引发学生回忆——在面积公式或体积公式的推导时有"形的转化",在一般计算时有"数的转化",在简便计算时有"数与式的转化"……因为能有机地关注学生的已有经验这一教学资源,所以本堂课的教学显得色彩斑斓、丰富多彩。

思考三:立足发展学生思维

发展学生思维比传授知识更重要。学生真正参与教学活动的关键在于发展学生的思维。只有让学生经历独立思考、认真听讲、积极探求、深入钻研、踊跃发言等过程,学生的思维才能得到启迪。如果学生在教学活动中不能动脑筋思考问题,只是人云亦云,学生的学习就不会有真正的收获。本课教学中,为了激活学生的思维,每个教学环节中均设置了恰到好处的情境问题。环节一中,要求学生观察课件后仔细思考"用什么方法比较两个图形的面积"。环节二中,让学生通过回忆,思考"以前在解决哪些问题时,运用过转化策略"。随之的学习小组内讨论,要求学生思考"运用转化策略解决问题,有什么优势?"环节三中,要求学生观察课件后思考"用分数表示下图中的涂色部分"。问题是"数学的心脏",问题是"思维的起点",思维又源于问题。对此,教学应从教材入手,捕捉和寻找适合学生思维的素材,并对教材内容进行再加工,预设一些具有疑问性、说理性、扩散性等特点的问题,让学生产生认知冲突,进入思维角色,成为思维的主体。

思考四:体会策略的独特价值

教师和学生都应该思考:解决问题策略的教学价值到底是什么?解决问题策略的教学价值并不局限于帮助学生获得具体问题的结论和答案,更重要的意义在于让每个学生获得对问题的深入理解,形成自己解决问题的基本策略,并深深体会策略的独特价值。本课教学中,教师没有能够结合学生运用策略的过程,引导学生思考:为什么要用转化的策略?怎样用好转化的策略?转化时要注意什么?如果在解决问题的全过程中,紧密围绕这些问题分析和思考,一定能让学生更好体会策略的价值所在,并达到对策略的深度理解。

第六章　图形的认识

一　教材内容编排

“图形的认识”属于“图形与几何”领域。这部分内容包括“平面图形认识”和“立体图形认识”，是后续学习“图形的测量”“图形的运动”“图形的位置”的重要基础。

第一学段主要帮助学生能通过实物和模型辨认长方体、正方体、圆柱和球等几何体；能根据具体的事物、照片等从不同角度去观察简单物体；能够正确辨认长方形、正方形、三角形、平行四边形、梯形、圆形等简单平面图形；并通过观察、操作、比较、分析等活动了解它们的特征，会用长方形、正方形、三角形或圆形进行拼图；了解角的特征，能正确区分直角、锐角、钝角，能对简单几何体或图形进行分类。

第二学段主要帮助学生了解线段、射线和直线的特征，体会两点之间所有连线中线段最短，明确两点间的距离；知道平角、周角，了解直角、锐角、钝角、平角、周角之间的大小关系；结合具体情境了解平面上两条直线的位置关系，包括平行和相交；能通过观察、操作，认识平行四边形、梯形、圆形的特征，知道什么是扇形，会用圆规画圆；深入探究三角形，理解三角形三边关系与内角和，能正确区分等腰三角形、等边三角形、直角三角形、锐角三角形、钝角三角形等；能从不同角度去观察物体的形状图；能通过观察、操作，认识长方体、正方体、圆柱、圆锥的特征及展开图。

苏教版小学数学教材关于“图形的认识”相关内容，考虑到学生认知特点和思维层次，相应地分布在各个年级，主要编排结构如表6。

表6　苏教版小学数学教材“图形的认识”内容编排结构

序号	册次	图形的认识
1	一年级上册	长方体、正方体、圆柱和球体的直观认识
2	一年级下册	长方形、正方形、三角形、圆的直观认识
3	二年级上册	平行四边形的直观认识，从前、后、左、右四个方位观察物体
4	二年级下册	初步认识角
5	三年级上册	认识长方形和正方形
6	三年级下册	—
7	四年级上册	观察用几个小正方体拼成的物体，认识直线、射线、角，角的度量，角的分类和画角，认识垂线和平行线
8	四年级下册	认识三角形、平行四边形和梯形
9	五年级上册	—
10	五年级下册	认识圆（包括初步认识扇形）
11	六年级上册	认识长方体和正方体，了解它们的特征
12	六年级下册	认识圆柱和圆锥体，了解它们的特征

二　具体内容解读

（一）长方体、正方体、圆柱和球体的直观认识

“长方体、正方体、圆柱和球体的直观认识”位于苏教版教材一年级上册，教材结合具体情境通过让学生经历“认一认”“摸一摸”“比一比”“说一说”等活动过程，直观认识长方体、正方体、圆柱和球，初步认识这些立体图形的特点，并知道它们的名称，在经历多种活动过程中进行分析、比较、思考，积累丰富的数学活动经验，进一步发展学生的空间观念。

就学生的经验而言，他们在日常生活中或多或少接触过立体图形（实物），有一定的经验基础，并且已经能够初步感知它们的特点。但是，一年级

学生能否准确地给出图形名称，并切实体会各种立体图形之间的区别，可能存在一定的障碍。考虑到学生认识事物都要经历由形象—表象—抽象的过程，教学时对于每一种图形都需要按三个层次进行展开，即从“实物引入”到“抽象为一般模型”，再“给出图形名称”。直观认识简单立体图形的基本特点，逐步抽象出立体图形的基本特征，也是今后学生进一步学习平面图形、立体图形相关知识的重要基础。

（二）长方形、正方形、三角形、圆的直观认识

学生在上学期（一年级第一学期）已经接触过长方体、正方体、圆柱和球等，初步认识了这些几何形体，形成了一定的空间观念。这些知识都是“长方形、正方形、三角形、圆的直观认识”这部分内容学习的支撑。这部分内容是以后高年级学习平面图形相关知识的重要基础，教学时可以通过一系列实践活动帮助学生初步体会长方形、正方形和圆的特征，有利于培养动手能力、创新能力，发展空间观念。

根据教材内容，要积极引导学生通过观察长方体、正方体的一个面和圆柱的底面，以及用这些几何形体的面画图形等活动，直观认识长方形、正方形和圆，知道这些图形的名称并能识别这些图形，初步知道这些图形在日常生活中的应用。同时让学生经历“描一描”“找一找”“说一说”“围一围”“画一画”“玩一玩”等实践活动的过程，体会图形的变换，发展对图形的空间想象能力。教学重点是引导学生从立体图形中分离出面，再从立体图形的表面抽象出平面图形，能正确说出三种图形的名称，以及如何辨认区别长方形和正方形。

（三）平行四边形的直观认识，从前、后、左、右四个方位观察物体

1.平行四边形的直观认识

这部分内容主要使学生通过观察、操作、比较、交流，初步认识四边形、五边形、六边形，以及平行四边形，知道这些图形的名称，能正确识别这些图形，引导学生在折、剪、拼等活动中，初步体会相关平面图形之间的联系与区别，

发展空间观念。

教材借助建筑中的图案，帮助学生认识四边形、五边形、六边形等平面图形，通过"找一找"边数相同的图形进行分类，再让学生"描一描"加深对多边形的认识，建立"四边形""五边形""六边形"等概念。有了以上学习基础，教材再次呈现现实生活情境——篱笆、楼梯扶手图，引导学生描出其中的四边形，感受特殊的四边形——平行四边形的特征，初步建立表象。最后组织学生动手操作，在用方格纸"画一画"、用三角尺"拼一拼"等活动中直观认识平行四边形，初步获得平行四边形的概念。

2. 从前、后、左、右四个方位观察物体

"观察物体"是学习图形与几何知识的必要基础，对于帮助学生建立空间观念，培养学生的空间想象能力有着不可忽视的作用。这部分内容主要教学从前、后、左、右四个不同方位去观察物体。一年级的时候，学生已经认识了前、后、左、右、上、下等方位，因此教材安排了两个层次的活动。第一层次，通过呈现两张教室拍摄的照片，让学生辨别分别是从哪里拍摄的，帮助学生体会观察物体要站在确定位置，理解观察的角度不同看到的样子也不同。第二层次，利用给玩具猴拍照的情境，引导学生从前、后、左、右四个方位进行实际观察，通过想象、比较来辨别四张照片分别是谁拍摄的，体会具体的观察方法和观察结果。

（四）初步认识角

数学课程标准指出：数学教学要关注学生已有认知经验。"认识角"这一教学内容是学生在初步认识长方形、正方形、三角形等几何图形的基础上学习的。教材按照儿童的认知规律由浅入深、由具体到抽象、理论联系实际的原则进行编写，促进学生空间观念的发展。学生虽然在过去的学习中已经对长方形、正方形、三角形等几何图形有了初步的认识，但角的认识对学生来说是第一次，同时角的认识也是极其抽象的。根据二年级学生认识事物是以形象思维为主这一特点，在教学时，要通过直观表象来帮助学生逐步地、循序渐进地从实物和其他平面图形中抽象出"角"，只有这样才符合学生的认识规律，使学生对角的认识有更好的把握。

教材借助具体的生活情境，让学生初步认识角，知道角的各部分名称，掌握角的大小与两边张口的大小有关、与边的长短无关。教学时通过“找一找”“摸一摸”“画一画”和“比一比”等活动过程，引导学生认识角，感受角的大小。

（五）认识长方形和正方形

学生在一年级（下册）已经直观认识了长方形和正方形，这部分内容是在此基础上继续学习这两种平面图形。教材为学生的学习活动提供内容和线索，并明确活动的目的，要求学生通过数、折、量、比等方法，研究长方形和正方形的边和角的特点。通过这部分内容的学习，培养学生的初步观察能力、动手操作能力，发展空间观念。

教学时可以引导学生通过经历观察和操作等活动的过程，能用自己的语言描述长方形、正方形的特征，并能判断一个图形或物体的某一个面是不是长方形或正方形。

（六）观察用几个小正方体拼成的物体，认识直线、射线、角，角的度量，角的分类和画角，认识垂线和平行线

1.观察用几个小正方体拼成的物体

此部分“观察物体”是学生在二年级时已经掌握了从前、后、左、右等不同方位观察物体的基础上展开学习的。教学时使学生通过经历观察、操作、比较、交流的过程，认识物体的前面、右面、上面，能从不同角度去观察由几个同样大小的正方体摆成的组合体，体会实物与观察到的视图之间的关系，提高空间观念与初步的形象思维能力。

教材从三个方面来引导学生观察物体。一是借助“投票箱”组织学生“指一指”“认一认”“说一说”，认识投票箱的前面、右面、上面，并说说从不同的面分别看到了什么形状。二是引导学生从前面、右面、上面去观察由几个大小相同的正方体拼成的长方体或正方体，寻找实物与视图间的对应关系。三是从前面、右面、上面去观察由几个同样大的正方体摆成的组合体，帮助学生根据观察位置确定视图的方法，体会实物与视图间的对应关系，积累活动经验。

教学这部分内容时，要充分发挥学生的主体作用，借助直观教学手段，引导

学生经历看、指、画、比、想等多种活动的过程，由直观的感性认识逐步过渡到理性认识，丰富对现实空间的认识，提高推理能力，进一步发展学生的空间观念。

2. 认识射线、直线、角

“认识射线和直线”是在学生认识了“线段、角和直角”的基础上进行学习的，教材内容包括直线、线段、射线的认识，这是几何形体知识中最基本的概念之一，也是认识三角形等图形以及进一步学习几何形体知识的基础。学生学习长度单位和角的初步认识时，已会直观描述它们的特点。教学时要尊重学生的认知规律，从“有限”到“无限”，引导学生认识直线和射线。

数学课程标准明确指出：有效的数学活动不能单纯地依赖模仿与记忆，动手实践、自动探索与合作交流是学生学习数学的重要方式。结合这部分教学内容的特点，教师首先要以学生操作为主，辅以启发法、引导发现法、讲练结合等方法的优化组合，有效地突破教学重点、难点，使所学的新知识不断内化到已有的认知结构中，充分发挥教师的点拨作用，调动学生的能动性，引导他们去自主探索，同时在教学过程中运用多媒体教学手段，激发学生的学习兴趣，促进他们积极参与学习过程。教学时注重引导学生动手操作、自主探索、合作交流，经历探究过程。其次引导学生通过经历“找一找”“画一画”“量一量”“比一比”等活动的过程，在各种感官协调参与下初步认识射线和直线，能够比较线段、射线和直线的异同点。

学生在二年级已经初步认识了角，对角已经有了初步的感性认识，知道了角的组成部分，即一个顶点、两条边。这里主要是在此基础之上，进一步明晰概念，引导学生从一个点出发，画出两条射线可以组成一个角，并在探究活动中知道这个点就是角的顶点，这两条射线就是角的两条边，再向学生介绍有关角的符号、记录方法、读法等。

3. 角的度量

“角的度量”主要教学量角器的认识和用量角器量角。学生第一次接触量角器，对角的计量单位和测量方法不太清楚，有些陌生。所以教材先是让学生熟悉测量工具——量角器，了解量角器的基本组成部分，接着引导学生用三角尺上的角去测量60°的角，使学生在操作中体会虽然能用这个角测量出60°，但是存在局限性，要测量比60°的角大的角或比60°的角小的角怎么办？进而产生“测量角时需要有统一的度量工具与计量单位”这一思考，水到渠成地引导学生去深入了解量角器的基本构造，指出它的中心、刻度线、刻度、计量单位“度”等，帮助学生从左边或右边认识内外圈刻度。最后组织学生尝试用量角器去量角，掌握量角器量角的一般步骤。

4.角的分类和画角

这部分内容主要教学“角的分类”和“画指定大小的角”。关于“角的分类”，在二年级时，学生已经直观认识了不同的角，前面又刚刚认识了角，了解了角的特征，并会用量角器量角，这些都是学生进一步探索角的分类方法的重要基础。教材先后安排学生认识“直角”“平角”“锐角和钝角”“周角”，讨论各类角的关系。教学中可以让学生经历数学分类的过程，经历从简单到复杂再到简单的过程，突出探究活动，重视合作学习；经历观察、动手实践的过程，探究掌握锐角、直角、钝角、平角、周角之间的关系，让学生感受到数学学习内容是现实的、有意义的，从而体会“学数学”“做数学”的乐趣。

5.认识垂线和平行线

学习这部分内容之前，学生已经掌握了线段、射线、直线和角的概念。相交、垂直、平行都是刻画同一平面内直线与直线之间位置关系的几何概念知识。认识垂直、平行必须要建立在线线相交的基础之上，且垂直是相交的一种特殊情况，只有在认识了相交之后才更加容易建立垂直的概念。所以教材先从现实场景中抽象出三组相交的直线，其中包含一般情况和互相垂直的现象，引导学生观察比较，发现异同点，进而揭示垂直概念以及相关特征。随后教材向学生呈现了“从一点向已知直线画一条垂直线段和几条不垂直线段”，引导学生“量一量”“比一比”，发现其中的垂直线段距离最短，以此明确“点到直线的距离”。有了以上的学习基础，再教学画垂线，教材分别从“任意画两条直线互相垂直”“过直线上的一点画已知直线的垂线”到“过直线外的一点画已知直线的垂线”三个层次由浅入深引入。

为了使学生对“平行线”有较为深刻的认识，教材通过呈现现实生活场景中的实例，让学生感知平行线的特征，通过具体的探究活动，使学生不断丰富对平行线特征的体会，进而建立清晰的表象。

（七）认识三角形、平行四边形和梯形

1.认识三角形

“认识三角形”一课，教材通过让学生联系现实情境认识三角形的特征以及三角形的底和高，通过经历观察、操作、测量等具体活动的过程，认识三角形的基本特征，初步形成三角形的概念；知道三角形的高和底的含义，会用三角尺画三角形的高，经历探索和发现三角形基本特征的过程，积累观察和操作、比较和分析、抽象和概括等活动经验，体验数学抽象的一般过程，发展空间观念。

这部分内容的重点是在具体的操作活动中，建立三角形的概念及特征，认识三角形的底和高，会画三角形底边上的高。而难点是帮助学生理解三角形的底和高的对应关系，会画三角形底边上的高。这些内容都具有一定的抽象性，学生理解起来有一定的困难，加之本课对三角形的认识的教学目标与第一学段“获得对简单平面图形的直观经验”教学目标有所不同，因此，教学时应使学生经历从现实世界中抽象出几何模型和运用所学内容解决实际问题的过程，力求通过丰富的例子使学生体会到数学与生活的密切联系，并给予学生充分从事数学活动的时间和空间，让他们在观察、操作、有条理的思考和推理、交流等活动过程中逐步获得对三角形的认识。

2.认识平行四边形

这部分内容是在学生已经初步掌握了长方形、正方形、三角形的特征，以及初步认识平行和相交的基础上，进一步认识平行四边形，并掌握其特征。通过这部分内容的深入学习，学生可为今后进一步学习平行四边形面积的计算打下基础。教材中第一个例题，首先联系生活实际，让学生找出一些常见物体上的平行四边形，再要求学生根据个人的生活经验举例，充分感知平行四边形；接着让学生做出一个平行四边形并相互交流，初步感受平行四边形的基本特征。在此基础上，教材抽象出平行四边形的图形让学生认识，引导学生探索发现平行四边形的基本特征。教材中第二个例题，让学生认识平行四边形的底和高，并揭示底和高的意义。“试一试”，让学生动手测量几个平行四边形指定底边上的高及相应的底，进一步感受高与底的意义。

教学这部分内容时，要让学生通过经历动手操作、动眼观察、动口表达、动脑思考等活动的过程进一步积累认识图形的学习经验，学会用不同方法作出一个平行四边形，学会在方格纸上画平行四边形，能正确判断一个平面图形是不是平行四边形，学会测量或画出平行四边形的高。

心理学家皮亚杰说：活动是认识的基础，智慧从动作开始。在教学中可以通过引导学生做平行四边形、相互交流，从中感受平行四边形的特征，利用“拼一拼”“移一移”“剪一剪”等多种实践活动，让学生感受不同平面图形之间的联系。

3.认识梯形

“梯形的认识”是苏教版小学数学四年级下册“平行四边形和梯形”的第二课时内容。这部分内容是在学生了解了长方形、正方形、平行四边形的特征的基础之上学习的。在整个小学阶段，“认识梯形”是学生接触的最后一类直线型平面图形，与前面已学的各种直线型平面图形既具有十分密切的联系（可以相互转化），又有不同之处。

关于“梯形的认识”，教材相关内容安排要求学生要了解梯形各部分名称，理解掌握梯形的本质特征，认识几种特殊的梯形及其属性，培养学生观察比较、类比归纳、操作想象等能力，发展学生空间观念。因此，这部分内容的教学，应注重使学生通过经历观察、操作等手段的过程，从中认识几种特殊的梯形及其属性，如认识一般梯形、直角梯形、等腰梯形的高，使学生从感性认识逐步上升到理性认识的高度。

（八）认识圆（包括初步认识扇形）

1.认识圆

圆是小学阶段学生接触的唯一一个曲线图形，这部分内容是在学生已经直观认识了圆的基础上，引导学生进一步探索圆的特征，掌握圆各部分的名称，理解圆内直径与半径的关系，能正确画出指定大小的圆，初步用圆的知识解释一些日常生活现象。同时，经历画圆探索特征的活动过程，理解和体验同一圆内半径与直径的关系，进一步发展空间观念。

五年级学生对圆已经有直观的认识，并能借助身边的工具初步画圆，但由于小学生年龄、心理等方面的特点，他们对平面中直线图形过渡到曲线图形，在一定的程度上还是依靠感知和想象来理解圆的特征，所以，在探究圆的特征过程中，要引导学生借助观察想象、操作画图、对折发现等探索的活动来构建新知。

2. 认识扇形

这部分内容是在学生已经学习了“圆的认识”基础上进行教学的，学好这部分内容有利于提高学生的动手能力，增强创新意识，进一步发展空间观念，同时对学生获得解决实际问题的方法有着重要的价值。

教学时，要引导学生经历观察、讨论、判断等活动的过程，初步认识扇形，初步了解扇形的特征，知道圆心角的概况，理解扇形的大小与圆心角的大小有关，能在圆中画出扇形，体会扇形与圆的关系。

（九）认识长方体和正方体，了解它们的特征

“长方体和正方体的认识”是在直观认识长方体和正方体的基础上，更加深入地了解长方体和正方体的特征，以及它们的展开图，至此，学生由平面图形的学习拓展到立体图形的学习，实现了发展空间观念的一次质的飞跃。

教材通过呈现日常生活中常见的长方体、正方体实物，引导学生观察，激活已有认知经验，初步感知长方体和正方体的相关特征，再借助实物模型抽象出几何体的直观图，发展学生的空间观念；紧接着组织学生通过“看一看”“摸一摸”“量一量”“数一数”“比一比”等活动，深入探究长方体和正方体的面、棱、顶点相关特征，并揭示概念，比较它们的异同。

教材研究长方体的展开图时，主要引导学生利用长方体纸盒，沿着它的棱剪开后交流长方形与长方体的面之间的对应关系，发现规律；研究正方体的展开图时，教材引导学生把正方体纸盒打开，得到展开图，帮助学生进一步体会正方体展开图中3组对面之间的位置关系。

（十）认识圆柱和圆锥体，了解他们的特征

“圆柱与圆锥”是小学阶段学习立体几何的最后一部分内容。学生在第一学段已经直观认识了圆柱，能够初步辨认出圆柱，而圆锥这一立体图形是

学生第一次接触。在六年级上学期，学生认识了长方体和正方体这两种立体图形，积累了一些观察、探索立体图形特征的学习经验，这些为探索圆柱、圆锥特征奠定了坚实的基础。

教学这部分内容时，要注重联系生活实际，加深对圆柱和圆锥的认识，由实物抽象出几何形体，引导学生对照模型和图形，在头脑中形成圆柱和圆锥的清晰表象，发展空间观念。认识圆柱时，应指导学生通过经历观察、比较、交流等活动的过程，进一步探索圆柱的特征，结合圆柱的直观图，理解圆柱的底面、侧面和高的含义，使学生对圆柱的特征有较完整的认识，同时要重点引导学生通过对两个高度不同的圆柱感悟圆柱的高，再分析圆柱有几条高。圆锥的认识和圆柱的认识有其相似之处。探究圆锥特征时，可以适当放手让学生进行自主探索：圆柱是从面（面的个数、面的特征）、高（什么是高、高的条数）等几个方面进行研究的，此时让学生利用圆柱的学习方法去自主学习交流圆锥的特征。探究圆锥特征以后，让学生对圆柱和圆锥的特征进行有效的对比，加深对圆柱和圆锥的面、高的体会，完善知识体系。

三 教学实践思考

教学案例1：圆的认识

【教学实录】

环节一：化方为圆，建立模型

课件出示游戏规则。

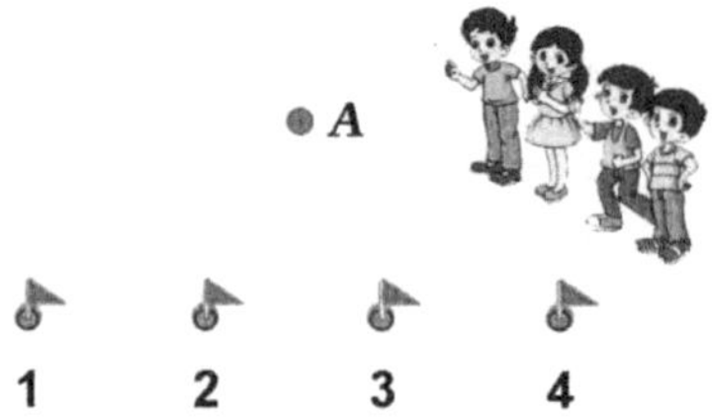

规则：1～4号同学分别从A点投掷沙包到对应的1号、2号、3号、4号点，每人投1次，投中获胜。

师：同学们，对于这个游戏规则，你有什么看法？

生1：我觉得不公平。

生2：从A点投掷沙包到对应各点的距离不相等！

师：同学们不仅观察认真，还善于思考，发现了游戏规则的不公平，真了不起！

师：请思考一下，怎样修改这个游戏规则，使游戏公平呢？

学生独立思考后交流想法。

生1：我认为可以以A点为中心，围成一个正方形，4个点分别在正方形的4个顶点。

生2：正方形每个顶点到A点的距离一样，游戏就公平了。

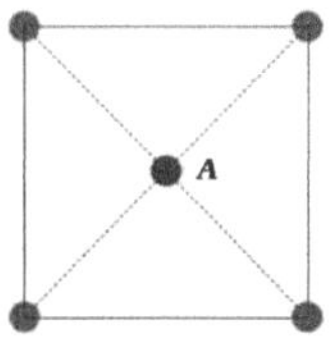

师：如果是五名同学参加比赛呢？六名同学呢？

生1：如果是五名同学参加比赛，就可以围成正五边形。

生2：六名同学就围成正六边形，以此类推！

师：说得真好！“以此类推”是什么意思？

生：七名同学就围成正七边形，八名同学就围成正八边形……

课件依次出示正五边形、正六边形、正十二边形。

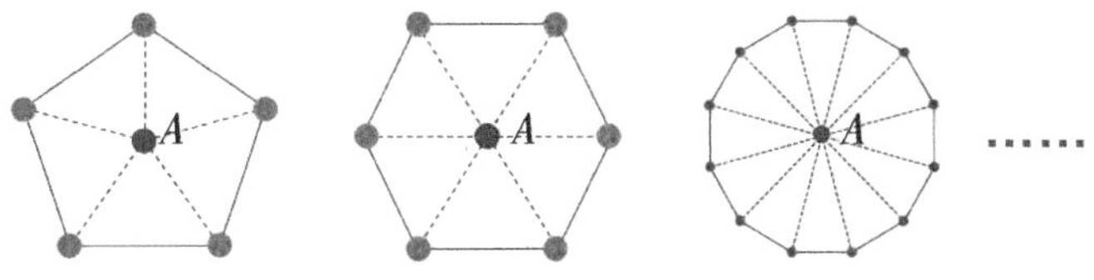

师：请同学想象一下，如果全班40名同学参加比赛呢？100名同学呢？如果人数无限增加下去，会围成一个什么图形？

生1：如果有无数个人，就会有无数个点围着A点。

生2：如果人数无限增加下去，就能围成一个圆形。

师：不错，随着人数的无限增加，围成的图形就越来越接近圆形。

师：圆是我们接触的唯一一个曲线图形，今天我们就一起探究圆的奥秘！

环节二:操作交流,建构新知

课件出示图片:

师:仔细观察,你能从图中找出圆形吗?

生1:自行车的车轮是圆形。

生2:钟面也是圆形。

师:大家说得都对,生活中有很多物体的形状是圆形的。那么圆形和我们以前学习过的平面图形有什么不同的地方呢?

出示平面图形:

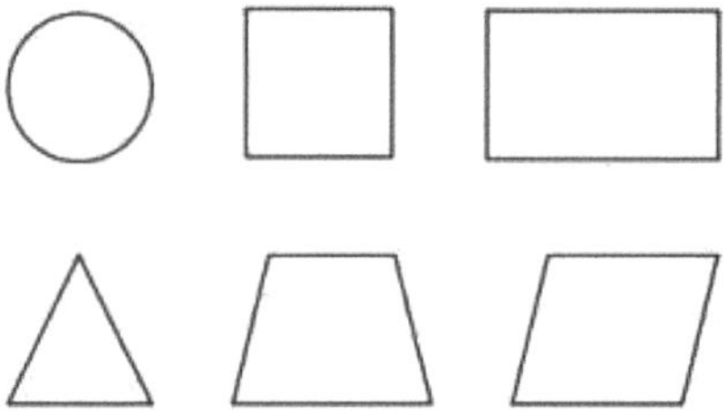

生1:圆形的边是弯曲的,其他图形的边是直的。

生2:圆形没有顶点,正方形、长方形、三角形、梯形、平行四边形都有顶点。

师:大家都有一双善于发现的眼睛,找到了圆形和其他图形的不同之处。的确是这样,多边形是由线段围成,而圆形是由曲线围成的,多边形有顶点,圆形没有顶点。

师:同学们既然认识了圆形,你会画一个圆吗?请同学们用自己手中的工具尝试画一个圆吧!

学生尝试画圆。

师:哪位同学愿意展示一下你画的圆?你是用什么画圆的?能说说你画圆时的感受吗?

生1:我用圆形纸片描出了一个圆。

生2:我用直尺的图案描出了一个圆。

生3:我用硬币画出一个圆。

师:同学们的办法真不少!用这些方法画圆,你发现什么特点?

生:画出的圆的大小是不能变的,只能和原来的圆一样大。

师:分析得有道理!还有不同的画圆方法吗?

生:我是这样画的,用钉子固定好毛线的一端,再用笔拉紧线画一个圈,就画出了一个圆。

师:你的想法真独特,我们一起来看看这样画圆的视频。(视频略)

师:这样画圆你有什么感受呢?

生1:很难操作。

生2:笔尖要一直拉紧毛线。

生3:有时画出的图形不是很圆。

师:笔尖拉紧的毛线始终围绕什么旋转?

生:围绕中间的钉子旋转。

师:图钉起到了什么作用?

生:它起到了固定作用。

师:在画圆的过程中,毛线一直处于什么状态?

生:毛线一直处于拉直的状态。

师:为什么要拉直呢?

生:如果不拉紧毛线,画出的图形就不是一个圆。

师:显然,用这些工具画出的圆不够标准,也不方便。看来我们画圆还是需要借助专业的画图工具——圆规。

师:请大家拿出圆规,试着画一个圆。

学生用圆规尝试画圆后,展示画圆作品。

师:你觉得用圆规画圆时要注意什么呢?

生1:圆规针尖固定时不能移动。

生2:画圆时,圆规两脚尖的距离不能变。

师:同学们的感受非常准确,画圆时,圆规的针尖要固定好,旋转时,两脚尖的距离不能变,这样才能画出一个规范的圆。

师:请大家打开课本第86页,自己读一读书中的一段文字。(略)

师:读完了吗?根据你的阅读,在自己画的圆中标出圆心,画出一条半径,一条直径,并用字母表示。

学生完成操作后,教师示范画圆并标注圆各部分的相关名称。

师:同学们,请拿出课前准备好的圆形纸片,动手折一折、画一画,再比一比，看看你有什么发现？

学生操作探究。

师：谁先来汇报一下你的发现？

生1：通过对折我发现圆的半径和直径有无数条。

生2：我发现圆内所有半径都相等，所有直径也相等。

生3：我发现圆内直径的长度是半径的2倍。

师：同桌比较一下，你们测量的圆的直径相等吗？半径呢？

生：不一样。

师：是的，什么情况下圆内所有半径都相等？所有直径也相等？

生1：一样大的圆。

生2：同一个圆。

师：多么了不起的发现！只有同一圆或一样大的圆，它们的直径才相等，半径才相等。你们还有不同的发现吗？

生：我发现圆形纸片无论怎样对折，它的两边都能完全重合。

师：这样的图形我们又可以称为什么图形？

生1：轴对称图形。

生2：它的对称轴有无数条。

生3：直径就是它的对称轴。

师：同学们说得都有道理！这些就是我们今天认识的圆的特征。

环节三：巩固练习，内化新知

1.练习一

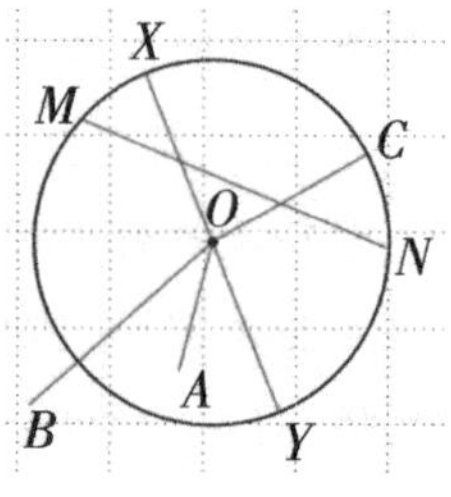

判断下面的说法正确吗？

线段MN是圆的直径。(　)

线段XY是圆的直径。(　)

线段OA是圆的半径。(　)

线段OB是圆的半径。(　)

线段OC是圆的半径。(　)

2.完成练一练第2题

画一个直径是3厘米的圆，并用字母O、r、d分别表示它的圆心、半径和直径。

3.练习二

根据图中小圆半径的长度算算大圆的半径和直径。

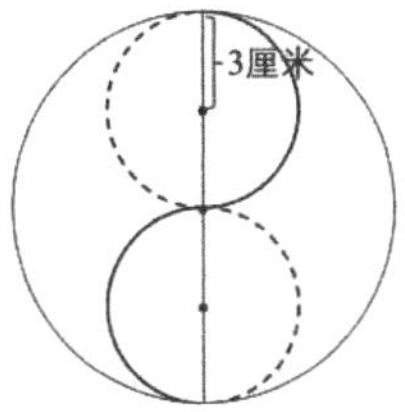

师：你能根据图中小圆半径的长度算算大圆的半径或直径吗？你是怎样想的？

环节四：回顾总结，欣赏升华

1.回顾小结

师：同学们，通过今天的学习，你掌握了哪些知识？有什么收获？你是怎样发现这些特征的？

2.欣赏图案

课件出示美妙的圆。（略）

【案例思考】

思考一：以生为本，关注教学起点

圆是生活中一种常见的平面图形，也是最简单的曲线图形，本节课主要引导学生了解圆、圆心、直径、半径等概念以及直径与半径的关系。众所周知，学生在生活中对圆已经有了接触，所以他们对圆的认知不是“零起点”。不过这种接触使得学生对圆的认识比较模糊，相关概念理解不深，因此教学不能是“零起点”，要以生为本，准确把握学生的认知经验和学习起点。此案例从“修改游戏规则”中引出圆到中心点距离一样，潜移默化中让学生对半径的特征有了直观感性认识，再通过操作、观察、尝试、比较等活动过程加深他们对圆特征的认识。如用圆规画圆，其实课前学生或多或少已经尝试过，课堂上学生操作后，教师就把它定位为画圆的注意点，讨论怎么样把圆画好，引导学生感受圆心、半径的特点。而对于圆的直径、半径等特征，教师完全放手让学生通过“折一折”“量一量”“画一画”“比一比”等自主探索、发现、体验、感悟，并最终理解，掌握圆的相关知识。

思考二：凸显主题，关注学习兴趣

兴趣是最好的老师。课前创设学生喜欢的投沙包游戏的教学情境，激起学生的学习兴趣，通过修改游戏规则，引导学生发现由直线图形抽象过渡到曲线图形，渗透了极限思想和集合思想，发展了数学思维。接下来，引导学生从生活中找圆，体会圆在生活中广泛的应用价值，再组织学生对圆形和多边形做比较，初步感知圆的特点，感知平面内"曲线图形"和"直线图形"的不同之处。然后借助身边的工具画图，感受圆是由曲线围成的，通过观看视频，感知圆的特点"一中同长"，为进一步探究圆的特征做好准备。通过尝试用圆规画圆和自学教材内容，学生自主完成了新知建构，掌握了圆的画法，了解了圆各部分名称。

思考三：自主建构，关注活动经验

教育家波利亚说：学习任何知识的最佳途径都是由学生自己去发现。因为这种发现理解得最深，也最容易掌握其中内在的规律、联系和性质。在理解圆的特征时，引导学生经历"折一折""画一画""比一比"等活动，发现圆内直径与半径的关系，加深对圆的直径、半径等本质属性的理解。

第斯多惠说：让学生知道论证的过程比知道结果更重要。因为知道论证过程是获取一种学习方法，学生的学习不仅仅要学会，更重要的是会学，能主动运用所学的方法去解决问题，这是学习的终极目标。本课的教学中，通过让学生画图，感受圆心、半径或直径的作用，再通过经历折一折、量一量、比一比等活动，发现圆的半径、直径等本质属性特征，丰富对圆内涵的认识，积累数学活动经验。

教学案例2：认识图形

【案例背景】

1.课程标准

《义务教育数学课程标准（2011年版）》在第一学段中要求：能通过实物和模型辨认长方体、正方体、圆柱和球等几何体；能辨认长方形、正方形、三角形、圆等简单图形；能通过观察、操作，初步认识长方形、正方形的特征。以上要求均体现了从直观辨认图形到操作探索图形特征的过程，充分说明从直观辨认到探索特征符合儿童的认知规律。

2.幼小衔接

教育部制定的《小学入学适应教育指导要点》中指出，改革一年级教育教学方式，国家课程主要采取游戏化、生活化、综合化等方式实施，强化儿童的探究性、体验式学习。基于此，笔者依托数学绘本《谁偷走了西瓜》对“认识图形”进行单元整体教学，充分利用数学绘本的人文性和趣味性激发学龄儿童学习数学的兴趣，为学生适应小学数学学习生活打下基础。

3. 教材分析

“认识图形”于学龄儿童并不陌生，学生在幼儿园和日常生活中对其已有丰富的感知，只是缺乏对具体知识的提炼。苏教版数学一年级“认识图形”共安排了3个课时内容。第1课时“认识图形（一）”安排在一年级上册第六单元，主要通过观察、比较、分类，让学生直观认识长方体等常见的四种几何体。

第2课时“有趣的拼搭”是“认识图形（一）”这一单元的一个综合实践活动，旨在让学生通过实践活动，一方面加深对长方体、正方体、圆柱和球的特征的认识，另一方面初步积累一些数学活动经验。

第3课时“认识图形（二）”则安排在一年级下册第二单元，旨在让学生以印一印、描一描的方式，了解平面图形是立体图形的一个面，知道各个平面图形的名称。

纵观3个课时内容的编排，我们不难发现，两个单元的教学目标、内容与方法类似。基于学生的认知起点，笔者对一年级上册和下册的《认识图形》进行单元整合（如下表），并以此为切入点尝试推进小学数学学科的幼小衔接工作。

整合前、后的教学任务

整合前	整合后
认识长方体、正方体、圆柱和球	认识平面图形
在拼搭活动中进一步感知长方体、正方体、圆柱和球的特征	
直观认识长方形、正方形、三角形和圆	

【教学实录】

故事情节：在古老的数学王国里，生活着一群立体图形。球因为自己与众不同觉得很孤单。一天，球辛辛苦苦种的西瓜被偷了，西瓜地里只留下了偷瓜贼的一些脚印。球很生气，带上这些证据，去逐一拜访数学王国里的立体图形。通过让他们滚一滚、跳一跳、印一印，球终于找到了偷瓜贼——长方体。在听完长方体的坦白之后，球并没有责怪他，还为他举办了一次西瓜派对。从此，球和立体图形们成了关系亲密的好朋友。

环节一:活动导入

依据教材安排,组织学生带着问题搭积木。

搭积木

问题1:哪种积木最难搭?为什么?

问题2:圆柱和球比,哪个更难搭?

环节二:探究新知

1.提供证据

师:小朋友们喜欢玩积木,也喜欢听故事吧!故事的名字叫——谁偷走了西瓜。(师出示课题,生齐读。)

录音:很久很久以前,在宁静的森林里有一个村子。村子里住着许多立体图形。

(1)依次出示立体图形。(略)

师:你们在搭积木的时候也见过他们。谁能说说他们的名字?

生:球、圆柱、长方体、三棱柱、正方体。

师:这些都是什么图形?

生:立体图形。

师根据学生的回答依次贴图形板贴。

师:在这些立体图形中,总有一个图形觉得自己长得和别的图形不一样,猜猜他是谁?为什么?

生:球。因为只有他是滚来滚去的,没有一点棱角。

师:嗯,你回答得有理有据。

(2)出示球种西瓜情境图。(略)

录音:球感觉自己与众不同,所以他在这个立体王国里生活得很孤单。于是,他就在一个僻静无人的地方种了一片西瓜。每天,球都在西瓜地里很勤劳地干活、施肥浇水、抓虫子……

师:瞧,这些西瓜越长越像谁啊?

生:像球,他们都是圆圆的。

(3)出示西瓜被偷情境图。(略)

录音:一天早上,来到西瓜地里的球惊呆了,他的西瓜被偷了。

师:如果你是球,此刻你想干什么?

生:立刻抓到偷瓜贼!

师:那现在请大家当一回小侦探,帮助球抓到偷瓜贼。

(4)出示犯罪嫌疑人图片。

师:警察找到了一批犯罪嫌疑人,犯罪嫌疑人都有谁?

犯罪嫌疑人

生:圆柱、长方体、三棱柱、正方体。

师:虽然真正的小偷就在他们之间,我们能不能随便说是谁啊?

生:不能。

师:对,我们在办案的时候要讲究证据。

(5)出示证据一。

现场有一个罪犯的脚印……

师:看到这个脚印,你想说点什么?

脚印

生:偷瓜贼可能是正方体。

生:也可能是长方体。

生:也可能是圆柱体。

师:这是你们的猜测,可偷瓜贼只有一个啊?接下来怎么办?

生:继续寻找证据。

师:警察叔叔说那天犯罪嫌疑人不但踩了一个脚印,还摔了一跤,留下一个侧身印。

(6)出示证据二。

师:看到这个侧身印,你有什么想法?

侧身印

生：我觉得偷瓜贼是长方体，因为长方体的脚印是正方形，侧身印是长方形。

师：你的意思是，单凭一个脚印还不能确定是长方体，但是两个证据合在一起就肯定是他了，对吗？

生：对。

师：还有不同意见吗？

生：我觉得真正的罪犯是正方体。因为两个正方形拼在一起就是一个长方形。

师：有道理吗？

学生纷纷点头表示赞同。

生：我觉得可能是圆柱体。

生：圆柱跌倒后可以滚出一个长方形。

师：（手拿圆柱模型）大家想象一下，圆柱的侧面是一个曲面，他除了可以滚出一个长方形，还能滚出什么形状？

生（齐）：正方形！

师：有道理。看来，圆柱也没有洗脱嫌疑。

师：还有不同想法吗？

……

师：刚刚听了你们的分析，都很有道理。

师：要想知道分析得到底对不对，该怎么办？

生：动手验证一下。

2.动手验证

（1）出示事先录好的小视频，教师示范印脚印和侧身印的方法。（略）

（2）展示学生作品。

学生作品展示

嫌疑人	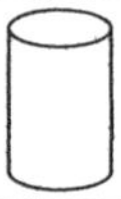	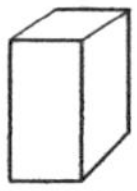	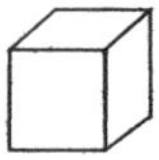	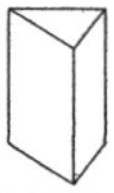
脚印				

侧身印				

学生逐一介绍每个立方体的脚印和侧身印分别是什么形状。

师追问:他们都是什么图形?

生:平面图形。

师:根据他们的脚印和侧身印,你觉得真正的偷瓜贼是谁?

生:长方体。

生纷纷表示同意。

师:回顾一下,这些平面图形都是怎么得来的?

生:都是由立体图形印出来的。

师:嗯,说明这些平面图形都藏在立体图形的面上。

环节三:拓展延伸

1.特殊长方体

师:虽然知道了长方体是真正的偷瓜贼,但球并没有责怪长方体而且还原谅了他。长方体很惭愧,想用自己的脚印和侧身印印一幅画送给球。

师:这个长方体积木能印出几个长方形?有几种?

生:可以印出来4个长方形,这4个长方形都是一样的,所以是一种长方形。

师使用课件动态演示,结果确实是一种长方形。

2.普通长方体

师:老师也想用长方体印一幅画送给球,感谢球的宽容之心。瞧,长方体爷爷被请来了。

师:这个长方体爷爷能印出来几个长方形?

同桌交流讨论。

师:请同学们用积木盒里的长方体橡皮宝宝验证一下。

师:那这6个长方形是几种呢?

生:三种。

师使用课件动态演示,结果确实是三种长方形。

3.正方体

师:正方体印出的每个面都是什么样子呢?

生：正方体印出的每个面都是正方形，都是一样的。

师使用课件动态演示，印出来的正方形确实都一样。

环节四：师生创作

录音：球收到礼物很开心，专门为长方体开了个西瓜派对。为了感谢球的原谅，长方体提议大家共同踩一幅画送给球，立体图形们愉快地答应了。

师生现场作画。

师：瞧，老师创作的作品都是由谁的脚印和侧身印组成的？

生：都是由圆柱、长方体、三棱柱、正方体的脚印和侧身印组成的。

师展示学生作品，追问：这些脚印组合在一起，拼成了一幅画，你看到了什么？都是由哪些平面图形组成的？

生：这些脚印是由圆、长方形、正方形、三角形组成的。

师：球收到大家的礼物甭提多开心了！也踩了一幅画回赠给大家。谁能找到球踩的画在哪里？

学生指出图中的"曲线"。

师：为什么是它？

生：因为球只是一点一点踩到纸面，连起来就是一条线了。

师：哦，球不是没有面，只不过他的面是一个曲面。

环节五：全课小结

录音：球在小伙伴们的帮助下，通过脚印和侧身印，顺利地找到了偷瓜贼，球原谅了长方体，大家都成了好朋友。从那以后，球再也不孤单了……

【案例思考】

思考一：聚焦联结，培养学生结构化思维

联结作为认知心理学的一种理论，认为事物之间是联系、相关的。美国全国数学教师理事会(NCTM)在2000年颁布的《学校数学的原则和标准》中提出了五项数学能力：运算能力、推理能力、问题解决能力、数学联结能力与数学表达能力。联结作为一种能力，逐渐引起广大教育学者们的关注和研究。

本节课通过连接立体图形与平面图形之间的关联，帮助学生充分体会"面在体上"。通过重组教学内容，改变传统学习方式，培养学生结构化思维，形成对"认识图形"的整体认知。布鲁纳说过：获得知识如果没有完整的结构把它们连在一起，那是一种多半会遗忘的知识。本节课的板书设计正是源于这一点。

另外,我们将一年级上册、下册“认识图形”两个单元内容整合,并不是把单元内容简单叠加,而是在不改变现行数学教材的教学目标、教学内容的前提下,通过调整教学内容顺序、合并部分内容、改变教学方式等途径,试图使学科知识更具系统性,教师教学更具结构性,学生学习更具挑战性。(见图14)

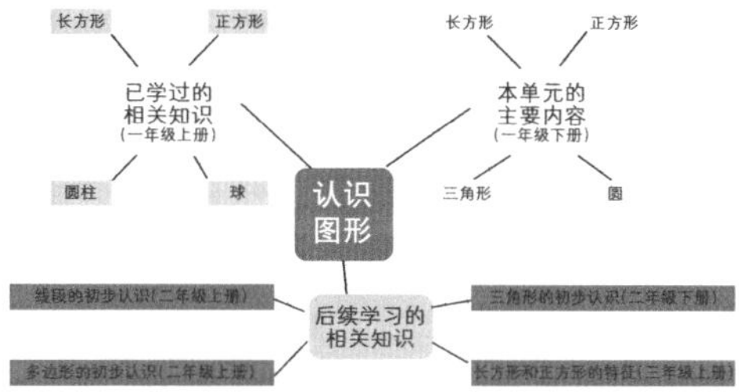

图14 “认识图形”前延后联

思考二:依托绘本,培养儿童学习兴趣

学龄儿童在幼儿园和日常生活中已经认识了许多立体图形和平面图形,如果按照教材上的内容按部就班地教学,难免机械重复,令学生觉得乏味无趣。数学绘本则是以故事为载体展开对数学知识的探索,因此,利用绘本进行游戏化教学符合儿童的天性。但绘本毕竟不同于教材,教材上每一幅主题图、每道例题的设计都有十分明确的编写意图和教学目标。如果过于依赖数学绘本,则一节课下来学生仅仅听了一个数学故事;如果过于依赖教材,也就相当于换了一幅教材主题图。这就需要教师平衡好数学绘本与教材之间的关系,将二者深度融合。

为此,我们以一年级教材上、下册的知识为骨架,利用选、删、补、编,把绘本中的四棱柱、圆锥、三棱锥、四棱锥换成学生较为熟悉的球、正方体、圆柱、长方体、三棱柱这些立体图形。在对数学绘本进行二次创编的基础上聚焦联结,展开“认识图形”单元整体教学。

这节课的教学实践,表明了问题提出的价值所在,即教师要帮助学生发现知识、思维和观念之间的联结。知识以网络状的结构存在于学生头脑中,从获得知识、更新知识、精确知识,到形成能力,逐步实现数学观念的培养和对数学思想方法的感悟。也就是说,数学知识本身就是相互连接的,转换表征形式,发现数学主题,将知识内容与学习者所体验的具体情境联结起来。

借数学绘本之力,彰数学教学之魂!今后我们仍将引导低年级学生学会用数学的眼光观察现实世界,用数学的思维思考现实世界,用数学的语言表达现实世界。

第七章　测量与计算

一　教材内容编排

“测量与计算”属于“图形与几何”领域。这部分内容包括“长度单位认识”“面积单位认识”“体积容积单位认识”以及“平面图形的周长与面积计算、立体图形的侧面积、表面积、体积或容积的计算”等，这些内容的学习为后续解决实际问题奠定了重要的基础。

第一学段主要帮助学生结合生活实际，经历用不同的方式测量物体长度的过程，体会建立统一度量单位的重要性；在实践活动中，体会并认识长度单位“千米”“米”“厘米”，知道“分米”“毫米”，能进行简单的单位换算，并恰当地选择合适的长度单位；能估测一些物体的长度，并进行测量；借助实例认识图形的周长，并能进行简单的测量物体或图形的周长计算，探索并掌握长方形、正方形的周长计算公式；结合具体情境认识面积，掌握面积单位“平方厘米”“平方分米”“平方米”，并正确进行常用面积单位间的换算；探索并掌握正方形、长方形的面积计算公式，能估测简单图形的面积。

第二学段要求学生能用量角器测量指定角的度数，能画出指定角的度数，会用三角尺画出一些特殊度数的角；探索并掌握三角形、平行四边形和梯形的面积计算公式，并能解决简单实际问题；掌握面积单位“平方千米”和“公顷”；通过实际操作，了解圆的周长与直径的固定比值，即圆周率，掌握圆的周长计算方法、圆的面积计算公式，并能解决简单的实际问题；能利用方格纸估计不规则图形的面积；结合具体情境了解体积(容积)的意义及度量单位“立方米”“立方分米”“立方厘米”，能进行这些常用体积单位间的换算，感受1立方米、1立方分米、1立方厘米以及1升、1毫升的实际意义；结合具体情境，探索并掌握长方体、正方体、圆柱的体积和表面积以及圆锥体的体积计算方法，并能解决简单实际问题；会估测一些物体的体积，掌握某些实物体积的测量方法。

苏教版小学数学教材关于“图形的测量与计算”相关内容，考虑到学生认知特点和思维层次，相应地分布在二至六年级，主要编排结构如表7。

表7　苏教版小学数学教材“图形的测量与计算”内容编排结构

序号	册次	图形的测量与计算
1	一年级上册	—
2	一年级下册	—
3	二年级上册	厘米和米
4	二年级下册	分米和毫米
5	三年级上册	周长的含义，长方形和正方形的周长
6	三年级下册	千米，面积的含义，常用面积单位，长方形和正方形的面积
7	四年级上册	升和毫升
8	四年级下册	—
9	五年级上册	多边形的面积，公顷和平方千米
10	五年级下册	圆的周长和面积
11	六年级上册	体积和容积的含义，常用体积单位，长方体和正方体的表面积、体积
12	六年级下册	圆柱的侧面积、表面积和体积，圆锥的体积

二　具体内容解读

(一)厘米和米

“认识厘米和米”位于苏教版小学数学教材二年级上册。学生在日常生活中，对“厘米”和“米”这两个长度单位有过接触，比如手中的直尺上有1厘米、2厘米、3厘米……的长度,学生可以直观地感知1厘米有多长,因此教材把"认识厘米和米"作为认识长度单位的起始内容,有利于学生联系生活经验建立1厘米、1米的长度概念,也为以后学习分米、毫米、千米打下基础。

这部分内容要使学生结合具体情境,通过经历操作和观察的过程,认识长度单位厘米和米,初步建立1厘米和1米的长度概念,知道"1米=100厘米",同时初步学会用厘米和米作单位测量线段或物体的长度,能够画出指定长度(一般是整厘米)的线段,能够估测一些线段或物体的长度,发展空间观念。

(二)分米和毫米

"认识分米和毫米"这部分内容是在学生认识长度单位米和厘米,并掌握了一定的度量技能的基础之上进行学习的。对于新的计量单位毫米,学生通过使用直尺已经有了一些感性认识,计量单位分米虽然不常用,但它对学生理解长度单位间的进率是很有必要的。"认识分米和毫米"的教学目标是学生认识长度单位分米和毫米,初步建立1分米、1毫米的长度概念,知道"1厘米=10毫米,1分米=10厘米,1米=10分米"。除了这些知识以外,教材还重在引导学生探索知识间的内存联系,培养学生的观察能力、实践操作能力、简单的推理能力及解决实际问题的能力,同时结合具体内容向学生渗透长度单位。这些知识来源于实践又应用于实践,在操作中培养学生细心、认真的学习习惯和学习数学的积极性。

教学"分米的认识"时,可以借助测量实物,如吸管的长度,知道10厘米长的线段可以用分米来表示,10厘米是1分米,20厘米是2分米;然后在直尺上找一找1分米里面有几个1厘米,揭示"1分米=10厘米";再让学生用手比划出1分米,感知1分米的长度,建立1分米的长度概念。

教学"毫米的认识"时,可以利用直观操作,让学生测量银行卡的厚度、硬币的厚度等,在实践活动中引导学生发现问题,产生对新的长度单位——毫米的认知需求。在体验1毫米时,可以让学生用拇指和食指捏住硬币或磁卡,感受1毫米的厚度,经过一系列的探究活动之后,再让学生举例日常生活中能用毫米来计量长度或厚度的实物。

教学单位进率时，可以采用引导发现法组织教学，如教学“1厘米=10毫米”时，让学生自己观察手中的直尺，知道1小格的长度是1毫米，再数一数有几个小格，从而得出结论。

（三）周长的含义，长方形和正方形的周长

1. 认识周长

教材通过摸、描等操作活动，引导学生建立周长的概念，组织学生测量图形的周长，加深对周长概念的理解，力求让学生建立周长的空间观念，发展形象思维。教学时应帮助学生结合实物或图形理解周长的意义，并能指出和测量出具体图形的周长，让学生经历观察、操作等实践活动的过程，在获得直观经验的同时发展空间观念。

2. 长方形和正方形的周长

长方形、正方形的周长是“图形与几何”领域的教学内容，是在学生认识了长方形、正方形的特征，以及经历了许多测量实践活动，了解了周长的一般意义，了解了规则图形和不规则图形周长求法的基础上进行学习的。教学时要引导学生通过经历自主探索、验证猜想、合作交流的过程，推导出长方形、正方形的周长公式。

这部分内容要使学生探索长方形、正方形的周长计算方法，能熟练计算长方形、正方形的周长，会解决有关长方形、正方形周长计算的简单实际问题，从而培养观察、比较、分析、推理的能力和空间想象力。

（四）千米，面积的含义，常用面积单位，长方形和正方形的面积

1. 认识千米

“千米的认识”是小学数学测量知识的重要内容之一。它是在学生学习了米、分米、厘米、毫米等长度单位，并且初步了解了这些长度单位在日常生活中的应用的基础上进行教学的。由于学生在实际生活中，很少有机会接触千米这个较大的长度单位，会感到抽象，因此建立1千米的概念比较困难。这部分内容的重点是使学生建立千米的概念，难点是在此基础上正确估计物体

的长度。为了突出重点、突破难点，教材建议将教学的关键点尽量放在联系学生的生活实际，增加学生对千米的感性认识，使学生初步认识长度单位千米，建立1千米的长度概念，熟记“1千米=1000米”，并能进行简单的换算；同时在认识千米的过程中，培养学生的观察、比较、抽象、概括能力，能用千米正确估计物体的长度。

2. 面积的含义

“面积的含义”是苏教版小学数学三年级下册第九单元《长方形和正方形的面积》的第一课时。此前学生掌握了长方形和正方形的特征及周长的计算方法，教材结合学生已有经验，引导学生通过经历观察、操作、估计和直观推理等活动的过程认识面积的含义。教学时要使学生通过观察和操作等活动，认识面积的含义，区别周长和面积的不同，学会用不同的方法比较平面图形面积的大小，让学生在经历比较平面图形大小的过程中体会比较策略的多样性，培养观察能力、动手操作能力，发展空间观念。

3. 常用面积单位

“面积和面积单位”是在学生初步认识周长的基础上进行的，学生从学习长度到学习面积实现了空间形式“由线到面”的转变。为了帮助学生建立面积概念，教材在编写上非常重视展现面积概念的形成过程，注重常用面积单位表象的形成，注重在直观操作和形式多样的活动中的体验。教材是按照先认识面积，然后归纳面积的概念，再认识常用的面积的顺序来展开的。教学时要引导学生通过“指一指”“看一看”“比一比”等体验活动，理解面积的含义，在探究的过程中，体会引进统一面积单位的必要性，认识常用的面积单位“平方厘米”和“平方米”，形成正确的表象，会应用这些常用的面积单位，同时通过观察、比较发展学生的空间观念，培养学生的估测能力。

4. 长方形和正方形的面积

“长方形和正方形的面积”是苏教版小学数学三年级的内容，在此之前，学生已经知道了面积的含义，初步认识了面积单位，以及学会用面积单位直接测量面积。这部分内容教材主要安排了四个部分：第一部分，例1通过先让学生用若干个1平方厘米的小正方形摆成3个不同的长方形，并填好表格，初步体会长方形的面积与它的长与宽之间的关系;第二部分,例2通过测量面积及试一试,探索并归纳出长方形的面积计算公式;第三部分,从正方形与长方形之间的关系,推导出正方形的面积计算公式;第四部分,练一练主要目的在于巩固新知,让学生能利用新知解决实际问题,促使学生积极、主动、创造性地进行思维。教学时应引导学生有序观察,动手实验,自主探究发现、验证并归纳出长方形面积计算的公式,会运用公式正确地计算长方形的面积,利用知识的迁移由长方形面积的计算公式推导出正方形面积的计算公式。

(五)升和毫升

“升和毫升”是容量计量单位,在生活中都有着广泛的应用,学生对这两个容量单位并不陌生,经常会从生活用品中发现它们,并对它们有一定的感性经验。学习这部分内容可为今后进一步探究物体的体积、容积奠定基础。这部分内容的教学目标是帮助学生知道计量液体(如汽油、饮料、药水等)要用升、毫升作单位,知道“1升＝1000毫升”,初步建立1升、1毫升的实际观念,学会看量筒、药水瓶上的刻度,会初步使用量筒、量杯测量液体的体积。这里的教学重点、难点是使学生认识“升”这个容量单位的大小,加深学生对升的认识,了解升和毫升之间的进率,并能进行简单的换算。

建构主义认为,真正的数学学习不是对于外部所授予知识的简单接受和积累,而是学生以自己已有的知识和经验为基础的主动建构的活动。根据新课标要求以及学生的实际,教学时应以直观教学为主,运用观察、动手操作、小组讨论等多种方法,结合教材,引导学生在经历“看一看”“量一量”“比一比”“分一分”“说一说”等自主探索过程中发挥学生之间的相互作用,让学生自己在动脑、动手、动口中促进思维的发展,培养动手操作能力和语言表达能力。

(六)多边形的面积,公顷和平方千米

1.多边形的面积

“多边形的面积”属于“图形与几何”领域的内容,这部分内容包含“平行四边形的面积”“三角形的面积”“梯形的面积”“组合图形的面积”以及“不规则图形面积”等。这部分内容是学生在掌握了平行四边形、三角形、梯形的特

征以及长方形、正方形面积计算的基础上进行探索的，主要探究和应用平行四边形、三角形、梯形面积计算公式，利用剪拼、平移等方法实现对图形的转化，再推导出多边形面积计算公式。这部分内容前后联系紧密、一脉相承，也是学生今后学习其他平面图形面积的重要基础。

教学这部分内容时，要引导学生通过实际操作和讨论分析，探索并掌握平行四边形、三角形、梯形的面积计算公式，能应用公式正确计算多边形的面积以及简单组合图形的面积，并能解决简单的实际问题；同时，要组织学生经历观察、猜想、操作、验证、推理等数学活动过程，初步体会图形转化的意义和价值，培养空间观念，发展初步的逻辑思维。

2. 公顷和平方千米

"认识公顷和平方千米"是在学生掌握了"多边形的面积"之后认识的较大的面积单位，这部分内容着重引导学生认识1公顷、1平方千米的含义，体会它们的实际大小，同时鼓励学生联系已经学过的平面图形面积计算公式去解决一些有关土地面积的实际问题，进一步发展空间观念。

教学时要充分利用学生身边的、熟悉的场景展开探索学习，可以设计多样的活动引导学生参与其中，深刻理解1公顷或1平方千米实际大小的意义，帮助学生初步建立1公顷、1平方千米实际大小的表象。同时，探究"公顷"与"平方千米"之间的单位换算，让学生感受到计量大面积土地单位时要选择合适的计量单位。

（七）圆的周长和面积

1. 圆的周长

"圆的周长"是在学生学习了周长的一般概念以及长方形、正方形周长计算，并初步认识了圆的基础上进行教学的。它是研究曲线图形的基本方法的开始，也是后面学习圆的面积以及今后学习圆柱、圆锥等知识的基础，是小学几何初步知识教学中的一项重要内容。

这部分内容要让学生知道圆的周长和圆周率的含义，掌握圆周率的近似值，理解掌握圆周长的计算公式，并能运用公式解决简单的实际问题，通过对圆周长的测量和计算公式的探讨，培养学生的观察、比较、分析、综合和主动探索解决问题方法的能力。

学生过去已经认识了周长的含义，并且有了长方形、正方形的周长的计算经验，所以教学圆的周长时可采用化曲为直的方法，通过直观演示、实际操作帮助学生解决问题。

2. 圆的面积

圆是小学数学平面图形中唯一的曲线图形。本课是在学生掌握了圆的特征、圆的周长计算公式，以及直线围成的常见平面图形面积的计算公式的基础上进行教学的，同时它又为后续学习圆柱、圆锥的表面积及体积打下基础。教材在编排上，根据学生的认知规律分成了“初步探究圆的面积与半径的关系，感知它的面积大约是半径平方的3倍多一些”“利用化圆为方的转化思想推导圆的面积计算公式”以及“应用公式解决实际问题”三个部分。

小学生对几何图形的认识很大程度上属于直观几何的学习阶段，而几何本身是比较抽象的。本节课内容，学生从掌握直线图形面积计算发展到曲线图形面积计算是一次飞跃，但从学生思维角度看，五年级学生已经具有一定的抽象和逻辑思维能力。这一学段中的学生已经有许多机会接触到数与代数、图形与几何等较丰富的数学内容，已经具备了初步的归纳、类比和推理的数学活动经验，并具有了一定的转化数学思想。所以，在教学时应注意联系现实生活，组织学生利用学具开展探索性的数学活动，注重知识发现和探索过程，从中获得数学学习的积极情感。同时，在教学学习活动中，要使学生学会自主学习和合作交流，培养解决数学问题的能力。

这部分内容的学习要使学生掌握圆的面积计算公式，能正确计算圆的面积，并能应用公式解决相关的实际问题，让学生通过经历操作、讨论等数学活动的过程，经历猜想、验证、归纳、发现等数学化过程，自主探索发现圆的面积计算公式。而且，教学时应注重实践操作，有意识地培养学生获取知识的能力。这节课的教学，要紧紧抓住“圆面积公式的推导”这一教学重点，放手让学生自己动手操作、归纳整理，通过剪拼、转化，利用等积变形把圆面积转化成其他的平面图形，进而归纳、概括出圆面积的计算方法。

（八）体积和容积的含义，常用体积单位，长方体和正方体的表面积、体积

1. 体积和容积的含义

这部分内容主要教学体积和容积的含义，以及常用的体积单位，如立方厘米、立方分米、立方米，常用的容积单位，如升、毫升。学生在四年级就已经认识了升和毫升，这是理解体积或容积概念、体积或容积单位的重要基础。

教材通过引导学生做实验，在同样大小的两个杯子中放入不同的物体，再倒满水，比较出哪个杯子里的水少一些，以此丰富学生对物体所占空间大小的感知，进一步明确物体所占空间的大小就叫做物体的体积。因此，教学体积时，应从学生身边熟悉的素材入手，引导学生经历观察、实验、比较、交流、抽象、概括等活动的过程，积累活动经验，发展数学思维。

教学容积时，教材呈现了两个大小不同的书盒，引导学生由两个书盒所装书的体积的大小体会两个容器的容积大小，巧妙地解释了容积的概念。

2. 常用体积单位

常用体积单位是在学生认识了长方体和正方体的特征以及表面积计算的基础上进行教学的，是学生空间观念的又一次发展，也为今后学生学习体积的计算做好了充分的知识铺垫。这部分内容主要让学生了解体积的意义，知道计量体积要用体积单位，常用的体积单位有立方厘米、立方分米、立方米，感知1立方厘米、1立方分米、1立方米的实际大小。此部分内容的教学重点是帮助学生建立体积概念，认识常用的体积单位，而难点是建立1立方厘米、1立方分米、1立方米的空间表象，培养细心观察、抽象概括的能力，发展空间观念。

体积和体积单位属于概念教学，要展示从感性到理性的认识。虽然学生前面已经学过了长度、长度单位和面积、面积单位，但是由面积概念到体积概念、由面积单位到体积单位、由平面图形到立体图形，是学生空间观念的又一次发展，知识跨度大、难度高，不易理解，因此这部分内容要加强学生对体积的理解。教学时，要根据学生的年龄特点和认知规律，通过直观演示、实验操作等方法，从旧知出发，类推出新知。这样的教学设计既调动了学生的积极

性，又有利于教学突出重点、突破难点。

3.长方体和正方体的表面积

“长方体和正方体的表面积”是苏教版小学数学六年级上册第一单元的内容。这部分内容是在学生认识并掌握了长方体和正方体基本特征的基础上进行学习的，要求学生理解长方体和正方体表面积的概念，能根据长方体和正方体的特征，自主探究出计算长方体和正方体表面积的方法，能解决有关表面积计算的实际问题，发展学生的空间观念，在探究过程中培养概括、推理等能力。该部分内容有助于发展学生的空间观念，解决生活中有关计算表面积的实际问题，也是进一步学习其他立体几何图形的重要基础。

从学情上来看，学生已经掌握了长方体和正方体的基本特征，同时也掌握了长方形、正方形面积的计算方法，所以这部分内容的学习可帮助学生理解长方体和正方体表面积的概念，掌握长方体和正方体表面积的计算方法。结合小学生仍以形象思维为主的思维特点，教学时应加强学生的动手操作、合作交流，并利用多媒体课件辅助教学，突破难点。

4.长方体和正方体的体积

长方体和正方体是最基本的立体图形，是在学生认识了一些平面图形的基础上学习的，实现了学生在“图形与几何”领域的一次质的飞跃。

长方体和正方体体积的教学重难点是探究长方体、正方体体积公式的推导过程，并能运用计算公式解决实际问题。为了突出重点、突破难点，建议采用直观教学法，引导学生经历观察、操作、比较、交流、抽象、概括等活动的过程，归纳出长方体体积的计算公式，充分运用知识的迁移规律，引导学生掌握新知识。教学正方体的体积计算时，可以把长方体的体积计算方法直接迁移过来，让学生独立地得出正方体的体积计算公式。

（九）圆柱的侧面积、表面积和体积，圆锥的体积

1.圆柱的侧面积、表面积

“圆柱的侧面积、表面积”是在学生学习了长方体、正方体的表面积，认识了圆柱、圆锥的基本特征后，安排的学习内容，通过让学生经历观察、想象、操

作等活动的过程，运用迁移规律掌握圆柱的侧面积、表面积的计算方法，并加以应用，以解决生活中的实际问题。这部分内容为后续探究圆柱的体积打下坚实的基础，因此，它具有承上启下的作用。

这部分内容要帮助学生经历操作圆柱展开图活动的过程，探索圆柱侧面积的计算方法，并掌握圆柱表面积的计算方法，能正确计算圆柱的表面积，同时培养学生观察、操作、概括的能力，以及灵活运用圆柱表面及计算方法解决生活中的一些简单的问题，体会数学与生活的联系，丰富对现实空间的认识。

教学时，应激发学生学习兴趣，调动学生学习积极性，引发思考，关注学生的认知发展水平和已有的经验，为学生提供充分的数学活动机会，引导学生自主探索，鼓励学生合作交流，采用实验法、讨论法，以手动操作、自主探索、合作交流、直观演示等方式为主，实现教学目标。

2. 圆柱的体积

“圆柱的体积”主要内容是圆柱体的体积计算公式的推导和应用。这部分内容是小学阶段学习几何体知识的最后部分，是在学生已经学过了圆面积公式的推导和长方体、正方体的体积公式的基础上进行学习的。过去学生已经有了把圆拼成近似的长方形的经验，很容易联想到把圆柱切拼成长方体。教材直接引导学生利用手中的圆柱体学具，把一个圆柱体等分成 16 份、32 份等拼成长方体，再引导学生观察讨论“拼成的长方体和圆柱体有什么关系?”从而推导出圆柱体的体积计算公式。

从教材内容安排和活动设计上看，非常重视学生动手操作活动，让学生经历探究圆柱体积公式的全过程。因此，教学时应采用自主学习、合作探究两种学习方式，让学生真正以课堂主人的身份参与活动，探索并掌握圆柱体积公式，并能计算圆柱的体积。

3. 圆锥的体积

“圆锥的体积”是在学生了解了圆锥的特征、掌握了圆柱体积的计算方法的基础上进行学习的。这部分内容是小学阶段几何知识的重难点部分，是小学学习立体图形体积计算的飞跃。通过这部分知识的教学，可以发展学生的空间观念、想象能力，帮助学生较深入地理解几何体体积的推导方法，为进一步学习几何知识奠定良好的基础。

在教学中，重视类比、转化思想的渗透，直观引导学生经历猜测、类比、观察、实验、探究、推理、总结等探索过程，理解并掌握圆锥体积的推导过程和计算公式，并能应用公式解决相关的实际问题。

三 教学实践思考

教学案例1：平行四边形的面积

【教学实录】

环节一：复习导入

师：请看屏幕，这是我们过去学习的长方形和正方形，你们还记得长方形和正方形的面积是怎样计算的吗？

生：长方形的面积可以用长乘宽，用字母表示$S=a\times b$。

生：正方形的面积是用边长乘边长，用字母表示$S=a\times a$。

师：今天我们就运用学过的知识一起来探究平行四边形的面积。

环节二：探究新知

师：先来看看这两组图形，每组的两个图形面积相等吗？先想一想，再说说你是怎么比较的？

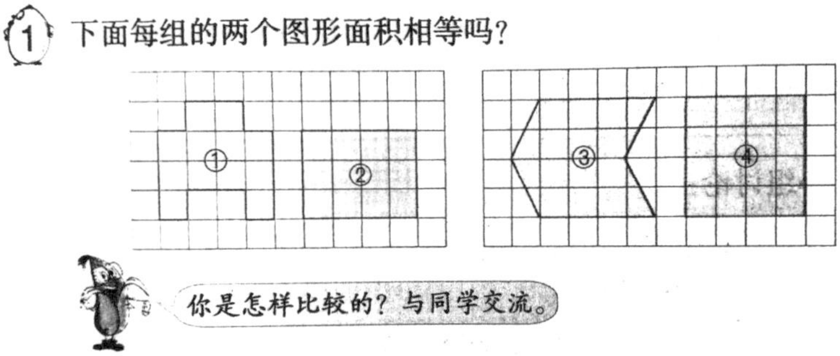

生：我是利用数方格的方法来比较的，①号图形有12个格子，②号图形也有12个格子，它们的面积相等。

生：我的方法和他不一样，我是先把①号图形上面两个小正方形平移到下面，就变成了一个和②号图形一样的长方形，它们的面积相等。

师：大家都是爱思考的孩子！比较这两个图形的面积，可以用数方格的方法，也可以利用平移转化的方法。那么③号和④号两个图形呢？

生：这两个图形的面积也是相等的，我把③号图形中左边的三角形移到右边，就变成了一个正方形，和④号图形一样。

师：看来我们可以利用平移、剪拼的方法将不规则图形转化成规则图形使我们更加方便地比较出两个图形的面积。

师：像这样把不规则图形，经过移、拼变成规则图形的方法，我们叫做转化，转化是我们数学学习的一种重要方法。今天我们就运用这种方法来探究平行四边形的面积计算。

师：请看屏幕，你能把这个平行四边形转化成长方形吗？先想一想，再动手画一画，剪一剪。

师：相信同学们通过刚才的探究一定有了自己的发现，我们来听听这位同学的想法吧！

生：从平行四边形的一个顶点出发，沿着一条高剪下一个三角形，把三角形移到另一边，就把能平行四边形转化成长方形了。

师：谁和这位同学的想法一样？还有不同的想法吗？

生：我沿着平行四边形的一条高剪成两个直角梯形，将其中一个梯形向左或向右平移，也能拼成长方形。

师：做得真好！同学们，仔细观察，比较一下，这两种转化方法有什么共同的地方？

生：我发现它们都是沿着平行四边形的高剪开，拼成长方形。

生：平行四边形的高有无数条，沿着任意一条高剪开，都可以拼成长方形。

生：无论怎样转化，转化后图形的面积没有改变。

师：同学们能从多个角度来观察，真棒！任意一个平行四边形都能转化成长方形吗？转化后，它们之间又有什么联系呢？请同学们拿出课前准备好的平行四边形，先把它转化成长方形，再把你的发现填在书中的表格里。

师：你们做完了吗？我们一起来交流一下。

生：我选的①号平行四边形，它的底是10厘米，高是3厘米，转化后的长方形长是10厘米，宽是3厘米，面积是10×3＝30平方厘米，那么平行四边形的底是10厘米，高是3厘米，面积是30平方厘米。

生：我选的②号平行四边形，转化成长方形后，长方形的长是8厘米，宽是4厘米，面积是32平方厘米，平行四边形的底是8厘米，高是4厘米，面积是32

平方厘米。

生：我选的是③号平行四边形，转化成长方形后，长方形的长是6厘米，宽是4厘米，面积是24平方厘米，那么平行四边形的底是6厘米，高是4厘米，面积是24平方厘米。

师：同学们回答得很完整，思路也很清晰！

师：接下来，请同学们仔细观察表格，根据这几组数据，猜想平行四边形的面积与它的底和高有什么关系呢？（表略）

生：平行四边形的面积等于底乘高。

师：大家的猜想到底对不对呢？有了猜想我们还需要验证。

师：请同学们思考一下，转化成的长方形与平行四边形的面积一定都相等吗？

生：我发现每个长方形的面积和它对应的平行四边形的面积都相等。

师：长方形的长、宽与原来平行四边形的底、高有什么关系呢？

生：长方形的长就是原来平行四边形的底，长方形的宽就是原来平行四边形的高。

师：那么根据长方形的面积公式，怎样得到平行四边形的面积公式？

生：平行四边形的面积等于底乘高。

师：你能完整地说一说平行四边形的面积推导过程吗？

生：平行四边形的面积等于底乘高，我发现把平行四边形转化成长方形后，平行四边形的面积等于长方形的面积，而且平行四边形的底和长方形的长相等，平行四边形的高与长方形的宽相等，因为长方形的面积等于长乘宽，所以平行四边形的面积等于底乘高。

师：同学们真了不起！有一双善于发现的眼睛！根据长方形面积的计算方法推导出平行四边形的面积计算方法。

师：如果用S表示平行四边形的面积，a表示底，h表示高，你能用字母表示平行四边形的面积计算公式吗？请同学们试着写一写。

师：根据我们刚才推导出的平行四边形面积计算方法，公式可以写成$S=a\times h$。同学们，你们写对了吗？

师：下面就让我们利用今天学到的平行四边形面积计算方法来解决下面这道题。（呈现练习一：一块平行四边形玻璃，底是50厘米，高是70厘米，面积是多少平方厘米？）

师：同学们做完了吗？哪位同学来汇报一下。

生：我是这样想的，这块玻璃是平行四边形的，知道了底和高，我们直接用50×70=3500平方厘米，算出面积。

师：同学们，对照一下，你写对了吗？

环节三：巩固练习

师：今天我们探究了平行四边形的面积计算方法，知道了可以用底乘高来计算。下面让我们一起检验一下大家的学习成果，请看下面这道题，仔细读题，先独立思考，再动笔写一写、算一算。

练一练

两条平行线之间画了一个长方形和一个平行四边形，长方形长15厘米，宽6厘米。求平行四边形的面积。

师：让我们来听听这位同学的想法。

生：从图中我们可以看出，平行四边形的底等于长方形的长，长方形的长是15厘米，故平行四边形的底就是15厘米；平行四边形的高等于长方形的宽，平行四边形的高就是6厘米，平行四边形的面积等于底乘高，求得15×6=90（平方厘米）。

师：同学们，你们做对了吗？让我们接着完成练习二的题目吧，先看第1题。你能画出两个与图中长方形的面积相等的不同的平行四边形吗？试着画一画。

师：让我看看大家的作品。

生：我是这样想的，长方形的长是5，宽是3，所以我画的这两个平行四边形的底是5，高是3，它们等底等高。我认为还能画出很多与它等底等高的平行四边形，这些平行四边形的面积都相等。

师：是的，像这样等底等高的平行四边形，形状不同，面积相等，我们还能画出很多个。还有不同的画法吗？

师：我们来看看这位同学的作品，你有什么想说的？

生：这些作品虽然不像前面那样等底等高，但它们的面积用底乘高求出来都是15，与长方形面积相等。

生：我发现平行四边形的面积相等，可能是等底等高的，也可能底和高不相同的。

师：通过交流，同学们对平行四边形有了新的认识。接下来让我们完成练习二第2题。请大家拿出练习本，自己动手算一算。

学生汇报计算结果。

生：第一个平行四边形的底是12米，高是8米，面积是12乘8等于96平方米。

生：第二个平行四边形的底是50分米，高是26分米，面积是50乘26等于1300平方分米。

生：第三个平行四边形的底是24厘米，高是14厘米，面积是24乘14等于336平方厘米。

师：同学们，请仔细核对一下，你算对了吗？（停顿）

师：下面就让我们用今天学到的数学知识来解决两道生活中的问题，请看这题（练习二第3题）。同学们先读题，再列式并解答。

师：让我们来听听这位同学的想法。

生：我先用底乘高求出平行四边形广告牌的面积，是12平方米，根据题意，每平方米50元，求制作这个广告牌要多少元就是求12个50是多少，所以用50×12＝600，就是需要的钱数。

师：思路很清晰，能解决这个问题吗？（出示练习二第4题：一个平行四边形停车场，底是63米，高是25米。如果平均每个车位占地15平方米，这个停车场一共可以停多少辆车？）请同学们动手算一算。

生：我先用底乘高求出平行四边形停车场的面积，63乘25等于1575平方米，根据题意，平均每个车位占地15平方米，求这个停车场一共可以停多少辆车，就是求1575平方米里面有多少个15平方米，所以用1575除以15等于105，就是一共可以停多少辆车。

生：我列的是综合算式，用63×25÷15=105辆。

师：同学们今天的表现非常棒！出色地完成了每道题，真正做到了学以致用。老师为大家点赞！

环节四：全课总结

师：通过今天的学习，你有哪些收获呢？

生：我知道了平行四边形的面积可以用底乘高来计算。

生：我学会了用割补的方法把平行四边形转化成长方形进行面积计算。

生:我发现转化后长方形的长就是原来平行四边形的底,长方形的宽就是原来平行四边形的高。

生:我知道了转化是一种重要的学习方法,转化能为我们的数学学习带来方便。

师:同学们的收获真不少呀!课后请完成课本第11页练习二其他题目。今天这节课就上到这,同学们再见!

【案例思考】

思考一:动手实践,多维探究

数学课程标准指出,动手实践是学生数学学习的重要方式。学生通过独立操作,经历把平行四边形转化成长方形的过程。先通过交流各自剪拼的结果,体会到任意一个平行四边形都能转化成长方形;接下来教师引导学生将得到的不同数据综合在一张表里,启发他们对表中数据进行观察和比较,初步建立猜想:"平行四边形的面积可能是底与高的乘积"。再借助三个讨论题,引导学生验证猜想,参与面积公式的推导活动。这一过程不仅帮助学生弄清了平行四边形面积公式的来龙去脉,而且锻炼了学生的数学推理能力,同时使学生经历由猜想到验证,再到获得结论的全过程。

思考二:思想渗透,突破难点

课的开始,引导学生初步体会复杂图形可以转化成简单图形,而且转化后便于比较相关图形的面积。割补、平移是实现转化的基本方法,转化前后的图形形状变了但面积不变,帮助学生形成初步的转化意识,为接下来的探索活动提供基本思路。再引导学生将平行四边形放置于方格纸上,启发学生思考转化思路,积累图形转化的具体经验,通过具体转化方法的交流和比较,进一步突出转化操作的关键,在操作中初步发现平行四边形和相应长方形之间的联系,为推导平行四边形的面积公式做好充分准备,有效地突破重难点。

思考三:分层运用,逐步内化

课堂练习是学生深层次理解知识、运用知识的过程,有利于促进学生的数学思考,提高他们的数学能力。教学过程中的课堂练习,立足于帮助学生体会平行四边形与相应长方形之间的联系,帮助学生进一步熟悉平行四边形面积公式的应用过程,有利于学生感受平行四边形面积公式的应用价值,锻炼解决实际问题的能力。总体上说,练习题安排遵循由易到难、层层递进的原则,既有层次性、实践性,又做到了前后呼应,有效地培养了学生实践能力和解决问题的能力。

教学案例2:求圆锥体积的教学方法的改进与思考

【案例背景】

圆锥在日常生活和生产中应用非常广泛,圆锥的体积是在学生学习了圆柱体的体积和认识圆锥的基础上进行教学的,是小学阶段学习几何知识的最后部分,是几何知识的综合运用。掌握这部分知识,不仅有利于学生全面掌握长方形、正方形、圆柱形和圆锥体之间的本质联系,提高学生解决实际问题的能力,发展学生空间观念,还可以为学生以后学习复杂的形体知识打下扎实的基础。

该教学把教材中的“容积法”教学方法改用“排水法”教学策略,把圆锥、圆柱的体积转化为上升水的体积,同时避免“容积”与“体积”两个概念之间的混淆,解决了实验结果易产生误差的问题。通过排水法教学实验过程,“圆锥体积是与它等底等高圆柱体积的$\frac{1}{3}$”这一概念得到强化,让学生感悟转化、归纳等数学思想方法在实际生活中的应用,体现了实验的科学性、严谨性、准确性。

【回顾教材】

本教学案例对应的教材是江苏凤凰教育出版社2013教育部审定的小学数学教材。笔者对六年级下册第二单元《圆柱和圆锥》第20至21页例5,关于“圆锥的体积是与它等底等高圆柱体积的$\frac{1}{3}$”的公式推导的教学过程产生了不同的思考。

1.展示教材的教学方法

下面的圆柱和圆锥底面积相等,高也相等。

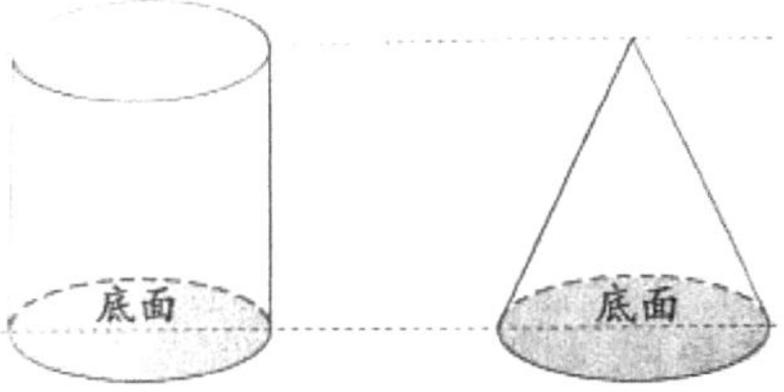

你能估计出这个圆锥的体积是圆柱的几分之几吗?

提问:可以用什么办法来检验你的估计?

准备等底等高的圆柱形和圆锥形容器各一个。

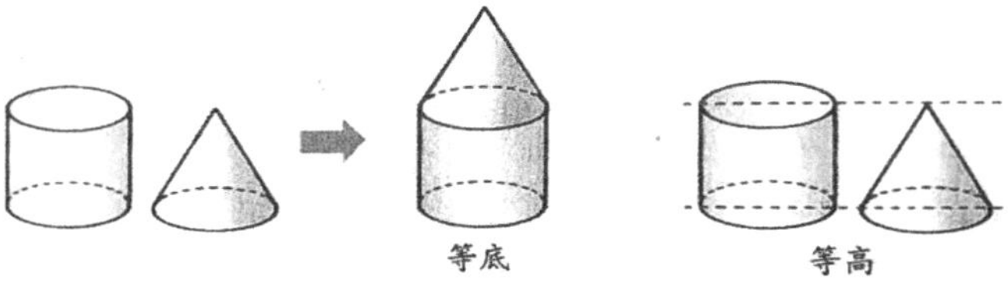

在圆锥形容器里装满沙子,再倒入空的圆柱形容器里,看看几次正好倒满。

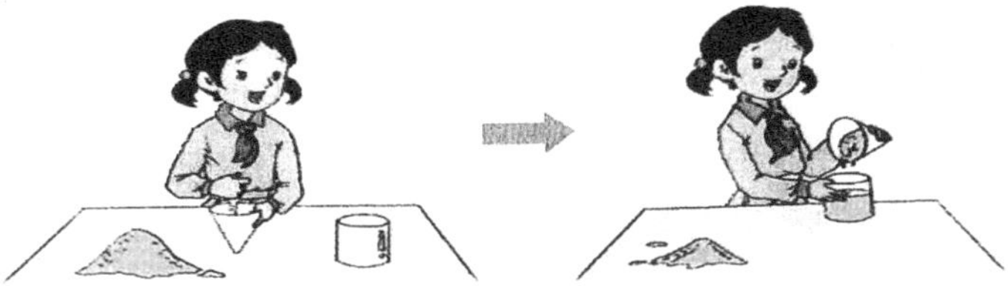

存在的问题是:在实际教学实验过程中,组织学生实验时,每次往圆锥形容器里装沙子时,既要装满又不能多装,也不能随意挤压,把沙子倒入圆柱形容器时,要小心操作,不能洒漏,难免会出现误差。如果改用三次倒水的操作方法,每次倒水都小心翼翼,但仍会出现滴洒现象,实验结果同样也会产生误差。两种方式都可能导致学生对“圆锥的体积是与它等底等高圆柱体积的$\frac{1}{3}$”公式推导的结果产生怀疑,而且桌面、地上都会出现洒漏的沙子或水,后期清理工作也非常麻烦。

圆锥的体积正好是与它等底等高圆柱体积的几分之几？你的估计对吗？与同学交流。

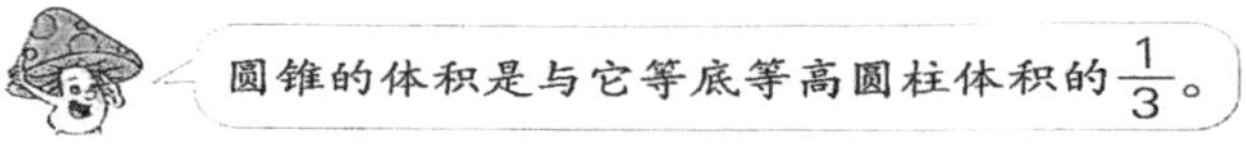

根据上面的实验和讨论，想一想，可以怎样求圆锥的体积？

$$\text{圆锥的体积}=\text{底面积}\times\text{高}\times\frac{1}{3}$$

2.质疑教材的教学方法

笔者查阅了九年义务教育六年制人教版小学数学教材第12册第二单元第42至43页的内容，圆锥体积计算公式的推导也是采用了容积法。

笔者通过多年的教学实践发现，“容积法”教学在推导“圆锥的体积是与它等底等高圆柱体积的$\frac{1}{3}$”这个实验过程中存在两大缺点：(1)容积法教学会给学生产生容积就等于体积的错觉，概念上易产生混淆。(2)在实验操作过程中，采用倒沙子或倒水，一不小心就容易侧漏或滴洒，导致试验结果产生误差，使学生对“圆锥的体积是与它等底等高圆柱体积的$\frac{1}{3}$”产生怀疑，同时对实验后沙石或水的处理起来也比较麻烦。

【改进方案】

基于对新课程标准的解读与思考，也为了彰显实验过程的科学性、严谨性、准确性。笔者对“圆锥体积是与它等底等高圆柱体积的$\frac{1}{3}$”的公式推导教学实验做出如下改进：

用“排水法”代替教材中的“容积法”，即把圆锥、圆柱的体积转化为上升水的体积。五年级学生已经学会了用排水法求不规则物体的体积。学生很容易理解并接受排水法，实验并不复杂，简单易操作。实验过程中也不会产生明显误差，彰显科学性、严谨性、准确性。“圆锥体积是与它等底等高圆柱体积的$\frac{1}{3}$”，这一关系表达得更加准确、具体、形象。

1.实验过程与方法

实验器材准备：大小相等带有刻度的量筒A、B两个，一个装水若干升的大号杯。

A  B  

等底等高的圆锥体三个,圆柱体一个。

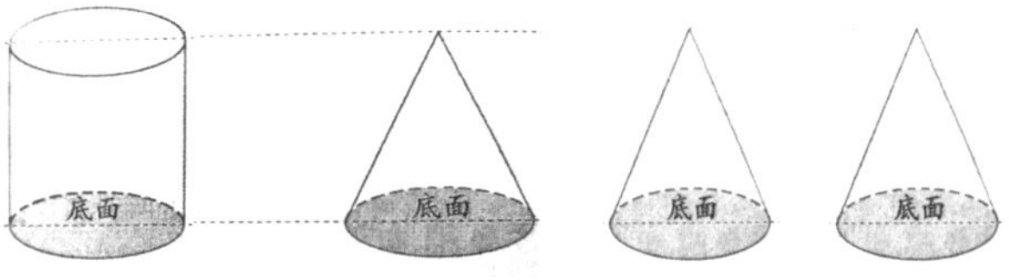

实验过程:

第一步,先将A、B量筒中倒入同样多的水(为了便于观察,可将水加入颜色),60毫升。观察,两个量筒的水面高度保持相同。

第二步,先在A量筒中放入圆柱体,观察发现,水面上升到120毫升刻度,得出圆柱的体积是60立方厘米。

第三步,把一个圆锥体放入B量筒,观察发现,水面上升到80毫升,得出一个圆锥的体积是20立方厘米;继续放入第二个、第三个圆锥体后,观察发现,B量筒的液面与A量筒的液面同样高,都是120毫升。也就是说,三个圆锥的体积和是60立方厘米

通过观察讨论,提出问题:圆锥的体积正好是与它等底等高圆柱体积的几分之几?怎样求一个圆锥体的体积呢?

回顾实验过程,与同学交流、比较,明确:求圆锥的体积是先求与它等底等高圆柱体积,再乘$\frac{1}{3}$。

从而推导出求圆锥体积的公式:

圆锥的体积=等底等高圆柱体的体积$\times\frac{1}{3}$=底面积×高$\times\frac{1}{3}$

如果用 V 表示圆锥的体积，S 表示圆锥的底面积，h 表示圆锥的高，圆锥的体积公式可以写成：

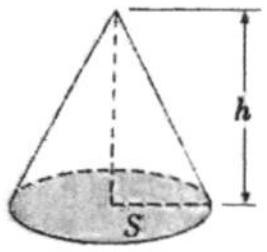

$$V=\frac{1}{3}Sh$$

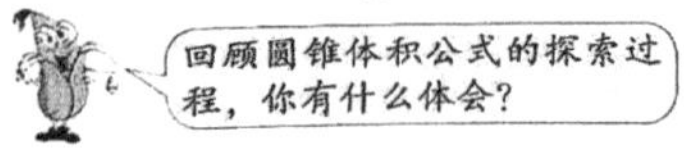

2.实验拓展与巩固

为了强化“圆锥的体积是与它等底等高圆柱体积的$\frac{1}{3}$”这一关系，让学生深刻理解“等底等高”这一条件的重要性，笔者又进行了拓展性实验。

思考：圆柱与圆锥之间的$\frac{1}{3}$关系还表现在哪些方面？不是等底等高的圆锥体与圆柱体的体积之间是否存在这一关系？

拓展研讨问题一：等体积等高的圆锥与圆柱底面积之间又有怎样的关系？

［拓展实验一］

器材准备：等体积等高的圆锥、圆柱各一个，大小相等带有刻度的A、B量筒各一个，A、B量筒放入相同的等量的液体，如图。

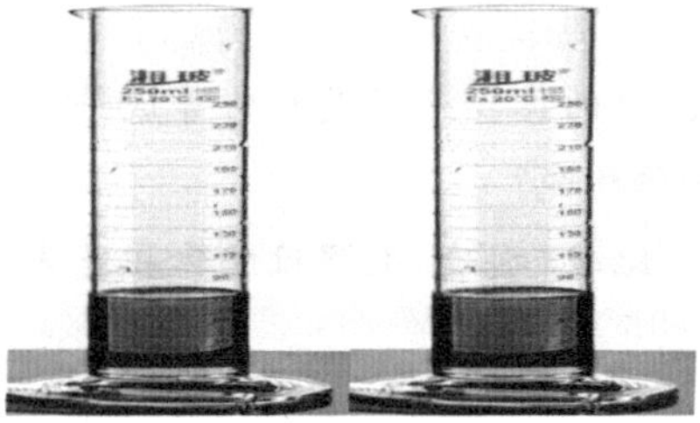

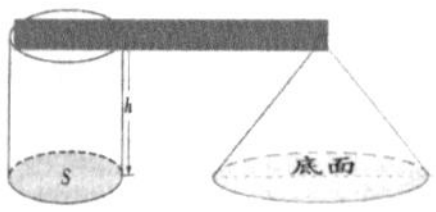

实验过程：将圆锥与圆柱体分别放入A、B量筒中观察液面，液面上升的高度相同，说明圆锥与圆柱的体积相同，再测量圆柱与圆锥的高度相同。

观察讨论：圆柱与圆锥的底面积存在怎样的关系？通过猜测、讨论、交流、计算，得出结论，等体积等高的圆柱体的底面积是圆锥底面积的$\frac{1}{3}$。反证、对比、强化：圆锥的体积是等底等高圆柱的体积的$\frac{1}{3}$。如果不是等底等高圆锥的体积与圆柱的体积就不一定存在这一关系。

拓展研讨问题二:等体积等底的圆柱体与圆锥体的高之间又存在着怎样的关系呢?

[拓展实验二]

实验器材准备:等体积等底的圆锥和圆柱各一个,大小相等的量筒A、B各一个,并放入相同的等量的液体。

实验过程:将圆柱与圆锥分别放入A、B量筒,并观察A、B量筒中液面上升的高度,相同说明两个物体的体积相等,再把圆柱与圆锥的底面相结合,观察底面相等,猜想圆锥与圆柱的高又存在着怎样的关系?通过测量得出结论:等体积等底的圆柱体的高是圆锥体高的$\frac{1}{3}$。再次反证、对比、强化:圆锥的体积是等底等高圆柱的体积的$\frac{1}{3}$。如果不是等底等高圆锥的体积与圆柱的体积就不一定存在这一关系。

【案例思考】

思考一

圆锥体积公式的推导可以按引出问题—联想猜测—实际探究—导出公式四个步骤进行。其中,引出问题主要让学生体会推导圆锥体积公式的重要性。联想猜测根据我们已学过的知识,让学生猜一猜圆锥的体积应该怎样计算,它与学过的什么体积有关系,引导学生把圆柱的体积与圆锥的体积联系起来。在进行实验时,除了给学生准备好等底等高的圆柱与圆锥外,还要准备一些不等底不等高的圆柱与圆锥,让学生通过与两种不同条件的实验作对比,加深对圆锥体与圆柱体之间三分之一关系的理解,最后总结归纳出圆锥的体积公式。

思考二

用排水法推导“圆锥体积是与它等底等高圆柱体积的$\frac{1}{3}$”的公式实验过程，是把圆锥、圆柱的体积转化为上升水的体积，突显了转化数学思想在这一实验过程中的应用。把圆锥、圆柱的体积转化成上升水的体积，实验过程直观、形象，学生一目了然，容易接受。

思考三

教材一开始就提供了一组圆柱与圆锥进行实验，直接引导学生探索问题的结果，但学生会有所疑惑：高或底不相等的圆锥、圆柱，它们之间又有怎样的关系？教材实验器材指向单一，限制了思维，学生不能深刻理解“等底、等高”这一条件的重要性。为了突出“等底、等高”这一条件的重要性，笔者特意安排了拓展性实验：一组等体积、等底、不等高和一组等体积、等高、不等底的圆柱和圆锥，组织学生观察实验结论和其他组的不同。再引导学生与第一次演示比较，“$\frac{1}{3}$”的关系是建立在什么基础上，让学生直观发现：圆锥的体积恰好等于与它等底等高圆柱体积的$\frac{1}{3}$，不等底不等高的圆柱与圆锥的体积之间不一定存在这种关系。

思考四

用排水法实验，避免了“容积”与“体积”两个概念上产生的混淆。实验结果也不会出现明显误差，体现了实验过程的科学性、严谨性、准确性。

思考五

通过圆锥体体积公式的推导实验过程，学生进一步丰富了对圆柱与圆锥体的认识，积累了立体图形的学习经验，体悟了转化、归纳等数学思想方法，发展初步的合情推理和演绎推理的能力，增强空间概念。

第八章　图形的运动

◇一 教材内容编排

“图形的运动”属于“图形与几何”领域。这部分内容包括平移、旋转和轴对称，是后续学习三角形、平行四边形、梯形、图形的放大与缩小、多边形面积公式的重要基础。

第一学段主要帮助学生通过经历观察实例和动手操作的过程，初步认识物体或图形的平移和旋转，体会生活中的对称现象；知道轴对称图形的一些基本特征，能在一组实物图案或简单平面图形中识别出轴对称图形；在识别平移或旋转前后的图形、用合适的方法作出轴对称图形等活动过程中，进一步增强空间观念，发展初步的形象思维；在认识、制作、变换图形的过程中，增强对图形及其运动变化的兴趣，感受物体或图形的对称美，激发学习数学的积极情感。

第二学段主要帮助学生通过经历观察、操作等活动的过程，认识图形的平移和旋转，能在方格纸上按水平或垂直方向将简单图形平移，会在方格纸上将简单图形旋转90°；进一步认识轴对称图形及其对称轴，能画出轴对称图形的对称轴，能在方格纸上补全一个简单的轴对称图形；经历从平移、旋转和轴对称的角度欣赏、设计图案的过程，积累一些图形运动的经验，初步理解这几种图形运动的基本特征，发展初步的推理能力和空间观念；在认识平移、旋转和轴对称的过程中，感受与他人合作的乐趣，获得学习成功的愉悦体验，增强对图形运动的兴趣；通过剪拼、平移、旋转等方法，探索并掌握平行四边形、三角形和梯形的面积公式，能正确计算它们的面积；会通过割、补、拼以及数方格等操作活动，计算简单组合图形的面积，估计不规则图形的面积；能解决一些与图形面积计算相关的实际问题。

苏教版小学数学教材关于“图形的运动”相关内容，考虑到学生认知特点和思维层次，相应地分布在三、四、六年级，主要编排结构如表8。

表8　苏教版小学数学教材“图形的运动”内容编排结构表

序号	册次	图形的运动
1	三年级上册	认识平移、旋转和轴对称图形
2	四年级下册	平移、旋转和轴对称的特征
3	六年级下册	图形的放大和缩小

二　具体内容解读

（一）认识平移、旋转、轴对称图形

学生能够正确识别生活中的平移和旋转现象，正确识别简单图案或平面图形中的轴对称图形，完成上述活动既需要学生正确把握平移、旋转和轴对称图形的基本特征，同时也需要他们具有良好的空间观念和一定的直观思考能力。学生能够正确判断平移或旋转前后相关的图形，用合适的方法制作轴对称图形，完成这两项活动既需要学生具有一定的空间观念，更需要他们对图形的运动与变化有较为透彻的感悟。

选择学生熟悉和感兴趣的素材，吸引学生的注意，激发学生主动参与学习活动的兴趣。一方面，教材精心选择一些典型的例子和实物图片，引导学生在观察、操作和比较的过程中感知平移、旋转的基本含义，体会轴对称图形的基本特点。如从火车车厢、电梯和国旗的运动变化引入平移，从风扇叶片、螺旋桨和钟面上指针的运动变化引入旋转，从北京天坛祈年殿、飞机模型和蝴蝶标本的实物图片抽象出轴对称图形，等等。另一方面，教材注意提供更多、更鲜活的例子和图案，让学生从中找出平移和旋转的现象以及符合轴对

称图形特征的图案，帮助他们从不同角度丰富认识，积累经验，感受数学与生活的密切联系。

教材设计形式多样的操作活动，让学生在动手操作中进一步感悟平移、旋转的含义以及轴对称图形的特点。如在认识平移时，要求学生在课桌面上把数学书从左上角依次平移到右上角、右下角和左下角；在认识旋转时，要求学生制作转盘，并把转盘上的指针按要求旋转到指定位置；在认识轴对称图形时，让学生通过把一张纸折一折、剪一剪，得到不同形状的轴对称图形等。

结合认识轴对称图形的活动，引导学生欣赏不同图案、图片的对称美，为他们介绍自然界中大量存在的对称现象和古今中外美轮美奂的著名建筑，使他们在获取数学知识的同时，受到美的熏陶，培养积极健康的审美情趣。

（二）平移、旋转、轴对称的特征

本单元是在三年级上册初步认识平移、旋转和轴对称现象的基础上，引导学生通过经历观察、操作等具体的活动过程，进一步认识图形的平移、旋转和轴对称，体会图形运动的基本方式，积累一些图形运动的经验，发展初步的空间观念，并为学生进一步学习有关内容打好基础。认识图形的平移，能在方格纸上沿水平或垂直方向将简单的图形平移；认识图形的旋转，能在方格纸上把简单图形旋转90°；认识轴对称图形及其对称轴，能画出简单轴对称图形的所有对称轴，能在方格纸上补全一个简单的轴对称图形。

教材基于学生已有的知识和经验，合理设置认知起点。一方面，学生在日常生活中有机会接触一些平移、旋转和轴对称现象，且在三年级上学期已经初步认识了平移、旋转和轴对称现象，并初步认识了轴对称图形的对称轴，这些内容都是学生进一步认识图形的平移、旋转、轴对称的重要基础。另一方面，虽然图形的平移、旋转和轴对称都是全等变换，运动前后图形的形状、大小都没有变化，但由于运动方式不同，构成不同运动方式的要素不同，所以学生认识与理解的难度也不同。因此，教材根据图形运动的不同特点，在尊重学生既有经验的同时，充分考虑学生可能遇到的困难，合理设置学习起点，引导他们通过自主探索和合作交流，认识图形的平移、旋转，以及轴对称图形，进而准确把握不同运动方式的本质特征。例如，认识平移时，教材直接呈现简单图形在方格纸上平移的过程，引导学生通过观察和交流，掌握正确数出图形平移距离的方法，感知平移运动的本质特征。认识旋转时，考虑到图形的旋转涉及旋转中心、旋转方向和旋转角度等要素，学生理解起来有一定的困难，教材适当降低了认知起点，创设了汽车从小区大门开出的情境，先引导学生联系转杆打开和关闭的实例，初步感知构成旋转的主要因素，认识顺时针和逆时针旋转，再用抽象的图形表示转杆打开和关闭的过程，由此获得对旋转中心和旋转角度的感性认识，建立图形旋转的概念。认识轴对称图形时，教材引导学生根据对轴对称图形的已有认识，直接通过折纸的操作辨析一个图形是不是轴对称图形，并在这一过程中强化对轴对称图形及其对称轴的认识，明确轴对称图形的对称轴有时不止一条。这样，基于学生已有知识和经验，设置不同的认知起点，既充分尊重学生的认知难点，又为学生提供了合适的探索空间，符合学生的认知规律，有利于改善学生的学习方式，提升学习效率。

教材紧扣图形运动的本质特征，引导学生探索运动后图形的画法。会在方格纸上画出平移、旋转后的图形，或在方格纸上补全一个轴对称图形，是数学课程标准规定的基本要求，也是学生感知图形运动特征的过程中需要经历的重要环节，还是学生运用图形运动知识解决问题的必备技能。而教材中画出运动后图形的关键是能根据运动前后图形中点的对应关系正确确定运动后图形的顶点。因此，教材无论是在教学画平移或旋转后图形时，还是在教学补全一个轴对称图形时，都紧紧抓住图形运动的本质特征，引导学生通过独立思考和合作交流，探寻运动后图形的画法，并在这一过程中加深对图形运动特征的认识，积累图形运动的经验。例如，教学画旋转后图形时，教材在附页中提供了与所旋转图形完全一样的纸片，先让学生把它剪下来，并通过在方格纸上旋转纸片找到旋转后图形的顶点，再通过比较，感知旋转前后图形顶点之间的对应关系，体会旋转后图形的画法。这样的教学设计，有效突破了学生的认知难点，有利于学生在掌握旋转后图形的画法的同时，强化对图形旋转特征的认识。

教材设计丰富而多样的活动，引导学生感受数学美。平移、旋转和轴对称只改变图形的位置，而不改变图形的形状和大小，都是刚体运动。教材引导学生经历在变化中寻求不变的过程，一方面既有助于学生初步理解图形运动的基本特征，也便于学生感悟图形的运动美，特别是轴对称图形的对称美。另一方面，教材特别强调引导学生从平移、旋转和轴对称的角度欣赏和设计简单的图案，安排了内容丰富、形式多样的练习与活动，使学生在经历欣赏美和创造美的过程中，受到数学美的熏陶。例如，四年级下册练习一的第5题呈现了一组正多边形，引导学生通过折纸的操作发现正多边形对称轴的条数与边数之间的关系，使学生感受正多边形的结构美，丰富对正多边形特征的感知；第13题要求学生在方格纸上用轴对称、平移和旋转设计一个自己喜欢的图案，既利于学生在设计图案的过程中加深对图形运动特征的认识，获得创造美的愉悦体验，又有利于学生培养创新意识、审美情趣和初步的空间想象能力。

（三）图形的放大和缩小

教材结合图形的放大、缩小，引导学生理解比例的意义。图形的放大、缩小与比例分属“图形与几何”“数与代数”这两个不同的内容部分，但平面图形在放大或缩小的过程中，对应边的比总是相等的，所以这一相似变换能更直观形象地揭示比例的本质内涵。因此，教材在教学比例的意义之前，先通过电脑把一幅长方形照片放大，直观地呈现放大前后图形的形状没有改变，只是大小改变了，使学生初步了解图形放大与缩小的含义，并学会在方格纸上按指定的比将一个简单图形放大或缩小。之后，再结合具体的实例教学比例的意义。先让学生分别写出一张照片放大前后长与宽的比，思考“这两个比有什么关系”，然后通过比较和交流，发现这两个比是相等的，自然引出比例的概念。接下来教学比例的基本性质以及比例尺等知识时，图形的放大与缩小都贯穿始终，突出体现了数学知识间的联系，有利于学生形象思维与抽象思维的协同发展，也为学生以后学习正比例和反比例的意义，以及图形的相似打下一些基础。

教材提供充分的探索空间，引导学生通过自主活动建构新知。在引导学生探索和理解比例的有关知识时，特别重视设计一些便于教师组织课堂教学的活动线索，引导学生通过自主活动获取新知。例如，教学比例的意义时，通过呈现放大前后的两张照片，让学生分别写出放大前后照片的长与宽的比，并启发他们观察写出的比，继而发现放大前后长与宽的比相等，可以写成等式，从而引入比例的概念。教学比例的基本性质时，让学生根据一个三角形缩小前后的底和高写出不同的比例，再观察写出的比例，自主发现比例的基本性质。在此基础上，要求学生写出一些比例，验证上面的发现，进而理解和掌握比例的基本性质。此外，在教学应用比例尺解决实际问题时，都尽可能地引导学生根据已有的知识经验自主探索，并在比较和交流中感受解决问题策略的多样性。这样的教学安排，不仅可以促使学生主动获得数学知识，发展数学思考，而且有利于学生形成合理的认知结构，增强自主探索的意识。

教材重视知识的综合与应用，引导学生感受知识间的内在联系，不断提高运用所学知识解决问题的能力。例如，教学比例的意义时，引导学生联系把一张照片按比例放大的问题情境，自主地构造出两个比相等的式子，获得对比例的意义的认识与理解。教学比例的基本性质后，引导学生联系对方程的已有认识，自主探索解比例的方法，并列出含有未知数的比例式，从而解决相关的实际问题。教学比例尺时，引导学生联系分数和倍的知识理解比例尺的意义，并在根据比例尺求图上距离或实际距离的过程中，从不同的角度展开思考，用不同的方法解决问题。这样的教学安排，对于学生正确理解有关的知识和方法，沟通知识间的联系，形成更加完整、合理的认知结构，提高解决问题的能力，都具有十分重要的促进作用。

三 教学实践思考

教学案例1：轴对称

【教学实录】

环节一：游戏引入，激发兴趣

1.游戏竞猜

师：根据屏幕上出示的信息，请你猜猜它是什么？

师逐步出示信息,学生猜一猜。

生:加菲猫。

生:奖杯。

师:老师没有完整出示这个物体你是怎么猜到的?

生:我们可以根据观察到的一半,想象出它的另一半。

师:刚才在竞猜游戏中,当物体出示到什么情况下,你就能准确猜出它是什么了?

生:当出示到物体一半的时候。

2.理解特征

师:仔细观察这两个物体,它们有什么共同特征呢?

生:它们左右两边是一样的,形状也是一样的。

师:像这样的物体两边完全相同,大小一样,形状也一样,我们说这个物体是"对称"的。

师:生活中像这样对称的物体你还在哪里见过?

师:对称不仅给我们美的享受,它还具有一定的科学性。(播放视频介绍对称的科学性)

环节二:分类比较,建立概念

1.分类体验,初步感知

师:老师也带来一些物体,如果把它们简单画下来就可以得到这样一些图形。

师:这些图形哪些是对称图形?哪些不是?请你分分类!

学生交流。

2.实验探究,体验特征

小组代表汇报、交流。

生:我把蝴蝶图左右对折一下,发现它的两边是同样大小的,没有多余的部分。

师:这组代表用“对折”的办法,发现图形对折后两边一样,没有多余的,我们称为两边“重合”。

生:我把天坛图也左右对折,发现两边也正好重合了。

生:我把飞机图上下对折,发现两边也正好重合。

生:我把枫叶图左右对折,发现两边也正好重合。

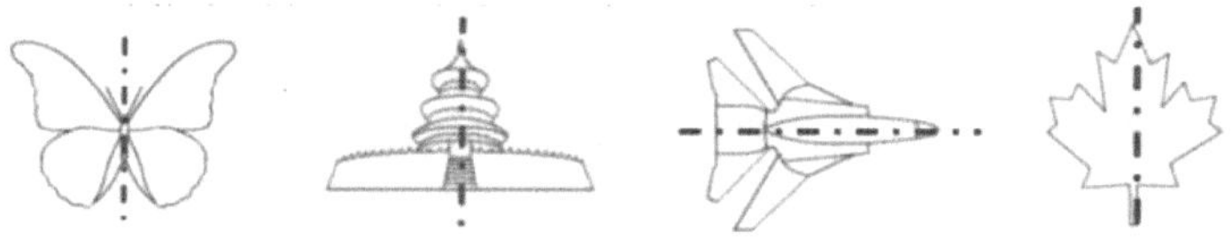

师:那钥匙图、杯子图对折后会怎样呢?

生:钥匙图左右对折后,两边不能重合,有多余的部分。

生:杯子图左右对折后也不能重合,它不是对称图形。

师:出示对折后的杯子图,这里一点点重合也没有吗?(杯身部分有重合)

师:比较蝴蝶图重合了,杯子图也有重合,这两个重合一样吗?

生:蝴蝶图是完全重合了,杯子图只有部分重合。

师:观察得真仔细!看来完全重合真有意思!伸出双手和老师做个拍手游戏,一、二停!看,现在我们的手掌完全重合了!

3.观察发现,丰富认识

师:把刚才折过的对称图形打开,观察一下你发现了什么?

生:中间有一条折痕。

师:这条折痕可了不起!这条折痕所在的直线,叫做“对称轴”。我们一般用这样的点划线来表示。

师示范画蝴蝶图的一条对称轴。

学生指一指其余3个图形的对称轴。

4.比较概括,建立概念

师:刚才大家把手中的对称图形,通过对折,发现两边完全重合,那这样的图形我们就称为轴对称图形。今天我们一起走进轴对称图形的世界。

环节三:方法迁移,内化特征

师:下面图形中哪些是轴对称图形?

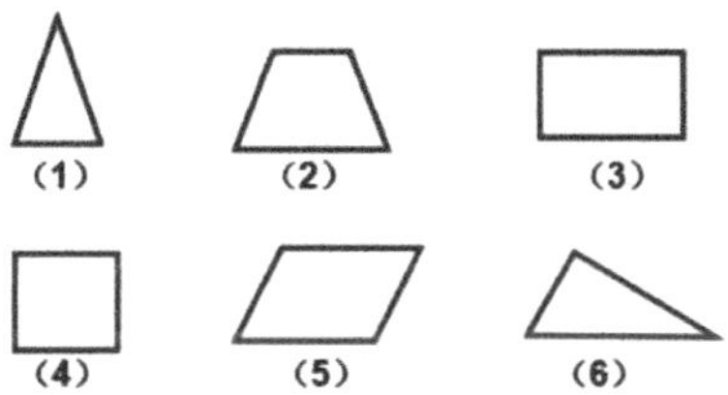

学生小组内动手操作验证。

师：哪些图形是轴对称图形？你是怎样对折的？

学生汇报交流。

师：看来有的图形的对称轴有1条，有的图形的对称轴有几条，也不是所有的三角形都是轴对称图形，里面的奥秘我们以后还会继续深入研究。

环节四：动手创造，生长智慧

师：对称把我们的生活装点得如此美好，我们一起来设计一个轴对称图形吧！

教师展示设计活动要求。

学生小组内自主动手做一个轴对称图形。

【案例思考】

教学时，从学生喜闻乐见的"游戏竞猜"活动引入，既唤醒学生对生活中对称的初步直觉认识，又有助于学生仔细观察、感受、发现对称物体的具体特征，同时渗透对称中的科学奥秘。这种多样化的数学活动，能帮助学生找准学习的起点，为后面深入认识轴对称图形的特征埋下伏笔。

在学生建构轴对称图形特征的过程中，利用分类感知—实验操作—观察发现这一学习线索展开。学生借助丰富的"折一折"的活动经验，在经历观察、比较、辨析、交流过程中逐步完善、丰富对轴对称图形本质特征的认识。教材在提炼核心概念时，借助一组结构化的学习素材，让学生通过多次深入地观察、细致地辨析、深度地思考、有序地反馈，逐步建构轴对称图形的本质内涵，在大量动手做的数学活动中丰富认知体验，积累数学活动经验和数学思考方法。

学生在动手做中大胆运用不同的创作方法，依据轴对称图形"完全重合"的本质要义，在折一折、剪一剪、围一围、印一印、画一画等数学活动中，感受对称的神奇之美，体验图形的精美之妙，体会数学的创造之趣。同时，将学生的学习视野带进人类从古至今的历史长河中，感受人类发展进程中对于对称孜孜以求的探寻足迹，同时惊叹人类对于美的不懈创造。学生不仅看到，更是体验到数学的智慧光芒和对美的无限追求，潜移默化地感受了丰富的数学精神。

教学案例2：轴对称、旋转

【教学实录】

环节一：引入新课，揭示课题

师：同学们，会猜谜语吗？请听好了，“说猫不是猫，身穿花皮袄，啊呜一声吼，动物全吓跑。”是什么？

生（齐答）：老虎。

师：对，今年是虎年，我们今天就玩一个与虎有关的转盘游戏。谁先来？

第一位同学上台，顺时针旋转指针，指针停在C区。

师：请你模仿老虎的叫声。

这位同学模仿出老虎很凶猛的叫声。

师：好凶猛的一只小老虎呀，动物们都被你吓跑了。

师：谁还想来玩？

第二位同学上台，老师要求他逆时针旋转指针，指针停在A区。

师：请你模仿老虎的一个动作。

第二位同学伸出手做出一个抓东西的动作。

师：你更像老虎的师傅——猫。（班上的同学都笑了。）

师：还有最后一次机会，给谁？（同学们争先恐后地举手。）

第三位同学上台，将指针顺时针旋转到B区。

师：给你30秒，你能说出多少个与虎有关的成语呢？

生：虎虎生威、照猫画虎、狐假虎威……

师：其他同学想到了也可以自由地说。

同学们你一个我一个争着抢着说。

师：停，时间到。好一个龙腾虎跃的场面呀！老师也期待今天的课堂上同学们都能生龙活虎！

师：课前我们玩了转盘游戏，像转盘上指针这样的运动方式叫什么？

生：旋转。

师：二年级我们就初步认识了旋转现象，今天我们继续来研究旋转。（板书：旋转）

环节二：认识图形的旋转，探索图形旋转的特征与性质

1. 了解旋转的三要素

师：还想玩转盘吗？下面再玩可是有要求的，谁先来？（请一位同学上台）

师：请你把指针轻轻地转动一下。（这位同学将指针顺时针旋转了一个较大的角度。）

师：我们把指针旋转的过程画下来。（边画边说）

师：我们把指针还原，再请一位同学来转动指针，指针的旋转要和上一次不一样。

第二位同学把指针向相反的方向旋转了一个角度。

师：是不一样吗？

生：是。

师：我们再把指针旋转的过程画下来。（边画边说）

师：老师也想来拨一次，指针的旋转和前两次都不一样。请同学们仔细看。

师：同学们，观察指针的三次旋转，你们发现了什么？有什么不同，又有什么相同呢？

生：指针旋转的方向不同。

师：指针旋转的方向怎样不同？

生：有两次是向这个方向转的，有一次是向这个方向转的。（该生边说边做手势。）

师：（指两次顺时针方向旋转）这两次指针向这个方向旋转，这样的旋转方向大家是不是很熟悉，它与钟面指针的旋转方向相同。我们把与钟面指针旋转相同的方向叫顺时针方向。一起来用手势比划一下顺时针方向。

师：（教师用手指逆时针方向旋转）那像这样的方向呢？

生：逆时针方向。

师：我明白了，旋转有顺时针和逆时针两种不同方向。（板书：顺时针、逆时针、方向）

师：你还发现了什么？

生：角度不同。

师：指针旋转的角度有大有小(边说边指)。(板书：角度)

师：指针的三次旋转有什么相同呢？

生：它们都是旋转。

师：对，指针都绕着什么旋转？

生：中间的图钉。

师：这个固定不动的点就是旋转中心，一般用字母为O表示。指针始终绕着点O旋转。(板书：中心O)

师：通过玩转盘我们发现，旋转有中心、有方向、有角度。今天我们就从这三个方面进一步研究旋转现象。

2.认识线段的旋转，理解旋转的含义

师：把这个转盘适当加以改进，就成了我们生活中熟悉的钟面。

师：请同学们仔细观察。(课件演示分针从“12”到“1”)分针从“12”到“1”是怎样旋转的？你能从这三个方面来说一说吗？

生：分针是顺时针旋转的。

师：你说出了分针旋转的方向，那分针是绕什么点顺时针旋转了多少度呢？

生：分针绕点O顺时针旋转了30°。

师：你怎么知道分针旋转了30°呢？

生：因为钟面上一圈是360°，平均分成12大格，这一大格就是30°。

师：你描述得比较完整，分析也很清晰，谁还能像他这样说一说呢？

师：钟面分针的旋转还有2个问题，请打开课本P5完成例3剩下的填空。(生独立填空)

3.认识图形的旋转，探究旋转的特征和性质

(1)观察风车旋转，提出问题。

师：钟面分针的旋转，我们可以看成是一条线段的旋转，那我们喜爱的风车又是怎样旋转的呢？

师:(课件演示风车旋转的平面图)谁能说说这个风车是怎样旋转的呢?

生:风车绕点O逆时针一圈一圈地旋转。

师:你可以一眼就看出了风车旋转的中心与方向,但是我们不容易观察到风车旋转的准确角度。下面我们重点来研究风旋转的角度问题。

课件演示风车的第一次旋转,出示风车旋转前后的状态图。

师:这是风车最初的状态,一阵风吹来,风车慢慢地转起来了,这是风车第一次旋转后的状态。

师:又一阵风吹来,风车又转起来了,这是风车第二次旋转后的状态。

(2)学生分组讨论。

师:风车每次分别绕点O逆时针旋转多少度?请同学们以小组为单位,自主选择风车对其中一次旋转进行研究,重点说一说你是怎么观察,怎样判断的?

(学生分组讨论)

(3)全班反馈。

师:风车第一次绕点O逆时针旋转多少°?

生:风车第一次绕点O逆时针旋转90°。

师:你是怎样观察的?

生:我是看黄色的这个三角形,黄色三角形开始在上边的位置,后来到了左边的位置,是逆时针旋转了90°。

师:观察这样一个复杂风车的旋转,你简化到观察一个三角形的旋转。聪明,但我要告诉你这仅仅是一种直觉,还有更好的方法吗?

生:我发现黄色三角形的这条直角边旋转后到了这个位置,这个角是90°,所以风车旋转了90°。(生上台指着图说。)

师:让我们把掌声送给他。(同学们热烈地鼓掌。)

师:在这幅图上(指起始图)看一条边的起始位置,在这幅图(指终止图)上看终止位置。我们把他的方法用电脑演示一次。(课件演示风车中一条线段的旋转)

师:这两条线段的夹角就是90°。

师:这条线段就是这条边的对应边,这个点是这个点的对应点。

师:我们可以看这条边的旋转,还可以看哪些边呢?

生1:还可以看到红色三角形的边。

生2：可以看绿色三角形的斜边。

师：（指学生所说的斜边）这条边旋转到这个位置，这两条对应边所形成的夹角也是90°。

师：其实观察风车上的任何一条边，它都绕点O逆时针旋转90°。而同学们观察风车的旋转重点去看一条边的旋转，更聪明，这就是数学思维中化繁为简的智慧。

师：风车第二次又绕点O逆时针旋转多少度呢？

生：风车第二次绕点O逆时针旋转180°。

师：你是怎么观察的？

生：看红色三角形的这条直角边与对应边形成的夹角就是180°。

师：看来同学们已熟练掌握了观察的方法。

师：请同学们继续用自己聪慧的眼睛看一看，风车旋转后每个三角形发生了什么变化？

生：每个三角形的位置发生了变化。

师：我们以风车第二次旋转为例来观察。三角形的位置是怎么变化的？

生：每个三角形绕O点逆时针旋转了180°。

师：那每条边呢？每个顶点呢？

生：每条边也绕点O逆时针旋转180°，每个顶点也绕点O逆时针旋转180度。

师：在“变”中，同学们发现“不变”了吗？

生：三角形的形状、大小没有变。

师：三角形大小没变也就是什么没变？

生：边的长度没有变。

生：点O的位置没有变。

师：你关注了这个一直都默默无闻固定不动的中心。

师：通过前面的学习，我们发现风车旋转后，每个三角形的变与不变，了解了图形的变与不变，然后可以尝试解决一些问题。

环节三：绘制图形，体验图形旋转的过程

1.玩三角板

师：这是一个三角板，让三角板在我们的手中旋转起来，好吗？

师：请同学们拿出三角板和方格纸，并将三角板与方格纸上的三角形重合。

操作要求：先将三角板绕O点顺时针旋转90°，再取走三角板，请你指出它旋转后图形的位置。

师：谁愿意上来给同学们操作？(生在展示台上操作三角板。)

师：我看你在这儿点了两个点，为什么？

生：因为记住了这两个顶点的位置也就记住了这个三角形的位置。

师：你真是既聪明又机灵。

师：请同学们把三角板还原，我们再操作一次，请先听好要求：先请你想象一下三角板绕O点逆针旋转90°后的位置，再请你旋转三角板，看一看三角板旋转后的位置与你想象的位置是不是一样的。这一次请同桌一起操作、交流。

师：我发现同学们玩得真不错。

2. 出示例3，讨论画法

3 你会把方格纸上的三角形绕点A逆时针旋转90°吗？

师：这里有一个三角形，要画出三角形绕点O逆时针旋转90°后的图形，关键要确定什么？

生：先要找到三角形旋转后顶点的位置。

师：位置如何确定呢？请同学们自己动脑想一想，动手试一试，画出旋转后的图形！(学生独立画图。)

3. 反馈学生作业

师：谁愿意展示你的作业呢？(请一位同学展示自己的作业。)

师：怎么画的？

生：我剪了一个一样大小的三角形，像这样逆时针旋转就画出了旋转后的三角形。

师：借助直观操作是一种方法。

生：我把过O点的一条边逆时针旋转90°就确定了位置。

师：要注意的是两条边的长度应怎样？

生：长度不变。

师：看来要画出三角形逆时针旋转90°后的图形，关键是找到每个顶点的对应点，再连线就可以了。

环节四：全课总结

师：同学们，回忆一下这节课我们学习了什么？给你印象最深的是什么？

生：旋转要有中心、方向和角度。

师：这是旋转的三个要素。

生：我知道看图形的旋转关键是看图形上线段或点的旋转。

师：会观察是一种重要的能力。

生：我知道了如何画旋转后的图形。

师：会操作更是一种重要的能力。

环节五：欣赏应用

1.判断图案的旋转过程

师：（课件出示"做一做"第1题）其实旋转在生活中应用非常广泛，很多美丽的图案都是经过旋转而来的。你知道这些图案分别是由哪些图形旋转而来的吗？

学生逐一回答，教师用课件演示图案的形成过程。

2.欣赏旋转图案，感受图案的美

师：看，这是一个简单的椭圆，它经过多次旋转后是什么样的呢？我们一起来欣赏。

课件演示一个椭圆绕中心进行多次旋转。

学生在观看的过程中发出惊呼，有的说像圆环，有的说像一顶帽子，还有的说像鸟巢等。

师：一个简单的椭圆经过多次旋转后引起了同学们无数的遐想，旋转是不是很神奇？

生（齐呼）：是的。

3.利用旋转设计图案

师：同学们也可以利用旋转创作美丽的图案，请你利用旋转画一朵小花，这个作业留给同学们课后完成。

【案例思考】

数学教学活动必须建立在学生认知发展水平和已有的知识经验基础之上。学生在三年级时已经对平移进行了系统地学习，并对旋转有了初步的认识。旋转的概念让学生用语言表达是比较困难的事情，但是让学生构建准确的概念又是必要的。旋转是学生在日常生活中经常看到的现象。从数学意义上讲，旋转是一种基本的图形变换。图形的旋转对于帮助学生建立空间观念，掌握变换的数学思想方法有很大作用。

思考一：让学生在生活情境中学习

新课程标准强调，学生的数学学习内容是“现实的”，要“重视从学生的生活经验和已有的知识中学习数学和理解数学”。空间与图形的知识与生活有着密切的联系，因此，教学时提供日常生活中的实例，创设具体的生活情境是十分重要的。本课联系日常生活，通过观察、比较，归纳出旋转的中心、方向和角度这三个关键要素，让学生分清顺时针方向和逆时针方向，再通过即时训练进一步深化了学生对旋转基本要素的理解，更有助于学生进一步体会图形的特征。

思考二：引导学生在操作、体验中学习

数学教学应是活动教学，教师要尽可能地创设机会让学生“做”数学。本节课让学生将图形旋转90°是难点。教学时，不能急于求成，要给学生充分的探索时间，先让学生旋转三角尺，在操作的基础上观察两条直角边的运动规律，接着让学生想象图形旋转后的位置关系。从借助实物旋转到想象比划，从合作探索到独立操作、动手验证，层层递进，使学生在交流和倾听中把自己的想法和别人的方法进行比较，逐渐掌握图形在方格纸上旋转90°的方法，突破难点。这样做非常符合学生的认知规律，同时，也给学生渗透了一种学习空间图形的基本方法，即空间想象。

思考三：层次性练习进一步发展学生空间观念

在这节课中，使学生回味无穷的，不只是数学活动的趣味性，还有数学中蕴藏的美。师生先共同欣赏美丽的图片，感受图形变换的奇妙，再联系生活寻找有规律的图案，最后鼓励学生课后自己尝试设计，感受到数学的魅力、图形的奇妙和生活的丰富多彩,激发热爱数学、产生创造美的兴趣。新课程标准下的课堂活动具有鲜活的生命力,它不是封闭的、预设的,而是开放的,更是生成的课堂,是师生之间、生生之间互动的过程。本节课的教学告诉我们,只有学生自己体验的才是真实的、深刻的,只要给学生充分的思考空间,就会有惊人的想法涌现出来。

第九章　图形与位置

◇一 教材内容编排

在小学阶段“图形与几何”包括“图形的认识与测量”“图形与变换”“图形与位置”等部分内容。而“图形与位置”属于坐标几何(解析几何)的范畴，在几何知识中占有比较重要的位置，具体内容包括确定物体的相对位置、辨认方向、描述简单的路线，以及认识有序数对和点的对应关系.这部分内容一方面与学生的日常生活密切相关，通过教学有助于学生初步了解在现实场景中描述方向、确定位置的基本方法，更好地把握现实空间，从而感受数学与日常生活的广泛联系；另一方面也与“图形与几何”其他内容的学习密切相关，通过教学有助于学生初步感受图形与几何的抽象过程，积累图形与几何的学习经验，培养观察能力，发展空间观念，增强应用意识，同时可初步了解直角坐标系，了解数对与点的对应关系，进而理解数与形的结合，为第三学段“图形与坐标”的学习做好铺垫。

第一学段帮助学生会用上下、左右、前后描述物体的相对位置，给定东南西北四个方向中的一个方向，能辨认其余三个方向，知道东北、西北、东南、西南四个方向，会用这些词语描绘物体所在的方向。

第二学段主要是让学生了解比例尺；在具体情境中，学生会按给定的比例进行图上距离与实际距离的换算，能根据物体相对于参照点的方向和距离确定其位置，会描述简单的路线图；在具体情境中，能在方格纸上用数对表示位置，知道数对与方格纸上点的对应。

苏教版小学数学教材关于“图形与位置”相关内容，考虑到学生的认知特点和年龄特征，相应地分布在以下几个年级主要编排结构如表9。

表9　苏教版小学数学教材“图形与位置”内容编排结构

序号	册次	主题	图形与位置
1	一年级上册	认位置	用上下、前后、左右等词语描述物体间的位置关系
2	二年级下册	认识方向	认识东、南、西、北 认识东北、西北、东南、西南 认识简单的平面图
3	四年级下册	用数对确定位置	数对的含义 用数对确定位置
4	六年级下册	用方向和距离确定位置	用方向和距离描述物体的位置 根据方向和距离在平面图上表示物体的位置 用方向和距离描述简单的行走路线

二　具体内容解读

（一）认位置

本单元让学生在具体的情境中认识物体间上下、前后、左右等位置关系。在此之前，大部分学生已经具有一些有关位置关系的感性经验。小学一年级的学生对上下、前后的认识有着相对丰富的生活经验，绝大多数学生都能清楚地加以辨认，但有部分学生往往分不清楚左右。

教材突出对左右方位的体验和辨认。教材的例题以及随后的“想想做做”，都安排了形式多样的问题情境和简便易行的活动，这些活动都以辨认左右方位为重点。例如，例题所提供的场景图中，可以用左右来表达位置关系的就有同桌的两个学生、课桌上的书和练习本、讲台上的书和粉笔盒，“想想做做”中的每一道题也都涉及左右位置关系。其中第1、4、5题以及最后安排的思考题，都是针对左右关系而安排的专项活动。这些专项活动能让学生在轻松的游戏和解决问题的过程中获得充分的体验，进而形成清晰的认识。对于上下、前后，教材只是结合具体情境，引导学生在使用这些词语描述物体位置关系的过程中自主获得认识。例如，例题场景图中，除了左右相邻的学生，还有前后相邻的学生；而图中的黑板与国旗则是较为典型的上下位置关系。此外，"想想做做"的第2、3题中也分别涉及前后、上下的位置关系。这样安排既符合一年级学生的思维发展水平，也突出了教学重点。

教材精心设计学习活动。为帮助学生正确辨认左右，教材充分利用学生已有的生活经验，引导学生借助对左手、右手的已有认识，开展形式多样的活动。例如，左手握拳头，右手握拳头，左边拍拍手，右边拍拍手，左手摸右耳，右手摸左耳；说说自己座位的前后左右各是谁等。这样的教学设计能使学生在轻松愉快的气氛中逐步掌握知识，有利于学生形成对数学学习的积极情感。

恰当控制学习难度。教材判断上下、前后、左右等位置关系时，会涉及物体位置关系的相对性，涉及以谁作为行为主体等问题，复杂性是可想而知的。为了避免造成学生认识上的混乱，避免造成学生不必要的学习负担，教材只是要求学生把自己作为判断的主体，通过直接观察辨认相关的位置关系，从而恰当控制了学习的难度，有利于培养学生良好的数学学习习惯。

（二）认识方向

认识方向既是学习"图形与位置"的重要内容，也是学生日常生活必不可少的重要技能之一。教材分两段安排教学内容：第一段，认识东、南、西、北及相应的平面图；第二段，认识东北、西北、东南、西南。

教材利用现实情境，唤起学生已有的知识和经验。教材注重从学生熟悉的生活中选择素材，唤起学生已有的生活经验。例如，认识东、南、西、北时，充分利用学生对"太阳从东方升起"这一生活现象的已有认识，面向太阳站立，根据前面是东，分别确定后面、左面、右面各是哪个方向，把对新知识的理解与学生已有的"前、后、左、右"的认识建立联系，促进学生掌握东、南、西、北四个方向。认识平面图时，教材通过操场四个方向"各有什么"这样的现实问题，引导学生认识平面图形上的东、南、西、北，使原有的生活经验上升为数学思考，认识东北、西北、东南、西南时，与东、南、西、北的已有认识有机结合，让学生利用已有知识与经验认识新的方向。

教材提供丰富的活动情境，让学生在活动中体验和认识关于方向的知识。方向本身是抽象的概念，需要联系生活情境，通过具体的活动获得相应的感受与认识。教材创设了许多活动情境，让学生经历在观察、操作、想象、描述、表示和交流等活动过程中丰富对方向的体验与感悟。例如，根据实际场景用方向描述物体的位置关系，让学生在教室里面向东站立，借助肢体动作辨认方向，引导学生借助指南针辨别方向，通过制作方向板，帮助学生辨认方向和确定位置。

教材让学生通过对物体位置的描述，来体会物体间的位置关系，发展空间观念，认识物体所在的方向，体会物体间的位置关系。例如，在认识方向和平面图后，要求学生用方向概念来描述物体所在位置及物体间的位置关系，根据物体位置说明他所在的方向。这些安排有利于促进学生在开放的思考中认识物体的空间位置，体会物体间位置关系的相对性，获得物体间位置和位置关系的感受，发展空间观念。

（三）用数对确定位置

教学数对的初步认识主要是将学生在日常生活中积累起来的用类似“第几排第几个”的方式描述物体所在位置的经验上升到用抽象的数对来表示位置，发展抽象思维能力，增强空间观念，初步感悟数形结合的思想方法，同时也为学生第三学段学习平面直角坐标系做一些铺垫和准备。教材分两段安排教学内容：第一段，用数对描述现实情境中物体的位置；第二段，用数对描述平面上点的位置。

教材结合具体情境，利用学生的已有经验，理解用数对确定位置的方法。由于学生在日常生活中已经积累了一些用类似“第几排第几个”的方式描述物体位置的经验，在教学用数对表示实际情境中物体的位置时，教材呈现了学生熟悉的教室里有序排列的座位场景。这样的问题情境，一方面找准了新知的生长点，能有效激活学生已有的经验；另一方面，实际生活中描述教室座位的方式可能是多样的，通过交流，能引发学生用一致的标准来表示位置的需要。教学用数对在方格图上表示位置时，教材呈现了一个公园的平面图，在明确用数对表示书报亭的位置后，让学生用数对表示其他景点的位置，这就为学生提供了自主学习的空间，有利于学生体会数对与实际生活的联系，发展空间观念。

通过不同形式的练习，教材引导学生逐步掌握用数对确定位置的方法，不断丰富对现实空间和平面图形的认识。在认识了数对的含义，初步理解用数对确定位置的方法之后，教材重点安排了两种形式的练习。第一，用数对描述实际情境中的物体或平面上点的位置；第二，根据已知的数对确定实际情境中的物体或平面上点的位置。这样的活动，有利于学生不断丰富，对现实空间和平面图形的认识，逐步加深对数对含义的理解，并初步感悟数形结合的数学思想方法。教材还在例题和习题中让学生体会数对中的两个数，顺序不同表示的位置也不同；数对中有一个数相同，表示的位置则在同一列或同一行，数对中只有一个数是确定的，只能确定物体或点在某一行或某一列，进而强化学生对用数对描述位置、方法的认识。

重视知识的综合应用，突出数学知识和方法的内在联系。教材注意精心选择问题，特别是结合学生已经学习的有关图形与几何部分的知识，逐步提高学生用数对表示位置的能力，加深对所学知识的理解。例如，教学用数对确定方格图上的点的位置后，让学生用数对表示平行四边形的四个顶点的位置；根据数对在方格图上表示出一些点，并依次连接，看看围成的是什么图形；联系方位的知识，让学生用数对描述行走路线。

（四）用方向和距离确定位置

教学这部分内容，是在学生已经学会用东、南、西、北、东北、西北、东南、西南这八个方位描述物体间位置关系以及学会用数对确定位置的基础上，用方向和距离确定物体的位置，使学生能根据物体相对于观测点的方向和距离描述其位置，能根据方向和距离在平面图上表示出物体的位置，能描述简单的行走路线，进一步丰富描述物体位置的经验体会，刻画现实空间中物体间相对位置关系的方法，感受知识之间的联系，发展空间观念。本单元学习内容所涉及的知识点也比较多，包括东、东北等八个方向，角的度量和画角，根据比例尺和图上距离求实际距离等，学生掌握起来有一定的难度。

教材充分利用已有的知识和经验，引导学生在现实的情境中理解并掌握用方向和距离确定位置的方法。由于学生已经有用东、东北等方向描述物体位置的经验,在引入用方向和距离确定位置时,教材呈现了一艘轮船在航行过程中需要确定附近灯塔位置的问题情境。这样的情境是学生感兴趣的,一方面可以激活学生已有的经验,帮助学生找到新旧知识的连接点,另一方面,可以使学生体会到用东北方向,不能准确地描述物体的位置,从而激发学生进一步探索新方法的学习兴趣。教学用方向和距离描述简单的行走路线时,教材呈现了李伟家附近部分街道的平面图,要求学生运用所学的确定位置的方法,描述李伟从家到学校的行走路线,使学生经历运用所学知识解决问题的过程,并在这一过程中掌握用方向和距离描述简单行走路线的方法,加深对所学知识的理解。

教材为学生提供充分的自主探索和交流的机会。教材安排的三道例题都十分重要,为学生留出足够的自主探索的空间,引导学生通过自主的活动探索掌握用方向和距离确定位置的方法,使学生在获取知识的同时发展初步的推理能力,增强空间观念。例1在明确灯塔1在轮船的北偏东30°方向3千米处后,没有进一步说明灯塔2的位置,而是以填空的方式启发学生通过独立思考解决。这样设计既为学生有序、有效地展开思考创造了条件,又凸显了学生的主体地位。例2在呈现黎明岛附近海域的平面图后,先引导学生在图上表示出清凉岛的大致位置,再通过“怎样才能在图中画出清凉岛的位置?”这一问题,启发学生自主探索确定清凉岛位置的方法,并通过演示和交流明确认识。例3在呈现李伟家附近街道的平面图后,直接要求学生根据图示“说说李伟从家到大港小学的行走路线”,并通过交流帮助学生掌握描述行走路线的方法。这样设计不仅有利于学生主动获得数学知识和方法,而且有利于学生发展数学思维能力。

准确把握教学要求,适当控制教学内容的难度。教材用方向和距离确定位置,重点是帮助学生掌握相应的确定位置的方法,能根据物体相对于参照点的方向和距离确定其位置,而用这一方法确定位置时,要涉及方位的判定、角度的测量以及应用比例尺计算图上距离或实际距离等方面的知识和方法,过程相对繁琐,容易造成学生的学习困难。为了使学生更好地掌握用方向和距离确定位置的方法,教材特别注意控制教学内容的难度,尽量简化教学问题的思考过程,使学生把主要精力集中到理解和掌握确定位置的方法上来,提升学习效率。

㊂ 教学实践思考

教学案例1:认位置

【教学实录】

环节一:情境引入,提出问题

师:同学们已经是一年级的小学生了,知道很多课堂常规,那么当我们想发言的时候我们应该先干什么?

生:举手发言。(老师示意让学生在座位上举手)

师:你们刚刚举的是哪只手?

生:右手。

师:有举的不是右手吗?

生:我举的是左手。

师:你是怎么区分左、右手的?(同桌互相交流一下)

生:吃饭拿筷子用的是右手。

生:画画的时候用右手拿笔。

……

师:左手和右手是一对好朋友,配合起来力量可大了!小朋友再看一看,在我们的身上你还能找出这样的好朋友吗?谁来说一说?(要求学生边摸边说)

生:这是我的右耳和左耳。

生:这是我的右眼和左眼。

生:这是我的右胳膊和左胳膊。

师:看来我们班的孩子对左右都有着丰富的生活经验。下面我们来玩个小游戏:请听口令做动作:左手握拳头,右手握拳头;左边拍拍手,右边拍拍手;左手摸右耳,右手摸左耳。

师:你能再说一说在教室里你的左边和右边都坐着哪个同学吗?

师:左和右是两个方位。(板书:左、右)

环节二:自主探究

师:接下来老师想请几个同学上台来排排队。请班长先上来,请A同学站在班长的左边，请 B 同学站在班长的右边，请 C 同学站在班长的前边，请 D 同学站在班长的后边，请 E 同学站在班长和 C 同学的前边，请 F 同学站在班长和 D 同学的后边。请问班长前面有几人？

生：2人。

师：后面呢？

生：2人。

师：刚才通过同学上台来排队，我们认识了方位前、后。（板书：前、后）

师：谁能用前、后、左、右来介绍一下自己的位置？（先指名，再同桌互述）

环节三：拓展活动

师：星期天，小熊买了好多好吃的来招待好朋友（多媒体出示情境图）。谁来说说小熊都买了什么？

师：每个小朋友可以选一样，但是不能说出它的名字，只能说出它上、下、左、右的邻居各是谁，让大家来猜一猜好吗？

师：同桌合作操作，把数学书摆在课桌的中间，把文具盒摆在数学书的右面，把学具盒摆在数学书的左面，把小尺摆在文具盒的上面。摆在最左边的是什么，摆在最右边的是什么？从左数，文具盒是第几个？从右数，文具盒是第几个。数学书的左边有什么，右边有什么。

【案例思考】

数学课程标准中指出：数学教学活动必须建立在学生的认知发展水平和已有的知识经验基础之上。在本节课教学之前，生活中学生已经对左、右、前、后、上、下有了一定的了解。因此，本课的教学就从学生举手用哪只手开始，学生有自己的生活经验，很容易辨别左、右手以及左、右边。

数学教学是数学活动的教学。在本节课教学中，教师通过让学生经历拍手游戏、排座位、摆文具等数学活动的过程，唤醒了学生的生活经验，激发了学生学习的兴趣，感受了数学与日常生活的密切联系，积累了数学活动经验。

教学案例2:确定位置

【教学实录】

环节一:谈话引入,提出问题

师:同学们,你们知道今天我们将要学习什么内容吗?

生:用数对确定位置。

师:见到这个课题,你有什么疑问吗?

生:什么是用数对确定位置?

生:为什么学习用数对确定位置?

生:学习用数对确定位置有什么用处?

师:带着同学们提出的问题,我们一起走进今天的数学课堂。

环节二:自主探究,构建新知

师:同学们,能告诉我你们所在的班级吗?

生:四(3)班。

师:你们在回答的时候为什么不说成四年级第3个班级呢?

生:这样很麻烦,不简洁。

师:有这样的见解很难得。如果只说一个"四"或只说一个"3"可不可以?为什么?

生:这样不准确。

师:也就是我们说班级的时候,既要做到简洁性,又要考虑准确性。

课件出示例1情境图。(略)

师:小军的位置在哪里呢?

生:第4组第3个。

生:第3排第4个。

师:同学们表达的方式还真是多呀!数学讲究准确性,像这样随意表述可不行,小军的位置没有变化,却有不同的表述,怎么办?

生:需要统一规定。

师:请自学课本,看看书上是怎么规定的?

生:通常把竖排叫做列,横排叫做行。

生:在描述一个人的位置时通常先说第几列,再说第几行。

师:现在请你再次描述小军的位置。

生:第4列第3行。

生:第3列第4行。

师:怎么按照规定又出现了不一样的说法呢?

生:第一位同学的列是从左边开始数的,第二位同学的列是从右边开始数的。

师:哦,原来数的方法不一样。一般情况下,确定第几列要从左向右数。确定第几行呢?

生:确定第几行要从前往后数。

师:现在请你再来描述小军的位置。

生:第4列第3行。

师:现在老师任意指定我们班一个同学,你能快速记录下他的位置吗?

教师在班上随机指定几个同学,让学生在本子上记录。

生:老师你指的速度太快了,能不能慢一点。

教师放慢速度,还是有学生没有记下来。

师:有没有全部记录下来的同学?你是用了什么方法?

生:我是直接写两个数字分别表示第几列和第几行的,中间用逗号间隔开。

师:像(4,3)这样确定位置的方法叫数对,会读吗?

师:现在再用数对这种方法记一次。有什么发现?

生:我发现这种方法既快又简洁。

【案例思考】

思考一:谈话引入,提出问题

学启于思,思启于疑。提出一个问题往往比解决一个问题更加重要。为了培养学生问题意识和创新意识,课的开始,直接出示本课的课题,让学生根据课题提出数学问题。学生提出了三个问题:什么是用数对确定位置?为什么学习用数对确定位置?学习用数对确定位置有什么用处?接下来教师就围绕这三个核心问题组织教学。

思考二:找准起点,重视学生已有经验

教师在课前与学生交流时,给每个学生发了一张自学指导小纸条,要求学生在草稿本上用自己的方法描述小军的位置，并随机抽取几个学生得纸条在黑板上进行汇报自己的描述。虽然不同的学生描述的位置不一样，但是他们都有一个共同点，学生也很好地找到了这个共同点，只是表述的方法不同而已，从而引出为什么同一个人会出现不同的情况呢？学生产生了认知上的冲突，教师顺势导入“怎样能准确地确定一个人的位置呢？”这样不仅激发了学生的学习兴趣，很好地调动了气氛，而且学生已有的生活经验和知识经验也在对话中呈现。教师教学的切入点在对话中形成，接下来的教学便有的放矢、事半功倍。

思考三：在学生的学习中，完成了对知识的自然建构

在本节课中，教师制造了多次认知冲突，首先是表示四年级(3)班时，为什么用四(3)班，通过比较可以发现，后面一种表示方法比较简单。然后让学生根据认知经验来表示小军的位置时，产生了“第4排第3个”和“第3排第4个”两种不同的表示方法，教师提出疑问：同样的一个人怎么出现不同的表示方法？学生的内心就会产生要用同样的方式表示小军位置的心理需求。在规定列和行后，学生又出现“第4列第3行”和“第3列第4行”两种表示方法。最后当学生用第几列第几行来记录班级学生的位置时，学生感觉老师报得太快无法记录时，又产生了要用数对表示位置的需求，整节课就在学生的认知矛盾冲突中完成了新知的建构。

教学案例3：认识方向

【教学实录】

环节一：谈话引入，启发思考

师：今天教室里来了很多听课的老师，请你们把自己学校的东、南、西、北各有什么介绍给听课老师。

生：我们学校的东面是菜场。

生：我们学校的南面是超市。

生：我们学校的西面是气象局。

生：我们学校的北面是医院。

师：我们教室的东、南、西、北各在哪里？（根据学生的回答，教师在教室里随机贴出东、南、西、北四个大字）

师：现在我们以中间一组学生为标准，请坐在中间组东边的小组同学挥挥手。

师：现在我们以中间一组学生为标准，请坐在中间组南边的小组同学点点头。

师：现在我们以中间一组学生为标准，请坐在中间组西边的小组同学跺跺脚。

师：现在我们以中间一组学生为标准，请坐在中间组北边的小组同学微笑。

师：老师发现有的小组同学没有示意，你们究竟坐在中心组的哪一面？带着这个问题，师生一起走进新课。（板书课题）

环节二：自主探究，合作交流

师：刚才我们知道我们学校、教室的东南西北，在平面图上是如何规定方向的？

生：在平面图上，上面代表北，下南、左西、右东。

师：黑板上贴着教材主题图，你能找出这幅图有关方向的信息。

师：猜猜看，以学校为准，超市在学校的什么方向？

生：我猜是东北方向，因为上面是北，右边是东，超市在东和北之间。

生：我猜是北东方向。

师：你们说得很有道理，因为超市处于学校的东面和北面之间，所以我们说超市在学校的东北方向，可能有的同学会想怎么不叫北东方向，但习惯上说东北方向。（随机板书）

师：再猜猜看，以学校为准，公园在学校的哪个方向？

生：我猜是西南方向。因为公园处于学校的西面和南面之间。

生：我猜是南西方向。

师：是的，公园处于学校的西面和南面之间，是西南方向。

师：照刚才的想法，以学校为准，人民桥和体育场分别在学校的什么方向？

生：以学校为准，人民桥在学校的西北方向。

生：以学校为准，体育场在学校的东南方向。

师：刚刚我们一共认识了几个方向？哪些方向是相对的？怎样记住它们？

生：刚刚我们一共认识了4个方向。

生:东南方向和西北方向是相对的。

生:西南方向和东北方向是相对的。

生:我是按顺序记的。

生:我是按它们的相对关系记的。

师:请同学们在图中任选一个标准,用“谁在谁的哪一面”说一句话。再用“谁的哪一面有什么”说一句话。

环节三:游戏巩固,应用提高

师:动物学校举行运动会,比赛当天可真热闹!比赛结束后,别的小动物都已经回家了,可小兔、小猴、小鹿和小狗却迷路了,你能根据它们说的话把它们送回家吗?

师:你们帮助小动物找到了家,为了感谢你们,它们带我们到水库旁去找水果吃。

课件出示问题:

(1)你喜欢吃什么水果?它在水库的哪一面?

(2)我喜欢吃的水果在水库的西南面,猜一猜是什么?谁来猜?

(3)变换标准,你还能提出什么问题?

【案例思考】

思考一:从学生已有知识基础和经验出发,引发探究兴趣

新的知识只有源于学生已存在的生活经验和知识背景,才能有效地实现同化或顺应。学生学习的活动都是在已有知识基础和经验上的建构活动。本节课,首先请学生介绍学校的东南西北,然后又介绍了教室以及中间一组学生的东南西北,这样既回顾了旧知,又能找准学生知识的生长点。最后通过设问“怎么还有小组没有找到方向?引发思维冲突,引起学生思考,使学生从内心中产生要学习和探究新知的心理需求,顺理成章地引出新知。

思考二:以问题为主线,引领自主探究

小学数学应该是生活中的数学,生活化、活动化的问题情境,容易引起学生的兴趣和问题意识,使学生产生自主探索和解决问题的积极心态。本课在“自主探究,合作交流”这一环节上,精心设计几个主要的探究问题,用以引领学生自主探究。

“主题图上有一个超市，你们能猜一猜，超市在学校的什么方向吗?”这是本节课教学的重点，设计这样的一个问题，旨在让学生利用自己的生活经验，自主探究东北方向。在教学实践中，学生很容易从东和北两个方向，猜出是东北方向，很自然地突破重点。

由于学生有了刚才认知的基础，接下来我就逐步放手，让学生自主探究其余的三个方向。教学先后设计了两个问题：(1)以学校为准，再猜猜公园在学校的什么方向?(2)照刚才的想法，以学校为准，人民桥和体育场分别在学校的哪个方向？在学生有了自己的想法后，利用同桌交流、小组交流的方式，实现生生互动、互补，自主地学习新知。

本课教学的难点是在具体情境中以不同物体为参照物来辨别方向。由于学生已经自主地探究出以学校为准的四个新方向，于是让学生任意选用一个标准，用“谁在谁的哪一面”和“谁的哪一面有什么”各说一句话，在想想说说等活动中化解难点，让学生体会到由于参照物的不同所在的方位也不同的辩证思想。

思考三：让数学回归生活，解决生活问题

学习数学知识不是最终目的，重要的是要运用学到的知识解决实际问题，从中体会到数学在生活中的价值，体验到学习数学的乐趣。首先创设小动物开运动会的情境，让学生帮小动物们找到家。在活动中，学生既应用了新知，巩固了新知，又体验到学习数学的乐趣。接着，让学生介绍水果的方位，体会到数学来源于生活，教学高于生活。

教学案例4：用方向和距离确定位置

【教学实录】

环节一：创设情境，启发思考

师：(课件出示一张海上灯塔实物图)同学们，你们知道图中的建筑物是什么吗?

生：是灯塔。

师：是的。那么，你们知道灯塔有什么用途吗？让我们一起先来看一段视频。

视频主要介绍:灯塔的用途、发展历史、建筑风格,以及现代装备等。

师:听了刚才的介绍,谁来说说灯塔有什么作用?

生:灯塔是一个人文性标志。

生:灯塔为大海中航行的船只指明方向。

生:灯塔能确定位置。

师:是的,今天我们一起来学习确定位置。(板书课题:确定位置)

师:一艘满载货物的轮船在大海正中行驶。突然,天气变得恶劣,视线变得模糊,海面上的一个大浪向货船打来,货船受到重创,已经无法航行了。船长急忙打指挥中心急救电话,希望中心派人来施救。

师:假如你是指挥中心的人,你最想知道什么?

生:我最想知道船的位置。

生:我最想知道船在灯塔的什么位置。

师:对的,但船长只能以轮船为观测点,汇报灯塔在船的什么方向。

师:这时指挥中心听到船长的声音,灯塔在船的30°方向。(学生在作业单上画图)

生:我发现灯塔的位置在船30°方向的点太多了。

生:我发现灯塔的位置在船30°方向的点有8个。

生:仅仅知道30°方向,无法准确知道灯塔在船的具体位置。

师:这时指挥中心又听到船长的第二条信息,灯塔在船的北偏东30°方向。(学生在作业单上画图)

师:究竟什么叫北偏东,自己打开课本自学。这时能准确地确定位置了吗?

生:还是不行,北偏东30°方向上是一条射线,上面有很多点,还是无法确定准确位置。

师:这时指挥中心又听到船长的第三条信息,灯塔距离他的船有10千米。图上的1厘米表示实际的距离是10千米。

生:我发现灯塔的位置在离船北偏东30°方向10千米处可以找到一个点。

生:用方向和距离可以确定灯塔的位置。

师:另一个灯塔在轮船的北偏西55°方向40千米处,请自己画出它的位置。

师:这样一来,两个灯塔相对于轮船的具体位置都已确定,指挥中心能很快找到船的位置,对船进行施救。

环节二：迁移运用，对比内化

师：现在我们一起来做一个闯关游戏。这是一个飞机场的雷达屏幕（课件呈现）。

师：图中每相邻两个圆圈之间的距离都是10千米，每1小份的角度都是30°。每次闯关分两步，第一步猜出目的地，也就是屏幕上用字母表示的点，猜对入关；第二步进关挑战。大家准备好了吗？

第一关：突出确定位置的路径

师：目的地在机场的北偏东60°方向50千米处。

生：（齐）B点。

师：非常好！现在我们来进关挑战！请你来猜，其他同学做裁判。

师：请看好提示的条件——神秘岛在轮船的南偏东方向，现在你能确定什么？

生：（边比划比说）神秘岛应该在东南方向这个区域。

师：（继续呈现提示条件）神秘岛在轮船的南偏东80°方向，现在你又能确定什么？

生：（边指边说）神秘岛应该就在这条射线上。

师：还缺什么条件就能确定神秘岛的具体位置了？

生：距离。

师：（继续呈现提示条件）神秘岛在轮船的南偏东80°方向50千米处，现在你能确定它的位置吗？

生：图中1厘米表示10千米，所以我比划了5次，神秘岛大约在这个点。

师：感觉真好，恭喜你！面→线→点，范围不断缩小，直到最后确定位置。

第二关：突出位置关系的相对性

师：目的地在机场的南偏西30°方向30千米处。

生：（齐）D点！

师：正确！现在进关挑战——如图，轮船在灯塔1的什么位置？

生：轮船在灯塔1南偏西30°方向30千米处。

师：调整观测点后，你发现了什么特殊的现象？

生：方向相反，但角度和距离相同。

师：这种现象在以前的学习中也曾有过。请介绍一下小组长相对于你的位置。

生：小组长在我前面大约2米的地方。

师：请小组长说一说，刚才这个同学相对于你的具体位置。

生：某某某在我后面大约2米的地方。

师：比较这两个同学的说法，大家发现了什么？

生：（齐）方向相反，距离相同！

【案例思考】

思考一：借用情境，引发探究热情

确定位置的内容对于学生并不陌生，在四年级就已经学过。本节课主要是教学用方向和距离确定位置，为了使学生知其然，更知其所以然，授课教师创设了一艘满载货物的轮船在大海中行驶的情境。突然，天气变得恶劣，视线变得模糊，海面上的一个大浪向货船打来，货船受到重创，已经无法航行了。船长急忙打指挥中心急救电话，希望中心派人来施救的情境，让学生体会到数学与生活紧密联系，学习数学的用途。

思考二：旧知为“媒”，引发认知冲突

因为学生以前已经认识了八个方位，初步有了描述物体位置的认知经验，所以本节课让学生自己通过经历操作画图的过程，来寻找灯塔的位置。当只提供角度时，学生发现不能找到灯塔的准确位置，从而引发认知冲突，要确定准确位置，还要知道一些信息，当老师给出了北偏东30°方向，学生知晓范围变小了，但还是无法确定准确位置。最后教师又给出北偏东30°方向10千米处，学生发现用方向和距离才能确定准确位置。

思考三：动手操作，感悟方法

当学生学会用方向和距离两个因素确定物体的位置后，已知灯塔在轮船的北偏西55°方向40千米处，让学生再次尝试在练习本上用量角器画一画夹角、找一找位置。学生在动手操作中有了认知冲突，才会在老师的引导下逐渐明确测量角度的方法。这里引导学生认识比例尺，即图上距离是1厘米或1个单位长度，表示实际距离是多少，同时告诉学生比例尺在确定物体位置时的重要作用。在新知的学习过程中，让学生自己动手操作、参与合作交流，一方面能提高探究新知的能力，另一方面进一步领悟用方向和距离确定物体位置的方法。

第十章 简单数据统计

㈠ 教材内容编排

“简单数据统计”属于“统计与概率”领域。在小学数学课程中,“简单数据统计”(简称“统计”)是重要的内容之一。小学教学苏教版教材中“简单数据统计”的主要内容有收集、整理和描述数据,包括:简单抽样、整理调查数据、绘制统计图表等;处理数据,计算平均数;从数据中提取信息并进行简单的推断。这些知识点作为学生学习统计知识的基础,重点是培养学生能够根据数据的特点和解决问题的需要选择合适的统计图表或者统计量来描述数据和分析数据,从而作出合理的推断和决策。

“简单数据统计”是小学数学课程四大知识板块中“统计与概率”部分的内容,它贯穿于整个小学阶段。教材安排了很多独立的单元进行统计知识的系统教学。在这部分内容中,应当注意发展学生的数据分析观念,同时注重统计思想的渗透。

第一学段内容包括:学生能根据一定的标准,对事物或者数据进行分类,感受分类和分类标准的关系;经历简单的数据收集和整理过程,了解调查、测量等收集数据的简单方法,并能用自己的方式呈现整理数据的结果;通过分析数据,体会运用数据进行表达与交流的作用,感受数据中蕴涵的信息。

第二学段内容包括:学生经历简单的收集、整理、描述和分析数据的过程;能根据实际问题设计简单的调查表,能选择适当的方法收集数据;认识条形统计图、折线统计图、扇形统计图，能用条形统计图、折线统计图直观地表示数据；能计算平均数，体会平均数的意义和作用；能从报纸、电视、电脑等媒体中，有意识地获取一些数据信息，并能读懂简单的统计图表；能解释统计结果，根据结果作出简单的判断和预测。

苏教版小学数学教材关于“简单数据统计”相关内容，考虑到学生认知特点和思维层次，相应地分布在多个年级，主要编排结构如表10。

表10　苏教版小学数学教材“简单数据统计”内容编排结构

序号	册次	简单数据统计
1	一年级上册	分一分（简单的分类）
2	一年级下册	—
3	二年级上册	—
4	二年级下册	数据的收集和分类整理
5	三年级上册	—
6	三年级下册	数据的汇总和简单分析
7	四年级上册	数据的分段整理 单式统计表、条形统计图 简单平均数
8	四年级下册	—
9	五年级上册	复式统计表 复式条形统计图
10	五年级下册	单式折线统计图 复式折线统计图
11	六年级上册	—
12	六年级下册	扇形统计图

二　具体内容解读

（一）分一分（简单的分类）

“分一分”主要让学生学习把一些常见的或熟悉的物体按一定标准进行

简单分类，使学生在分类过程中，体会分类的基本方法和基本要求，感受分类活动内在的逻辑性。分类是人类认识客观世界、了解自然的最基本方法之一，也是一种重要的数学思想。分类思想方法在学生学习数学的过程中会经常用到，例如，将图形进行分类、根据需求把算式进行分类、把学过的数进行分类等。分类是收集数据、整理数据的基本方法，是学习统计、开展统计活动的基础。因此，教学这部分内容，对于学生后续的数学学习意义重大。

本单元教学重点是学会按一定的标准进行分类；教学难点是学会用不同的标准进行分类。教材联系实际，精心选择学生熟悉的场景和适合分类的物体，采用合适的活动形式，有层次地引导学生认识和学会分类。

（二）数据的收集和分类整理

教材中数据的收集和分类整理是在学生学习过简单分类的基础上进行教学的。这是学生第一次接触统计活动。这部分内容主要包括：教学数据的收集和分类整理；引导学生经历简单的数据统计过程。教学重点是经历收集、整理和分析数据的过程，学生能按不同标准对简单数据进行分类，能用自己的方式描述数据。教学难点是体会数据中蕴含的信息或简单规律。结合教学重难点在教学时要让学生经历统计活动的过程，并能在活动过程中初步学会积累一些收集、整理、分析数据的经验，感受数据中蕴含的信息；使学生能对统计结果进行分析，能用统计的方法解决一些简单问题，发展初步的数据分析观念。学习数据的收集和分类整理是学生后续学习统计表和统计图等统计知识的重要基础。

（三）数据的汇总和简单分析

教材中数据的汇总和简单分析是在学生已经学过按不同标准分类整理数据以及简单的实际调查的基础上进行教学的。数据的汇总和简单分析主要内容有：使学生经历简单的数据收集、整理和分析过程，初步学会对收集的数据进行简单汇总；教学简单的数据的排序和分组，寻找一组数据的最大值、最小值，了解一组数据的分布情况。这部分内容的教学重点是让学生经历简单的数据收集、整理和分析过程，教学难点是引导学生从不同的角度分析、运用数据。

学生已经学习过简单数据的收集和整理的方法，积累了一些数学活动经验和生活经验，能根据数据作出简单的分析，能和同学交流自己的想法，能体会统计的作用。教材选择与学生生活有密切联系的生日、身高情况等进行教学，吸引学生积极主动地参与统计活动，感受统计的意义和价值。

（四）数据的分段整理

在第一学段，学生已经学习了简单数据的收集和整理，并能对简单数据进行一些简单分析，积累了一些统计活动经验。数据的分段整理在日常生活和生产中应用十分广泛。分段整理数据就是按照一组数据在不同数据段的分布情况对数据进行分段整理。教材选择学生熟悉的为学校鼓号队队员购买服装的现实情境，激发学生的学习兴趣，能主动思考如何解决每种服装各要购买多少套的实际问题。要知道每种服装各要购买多少套，就要根据不同型号服装所对应的身高分三段对鼓号队队员的身高进行整理，从而体会到分段整理数据的必要性，让学生在解决实际问题的过程中学会分段整理数据的方法，感受分段整理数据的应用价值。

（五）单式统计表、条形统计图

学生在学习单式统计表和条形统计图之前，已经多次经历用自己的方法描述数据的过程，并初步学会了用画“正”字的方法记录数据，以及学会用简单的表格和象形图等表示数据的方法。关于描述数据，学生已经积累了一定的感性经验，在此基础上，教材通过引导学生自主探究，在具体的观察、操作和交流活动中认识单式统计表和条形统计图，了解它们的结构和特点，学会用单式统计表和条形统计图描述数据，能结合统计表和条形统计图对简单数据进行分析和解释，培养初步的数据分析观念，感受统计思想。这部分内容为学生以后学习复式统计表和复式条形统计图等知识做了重要铺垫。

（六）简单平均数

平均数是统计中的一个重要概念，它是反映一组数据集中趋势的最常用的统计量,也是小学数学统计教学的重要内容。简单平均数主要教学平均数的意义和求平均数的方法,学生能运用平均数解释一些简单生活现象,解决一些简单实际问题。平均数是很重要的统计量,在日常生活和工农业生产中应用十分广泛,常用于表示一组数据的总体水平,或比较不同组别在某些方面的差异。在学习平均数之前,学生已经认识了统计表和条形统计图,积累了一些统计活动经验,具备了一定的收集、整理数据的能力。教材充分利用学生已经积累的认知经验,创设了套圈比赛的问题情境,以"为什么需要求平均数—平均数表示什么—怎样求平均数—平均数的本质是什么"为线索,安排教学活动,引导学生在经历解决问题的过程中理解平均数的含义,掌握求平均数的方法,感受平均数在数据分析过程中的作用,体会平均数的学习价值。学习平均数,可以使学生了解更多的收集和整理数据、描述数据的方法,积累更多分析和比较简单数据的经验,发展数据分析观念。平均数的教学也为学生进一步学习有关统计的知识打下基础。

(七)复式统计表

教材中复式统计表是在学生已经学习过了数据的收集和整理、数据的汇总和简单分析、数据的分段整理以及单式统计表的基础上进行教学的。学生已经掌握了一些收集、整理、描述和分析数据的方法,积累了一些统计活动的经验。复式统计表的教学重点是引导学生在理解单式统计表中数据信息基础上,认识复式统计表的结构,学会填写复式统计表,能对复式统计表中数据进行简单的分析。教材首先呈现四张单式统计表,使学生在理解单式统计表中信息的基础上,比较不同小组的男、女生人数和总人数,然后在解决问题的过程中,让学生发现用几张表进行比较不太方便,从而产生要把四张表中数据合并在一张统计表中的心理需求。接着出示完整的复式统计表,先引导学生初步了解复式统计表的结构,再引导学生填写复式统计表,从而指导学生分析表中数据,最后引导学生把单式统计表和复式统计表进行比较,体会复式统计表相对于单式统计表的优点。这部分知识为学生后续学习复式条形统计图、复式折线统计图等知识打下基础。

(八)复式条形统计图

教材中复式条形统计图是在学生学习了单式条形统计图的基础上进行教学的。由单式条形统计图到复式条形统计图是学生认知的一次飞跃。教学的主要内容是让学生在具体的活动中认识复式条形统计图,能根据收集的数据完成相应的复式条形统计图,能从不同的角度分析复式条形统计图中的数据信息,能根据图中的数据信息发现和提出问题、分析和解决问题。教材首先呈现一幅复式条形统计图,引导学生观察并分析统计图中的信息,根据图中的信息填写复式统计表,再解决一组问题,最后引导学生比较解决这些问题时是看统计图方便还是看统计表方便,从而认识到:复式条形统计图不仅能够更加形象、直观地表示数据,而且便于比较两组或两组以上的数据信息。通过这部分知识的学习,学生可以进一步积累统计活动经验,从而发展数据分析观念。

(九)单式折线统计图

教材中单式折线统计图是在学生已经积累较多统计活动经验,学会用统计表和条形统计图表示数据的基础上进行教学的。单式折线统计图教学重难点是引导学生在具体活动中认识折线统计图,体会折线统计图表示数据的方法和特点。折线统计图对于学生来说是一个全新的知识点,它适合于表示一组相关数据的变化情况。教材首先呈现"张小楠6—12岁身高情况统计表",引导学生了解表中信息,指出"表中身高数据可以用折线统计图来表示",由此出示折线统计图。然后引导学生初次观察折线统计图,了解折线统计图的基本结构和折线统计图表示数据的基本方法。接下来观察折线统计图,引导学生学会根据图中折线的走势判断数量的增减变化情况。再观察统计图,让学生基于折线统计图中的数据进行判断和预测。最后在对统计表和折线统计图的比较中明确折线统计图的特点。学习折线统计图,可以使学生进一步掌握描述数据的方法,增强数据分析的能力,感受统计在现实生活中的应用价值。

(十)复式折线统计图

学生已经学过复式条形统计图和单式折线统计图,了解复式条形统计图表示数据的结构特点和单式折线统计图表示数据的方法和特点,在此基础上学习复式折线统计图,对于学生来说难度不大。复式折线统计图教学重点是,使学生在活动过程中了解复式折线统计图表示数据的基本方法和特点,体会复式折线统计图对于分析和解决问题的意义。教材首先呈现反映两种不同保温杯保温性能的实验数据的统计表,再让学生根据统计表中的数据把给出的不完整的折线统计图补画完整,在画图过程中初步体会复式折线统计图表示数据的方法和特点,再通过解决三组相互关联的问题,启发学生从不同角度了解复式折线统计图表示数据的方法和特点;从不同层面理解复式折线统计图中蕴含的信息;进而基于统计图中数据信息作出合理的判断和预测,同时感受到复式折线统计图不仅能够表示出数量的多少和数量的增减变化情况,而且便于比较两组相关数据。这样的统计活动过程,有助于学生感受复式折线统计图的实际应用价值,进一步增强数据分析观念。

(十一)扇形统计图

苏教版小学数学教材把扇形统计图的教学编排在六年级下册,这也是小学阶段最后一次完成“统计与概率”的学习任务。本单元是在学生已经学习过简单数据的收集与整理,认识了统计表、条形统计图和折线统计图,能对简单数据进行一些分析和解释,同时还学习过圆和扇形的认识以及百分数的意义的基础上进行教学的。本单元教学的主要内容是认识扇形统计图和选择统计图描述数据。教材呈现我国陆地各种地形分布情况的扇形统计图,引导学生在观察过程中认识扇形统计图的结构,在比较过程中感知扇形统计图表示数据的方法和特点,在计算中强化对扇形统计图结构特点的认识,在整个活动过程中体会扇形统计图能够清楚地表示出各部分数量与总数量之间的关系,不表示具体数量的特点,但通过观察扇形的大小也能直观地看出各部分数量的多少。本单元的另一个知识点是选择统计图描述数据。此时学生已经认识和了解各种统计图的结构特点,知道了不同统计图在数据分析过程中的作用。教材结合实例使学生明确要根据数据的特点和解决问题的需要，学会选择合适的统计图,初步形成选择合适的统计图描述数据的意识。学好这部分内容,学生能够进一步了解一些描述数据的方法,体会数据分析的一般过程,积累统计活动经验,发展数据分析观念。

三　教学实践思考

教学案例1:平均数的认识

【教学实录】

环节一:情境导入

1.制造认知冲突,引出平均数

师:听说四年级第一小组的男、女生正在进行套圈比赛,我们一起去看看吧！每人套15个圈,你想了解他们的比赛情况吗?

出示例3的题目和空白的男、女生套圈成绩统计图。(略)

师:第一个出场男生是李小刚,女生是吴燕(分别出示表示李小刚和吴燕套中个数的直条),他俩各套中了几个?谁套得准一些?

生:李小刚套中6个,吴燕套中10个,吴燕套得准一些。

师:第二个出场的男生张明和第二个出场的女生刘晓娟谁套得准一些?

出示表示张明和刘晓娟套中个数的直条。(略)

生:张明套中9个圈,刘晓娟套中4个,张明套得准一些。

师:第三个出场的男生王宇和第三个出场的女生史敏敏,谁套得准一些?

出示表示王宇和史敏敏套中个数的直条。(略)

生:第三个出场的男生王宇套中7个,女生史敏敏也套中7个,他俩打了个平手,一样准。

师:第四个出场的男生陈晓杰和第四个出场的女生孙芸,谁套得准一些?

出示表示陈晓杰和孙芸套中个数的直条。(略)

生:陈晓杰套中6个,孙芸套中5个,陈晓杰套得准一些。

师:比赛进行到第四轮你认为男生套得准一些还是女生套得准一些?先

独立思考,再和小组内同学交流。

生1:我认为男生套得准一些,男生一共套中28个,女生一共套中26个。

生2:我也认为男生套得准一些,因为四轮比赛中男生两胜一平一负。

师:同学分析得很好！如果只有四轮比赛那么就是男生套得准一些,可是比赛还没有结束,男生队准备再给女生队一次机会,允许再增加1名女生,所以第五轮只有女生沈明芳独自套圈,她套中了4个。

出示表示沈明芳套中个数的直条。(略)

师:现在是男生套得准一些还是女生套得准一些？你想怎样比？先自己想一想,再和小组内同学交流。

生1:男生套中个数最多的是张明,套中9个,女生套中个数最多的是吴燕,套中10个,所以我认为女生套得准一些。

生2:男生一共套中28个,女生一共套中30个,所以我认为女生套得准一些。

生3:我是分别计算出男、女生平均每人套中的个数,男生平均每人套中7个,女生平均每人套中6个,所以我认为男生套得准一些。

师:你认为哪种比较方法是合理的？可以先在小组内讨论。

生1:比较男生和女生的最好成绩,只反映了小组内某个人的套圈成绩,不能代表整个小组套圈成绩的总体水平。

生2:比较男生队和女生队套中的总个数也是不公平的,因为男生队和女生队总人数不相等。

生3:我认为比较男、女生平均每人套中的个数比较合理,平均每人套中的个数就是男、女生套圈成绩的平均数,它能代表整个小组的总体水平。

生4:如果比较套中个数最好成绩,那么也可以比较套中个数最差成绩,这样比不合理。

生5:平均一下男生每个人套中了7个,女生每个人套中了6个,很公平,不会因为人数不同而吃亏了。

2.揭示课题

师:同学们都认为用平均数比较合理,理由是“不比最高成绩,也不比最低成绩,找一个新的数代表他们的成绩”“很公平,谁都不吃亏”“可以代表整个小组的总体水平”。

师:今天这节课,我们就来学习“平均数”这个新的统计知识。

环节二:自主探究

1.归纳算法

师:根据统计图中的数据,请每位同学试着计算出男生平均每人套中的个数。你打算怎么算?

生:我是这样计算的:6+9+7+6=28(个),28÷4=7(个),就把男生每人套中的个数相加得到男生套中的总个数,再除以男生人数,等于平均每人套中的个数。

师:男生平均每人套中7个,"7"就是男生套圈成绩的平均数。

师:你能根据求男生套圈成绩的平均数过程,说说平均数的计算方法吗?

生1:先求总和再平均分。

生2:数据总和÷数据个数=平均数。

师:你能用这种"先求总和再平均分"的方法计算出女生套圈成绩的平均数吗?

生:10+4+7+5+4=30(个),30÷5=6(个)。

2.引出"移多补少"

出示男生套圈成绩统计图(课件出示表示平均数的红色虚线)。

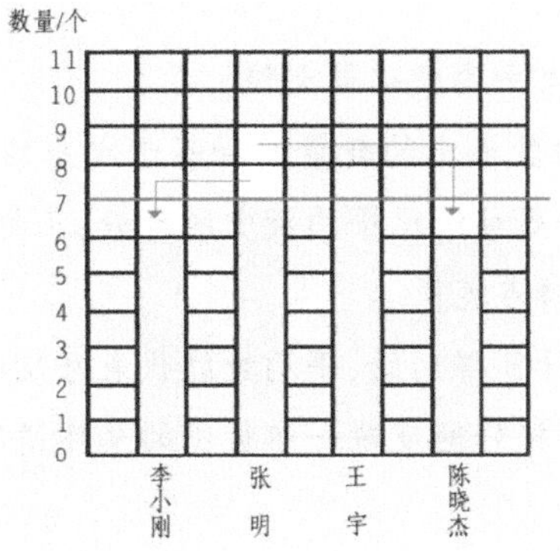

师:男生套圈成绩的平均数是7,这里的7表示什么?7能代表男生队的总体水平吗?为什么?

生1:这里的7代表男生平均每人套中7个,"7"是6、9、7、6这4个数的平均数。

生2:平均数7能代表男生队的总体水平。从图上可以看出,把张明比平均数多出的2个,分别移给李小刚和陈晓杰各1个,他们就每人都套中7个了,每人都套中7个，"7"就可以代表男生的总体水平。

师：像这样把多的移给少的(课件演示"移多补少")方法也能求出平均数，这种方法很不错，你能给它起个名字吗？

生：移多补少。

教师一边肯定学生的回答，一边板书：移多补少。

师：你能用移多补少的方法找出女生套圈成绩的平均数吗？

学生动手操作，验证女生队平均数。

师：现在你知道是男生套得准一些，还是女生套得准一些了吗？我们是怎样解决这个问题的？

生1：男生套得准一些。

生2：我们是通过计算男、女生套圈成绩的平均数来解决问题的。

生3：也可以通过"移多补少"方法找到每组数据的平均数来解决问题。

3.探索平均数的性质

师：观察这两幅图(图略)，你能发现关于平均数的什么规律？为什么会有这样的规律？

生：因为把多的补给少的正好一样多就是平均数，所以平均数一定在最大数和最小数之间。

教师板书：最小值<平均数<最大值

生：我发现，比平均数多出的数量的和等于比平均数少的数量的和，因为比平均数多出来的部分要补给比平均数少的部分，正好补完。

师：平均数有什么特点呢？

生：平均数是通过计算得到的，平均数能代表每队的总体水平。

师：是的，平均数能较好地反映一组数据的总体情况。

环节三：巩固应用

1.做教材第50页"练一练"

出示三个笔筒，移动笔筒里的铅笔，看看平均每个笔筒里有多少支。

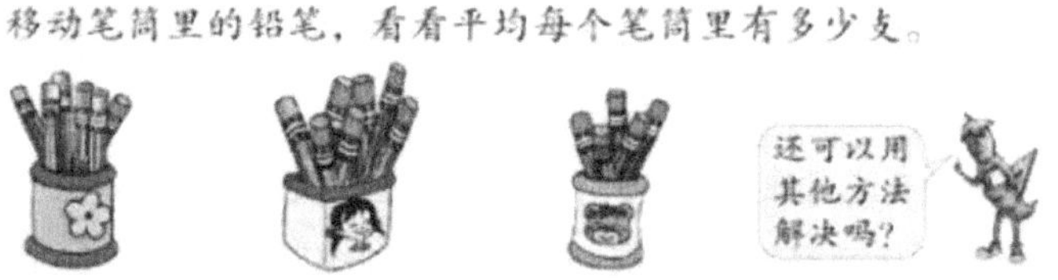

学生按照题目要求进行操作，课件演示操作过程。

师：还可以用怎样的方法求出平均每个笔筒里有多少支铅笔？

生：可以用“先求和再平均分”的方法求出平均数。6+7+5=18(支)，18÷3=6(支)。

师：比较一下，这两种求平均数的方法之间有什么联系？

生1：这两种求平均数的方法，都是在总和不变的情况下让每一份变得同样多。

生2：“先求和再平均分”相当于把所有的铅笔都从笔筒里拿出来放在一起，再去平均分3份，求出每一份是多少。而“移多补少”是先看每个笔筒里铅笔有多少，再把多出的补给少的，使每个笔筒里的铅笔数量同样多。

生3：我认为用“移多补少”的方法求平均数，当遇到数据很多或者很复杂的时候，可能就用不了了。

师：是不是这样呢？我们一起来看下面这道题。

2. 做练习八第1题

出示3条丝带的示意图。

1. 小丽有3条丝带（如下图），它们的平均长度是多少厘米？

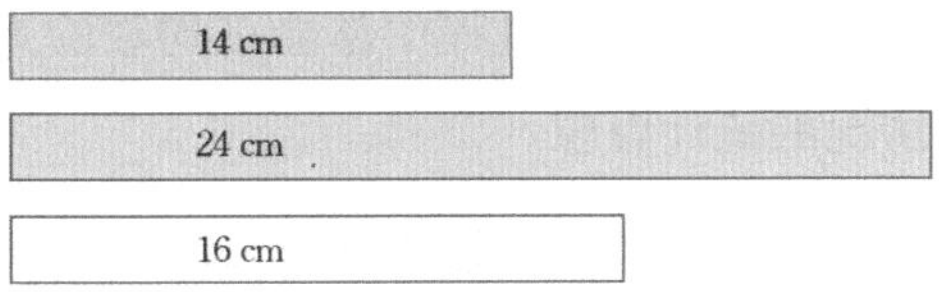

师：你能估计这3条丝带的平均长度吗？

生：这3条丝带的平均长度一定大于14厘米，小于24厘米，所以我估计平均长度大约是18厘米。

师：你打算怎样求这3条丝带的平均长度？

学生独立完成解答，并汇报。

生：14+16+24=54(厘米)，54÷3=18(厘米)

师：你为什么没有选择“移多补少”的方法？

生：有点麻烦，不能直接看出平均长度是多少。

师：事实证明“移多补少”的方法确实有局限性。

师：如果把其中1条丝带的长度增加6厘米，3条丝带的平均长度还是18厘米吗？现在平均数是多少？

生:任意1条丝带增加6厘米,3条丝带的总长度增加6厘米,54+6=60(厘米),60÷3=20(厘米),所以现在平均数是20厘米。

师:你觉得平均数怎么样?

生:平均数随着数据的变化而变化。

师:平均数不仅有范围而且还很敏感,它随着数据的变化而变化。

环节四:课堂小结

师:你对平均数有哪些认识?还有哪些收获和体会?

【案例思考】

思考一:经历平均数的生成过程

教材调整教学情境,精心设计比较活动,从"一对一"的比较到"四对四"的比较,再到"四对五"的比较,从人数相同到人数不同,制造认知冲突,激发学生进行数据分析的兴趣,引起学生学习和探索平均数的心理需要。在解决"男生套得准一些还是女生套得准一些?"这个问题的过程中,学生经历了数据分析的过程,从比较方法的不合理到合理,自然而然引出平均数。在经历探讨平均数能否代表男、女生套圈成绩的过程中体会平均数的意义,感受一个数代表一组数据的总体情况的统计思想。

思考二:由易到难、由浅入深地理解平均数的意义

理解平均数的意义是本节课的教学重点,也是本节课的教学难点。让学生自己想办法解决"男生套得准一些还是女生套得准一些"的问题,引导他们自主探索,在经历寻求解决问题方法的过程中初步感知平均数的意义。学习求平均数的方法,由"先求和再平均分"的计算方法再到"移多补少"的操作方法,将抽象的计算和直观的操作相结合,使学生进一步丰富对平均数的感知。借助条形统计图交流平均数的取值范围,让教学内容更加直观,有利于学生加深记忆,加深对平均数意义的理解。

"平均数"作为统计领域的一个重要内容,也是小学数学统计教学的重要内容,教学中应突出其统计意义。平均数内容的教学重点要从平均数的计算转向平均数意义的理解,以及运用平均数的知识解决问题,体会平均数中统计思想的现实意义,培养学生的数学核心素养。

教学案例2:扇形统计图

【教学实录】

环节一:谈话引入新课

谈话:我们伟大的祖国幅员辽阔,当北方还是银装素裹的世界,南疆早已春意盎然。我国陆地面积大约是960万平方千米,地形结构丰富多样,陆地地形大致可以分成平原、丘陵、山地、盆地、高原。那么你知道各种地形的面积分别占我国陆地总面积的百分之几吗?

师:下面我们就从这幅统计图中了解相关的信息。

出示课本例1中的扇形统计图。

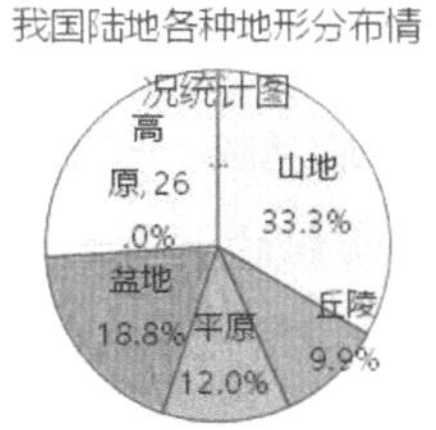

师:你认识这幅图吗?它的名称是什么?

生:这是一幅扇形统计图。

师:我们曾经学习过哪些统计图?它们各有什么特点呢?

生1:我们学习过条形统计图,特点是能直观、形象地反映数量的多少。

生2:我们还学习过折线统计图,特点是能清楚地反映数量的增减变化情况。

师:同学们总结得很好!在描述数据时,我们可以根据数据的特点以及解决问题的需要,合理、灵活地选择用条形统计图或折线统计图。

师:今天这节课我们一起来认识扇形统计图,看看它有什么特点?什么情况下选择用扇形统计图?

环节二:认识扇形统计图

1.在观察中认识扇形统计图的结构

师:请大家仔细观察这里的扇形统计图,从这幅图中你能了解到什么?先独立思考,再和小组内同学交流。

师：谁先说说你的所见所思所得。

生1：扇形统计图和条形统计图、折线统计图一样也有标题和制图日期。

生2：这里整个圆表示我国陆地的总面积。

生3：山地面积占总面积的33.3%，高原面积占总面积的26.0%，盆地面积占总面积的18.8%，平原面积占总面积的12.0%，丘陵面积占总面积的9.9%。

生4：我还发现这里的4个百分数相加和等于100%，因为它们都是把我国陆地总面积看作单位“1”，这里每个百分数都表示部分占整体的多少。

生5：山地面积最大，丘陵面积最小。

师：同学们观察得很仔细！

师：你是怎样根据扇形统计图判断哪种地形的面积大，哪种地形的面积小呢？

生：我是直接根据每个扇形的大小，判断对应的地形的面积的大小。

生：我是通过比较这里的百分数的大小，判断每种地形的面积的大小，因为这里的百分数都是把我国陆地总面积看作单位“1”，所以可以根据百分数的大小直接判断对应的地形的面积的大小。

师：这幅扇形统计图是把我国陆地总面积看作单位“1”，整个圆表示我国陆地总面积，每个扇形表示各种地形的面积占总面积的百分之几。圆心角大的扇形所占的百分比就大，表示这种地形的实际面积也大；圆心角小的扇形所占的百分比就小，表示这种地形的实际面积也小。

2.在比较中感知扇形统计图的特点

师：扇形统计图是怎样表示数据的，它有什么特点？

生1：扇形统计图中用百分数表示每部分数量与总数量的关系。

生2：根据扇形的大小能直观地反映每种地形的面积的大小。

生3：每个扇形不表示具体的数量。

师：正如同学所说，扇形统计图是用不同的扇形来表示数据的，图中百分数可以清楚地表示出各部分数量与总数量的关系，扇形的大小能直观地反映数量的多少。

3.在计算中强化对扇形统计图的认识

师：你能根据“我国陆地总面积大约是960万平方千米”这个条件，以及扇形统计图中的百分数，算出各种地形的面积吗？先用计算器算一算，再把书上的统计表填写完整。

学生按要求进行计算、填表。

地形	山地	丘陵	平原	盆地	高原
面积/万平方千米					

师：你能发现扇形统计图表示的数据与统计表中的数据有什么不同？

生：扇形统计图中是百分数，统计表中是计算出的具体的数量。

师：计算得出的结果和我们根据扇形统计图判断的每种地形的面积大小一致？

生：一致。

师：通过计算进一步明确了扇形统计图的什么特点呢？

生：扇形统计图不仅能清楚地表示出各部分数量与总数量之间的关系，还能直观地反映各部分数量的多少。

4.回顾中加深对扇形统计图的认识

师：刚刚我们经历了认识扇形统计图的过程，回顾了整个学习过程，你能想一想我国陆地各种地形分布情况为什么要选择扇形统计图？能否选择条形统计或者折线统计图吗？

生1：我们计算出的每种地形的面积不仅数量很大而且数字复杂很难记住，但是我国陆地总面积约960万平方千米每个人都能记得，如果我们记住山地面积占总面积的33.3%，就可以很快计算出山地面积。

生2：用圆表示我国陆地总面积，扇形统计图清楚地表示出了每种地形面积与总面积的关系，还直观形象地反映了每种地形面积的大小，这样我国陆地各种地形分布情况就一目了然了。

生3：题目中给出的是我国各种地形面积占我国陆地总面积的百分数，百分数不能表示具体的量，所以不适合制成条形统计图，而折线统计图要反映数量的增减变化情况，所以也不适合制成折线统计图。

师：同学们的认识很深刻，那么生活中还有哪些地方用到扇形统计图呢？我们一起去寻找。

环节三：巩固练习

1.做课本第2页的“练一练”

师：观察上面两幅统计图，从统计图中你能获得哪些信息？

观察下图，你能知道什么，想到什么？

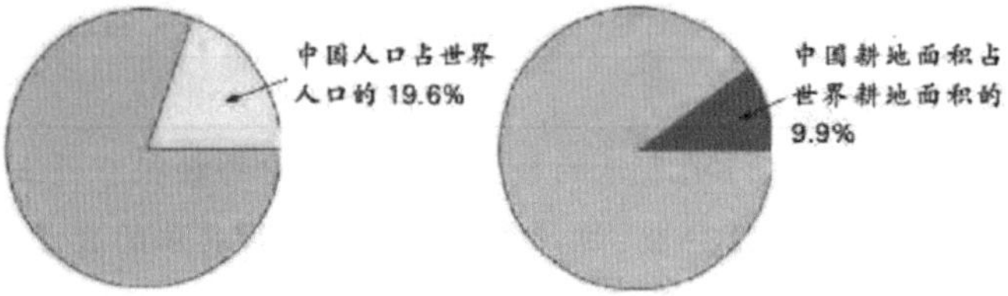

生1：左边的扇形统计图，整个圆表示世界各国总人口，小扇形表示我国人口占世界总人口的百分比，即我国人口占世界人口的19.6%。

生2：右边的扇形统计图，整个圆表示世界耕地的总面积，较小的扇形表示我国耕地占世界耕地总面积的百分比，即我国耕地面积占世界耕地面积的9.9%。

生3：左边统计图反映出我国人口与世界人口的关系，右边统计图反映出我国耕地面积与世界耕地总面积的关系，它们都表示出了部分数量与总数量的关系。

师：比较这两幅扇形统计图所表示的数据，你能发现什么？

生1：我国人口众多，耕地资源比较缺乏。

生2：我们祖国很伟大，能用占世界耕地总量的9.9%的耕地，解决占世界人口总数19.6%的人口的吃饭问题。

师：这两幅统计图并没有给出世界总人口和世界耕地面积，也没有给出我国人口数量和我国的耕地面积，但是我们却能清楚地看出我国人口数量与世界人口数量、我国耕地面积与世界耕地面积的关系。请同学们再次感悟扇形统计图描述数据的方法的特点。

2.做课本第5页练习一第1题

1. 小华家两天消费的各类食物所占百分比如下图。他家这两天的食物搭配各有什么特点？你认为哪一天的搭配更合理些？

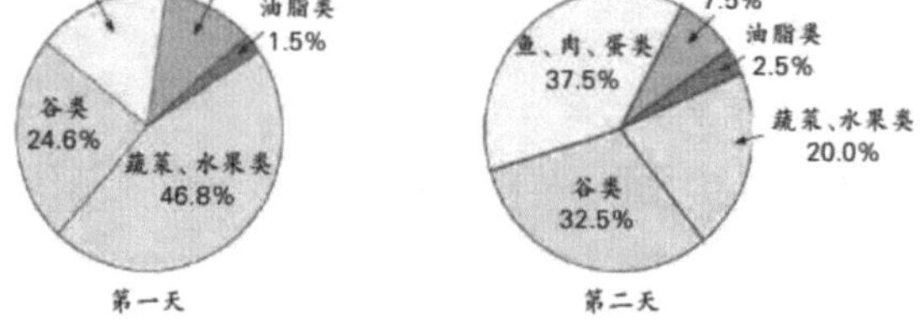

师：观察题目中的两幅统计图，从图中你能知道些什么？你认为小华家

两天的食物搭配各有什么特点？哪一天的食物搭配更合理一些？

生1：从图中我知道小华家这两天消费的各类食物所占百分比，例如第一天谷类占24.6%，第二天谷类占32.5%……

生2：第一天食谱中蔬菜、水果类和豆、奶类所占的百分比都比第二天的大，而第一天鱼、肉、蛋类，谷类及油脂类所占百分比都比第二天小。从合理膳食的角度去分析，第一天的食物搭配更合理。

师：同学们不要挑食，要注意均衡营养，合理膳食。

环节四：课堂小结

师：你对扇形统计图有哪些认识？还有哪些收获和体会？

【案例思考】

思考一：经历统计活动的过程，认识扇形统计图的特点

有些老师认为扇形统计图的教学难度不大，教学没有挑战性，也有一些老师把扇形统计图的教学上成了关于百分数的计算课，然而扇形统计图对于学生而言是全新的内容，它与条形统计图、折线统计图表示数据的方法不同。如何让学生真正了解扇形统计图的结构和特点以及扇形统计图的价值，是本节课教学的重点。纵观整个教学过程，在四次对比和回顾中逐渐加深了学生对扇形统计图的特点认识。第一次对比，扇形统计图是怎样表示数据的；第二次对比，扇形统计图表示的数据与统计表表示的数据有什么不同；第三次对比，在回顾中思考"反映我国陆地各种地形分布情况为什么选择用扇形统计图"；第四次对比，比较"练一练"的两幅统计图所表示的数据，学生对扇形统计图有什么新的认识。经历这样的学习过程，学生对于扇形统计图表示数据的方法和特点有了更加深刻的认识。

思考二：精心挑选素材，感知扇形统计图的价值

课前教师曾思考苏教版教材的例题为什么要选择反映我国陆地各种地形分布情况的情境，能不能选择更贴近学生生活的情境呢？当上完这节课，如果询问学生："我国山地面积是多少？"可能没几个学生能直接说出具体数量，然而一定有学生知道山地面积占我国陆地总面积的33.3%，山地面积就等于960万乘33.3%的积，也就是学生的脑海里清晰地留下了山地面积与我国

陆地总面积的关系。苏教版教材之所以选择反映我国陆地各种地形分布情况的素材作为认识扇形统计图的载体,是因为既能很好地表示扇形统计图的结构和特点,也能体现出扇形统计图的统计意义。

总体上看,这节课的教学关注了学生经历统计活动的过程,凸显了统计的本质内涵及其教育价值,不仅使学生对扇形统计图有了更加深刻而全面的认识,而且培养了学生的统计思维能力,发展了数据分析观念。

第十一章 随机现象发生的可能性

㈠ 教材内容编排

“可能性”在《义务教育数学课程标准(2011年版)》第二学段中提出,体验随机事件和事件发生的等可能性”,属于“数与代数”领域。这部分内容包括“随机现象”的认识、“可能性”和“可能性的大小”几部分内容,是后续在第三学段学习随机事件发生的概率的重要基础。

第二学段主要让学生通过经历摸球、摸牌、抛正方体等游戏活动的过程,初步了解事件发生的确定性和不确定性,感受简单随机现象,并能列举出简单随机现象中所有可能发生的结果;帮助学生在具体的情境中,通过实例感受随机现象发生结果的可能性是有大小的,能对一些简单的随机现象发生的可能性大小作出定性描述,并能进行交流;帮助学生在经历参与游戏、操作、交流、合作等操作活动过程中,体会可能性的学习与应用价值,初步形成随机意识和数据分析观念,感受游戏、操作等活动的乐趣,获得学习成功的体验,增强对数学学习的兴趣。

学习这部分内容,可以使学生初步了解简单随机现象的特点,感受随机事件发生的可能性的大小,发展随机意识,增强数据分析观念;同时也能提高学生根据实际情况解决问题的能力,发展分析问题和解决问题的能力,为第三学段学习随机事件发生的概率奠定基础。在随机事件中,事件的发生与否是不确定的,可能会有多种可能的结果。学生在第二学段学习的随机现象、各种可能的结果发生的可能性都是相等的，且事件发生的可能结果都是有限的。由于学生首次接触简单的随机现象，教材提供了许多有趣的实例，引导学生在经历操作、实验、观察、比较的过程中认识简单的随机现象，感受简单随机事件的特点。例如，苏教版小学数学教材四年级上册第64页例1提供了装有1个红球和1个黄球的口袋，让学生通过摸球实验，体会到从口袋里任意摸1个球，摸出球的颜色可能是不确定的，即可能摸到红球，也可能摸到黄球。随后的“试一试”提供了装有2个红球的口袋，让学生通过摸球实验，体会到从口袋里任意摸1个球的特点，进而认识到不可能事件的特点。

小学数学苏教版教材关于“随机现象发生的可能性”相关内容，考虑到学生认知特点和思维层次，集中分布在四年级上册，具体编排为“认识随机现象、认识随机事件发生的可能性的大小”。

二 具体内容解读

（一）认识随机现象

例1主要教学简单随机现象。教材创设了四个小朋友摸球的游戏情境，同时呈现了装有1个红球和1个黄球的口袋，引导学生思考：从口袋里任意摸出1个球，可能摸出哪种颜色的球？并在交流中初步认识从这个口袋里任意摸出1个球，可能摸到红球，也可能摸到黄球。接着，组织学生小组合作进行摸球实验：从口袋里任意摸出1个球，摸后放回，一共摸10次，记录每次摸出球的颜色。在此基础上，让学生展示摸球的结果，交流摸球过程中的收获和体会，进而认识到：每次摸出球的颜色是不确定的，可能是红球，也可能是黄球。这样，先让学生联系已有的经验作出判断，再通过摸球试验加以说明，并在讨论和交流中逐步明晰简单随机现象的特点。这样的安排有利于学生准确把握简单随机现象的本质，又能调动学生参与学习活动的积极性和主动性。

随后的“试一试”通过两个层次的活动，引导学生认识确定性事件的两种情况，即有些事件是一定会发生的，有些事件是不可能发生的。教材先呈现了装有2个红球的口袋，同时引导学生讨论：从口袋里任意摸出1个球，可能摸出哪个球？摸出的球一定是红球吗？为什么？并在交流中明确：每次摸出的不是这个红球就是那个红球，因此摸出的一定是红球。接着启发学生进一步思考：如果在口袋里放2个黄球，可能摸出红球吗？为什么？进而认识到口袋里装的是2个黄球，没有红球，从口袋里任意摸出1个球，不可能是红球。这样，在初步认识简单随机现象的基础上，引导学生通过实例了解确定性事件的特点，既教给了学生正确区别确定性事件和不确定性事件的方法，又凸显了简单随机现象的特点，有利于强化学生的认识，同时也为学生进一步研究和探索简单随机事件发生的可能性奠定了必要的基础。

（二）认识随机事件发生的可能性的大小

例2主要教学简单随机事件发生的可能性的大小。随机事件的发生虽然带有一定的偶然性，但是并非毫无规律可循，在纷繁、无序的偶然现象的背后，往往隐藏着必然的规律。对简单随机事件发生的可能性大小的定性刻画，可以通过简单推理直接作出判断，也可以通过一定数量的重复试验，根据频率的稳定性作出判断。但由于受知识基础和思维水平的限制，学生对由试验数据所表现出的频率的稳定性判断随机事件发生的可能性的大小这一知识点，理解起来有一定的困难。为了突破这一难点，教材创设了摸牌的游戏情境，并安排了三个层次的活动。第一层次，教材呈现了红桃A、红桃2、红桃3、红桃4这4张扑克，引导学生思考：把这4张牌打乱后反扣在桌上，从中任意摸出1张，可能摸出哪张？摸之前能确定吗？通过交流，学生体会到从这4张牌中任意摸出1张，每张牌都有可能被摸到，摸之前不能确定，摸出的牌可能是红桃A、红桃2、红桃3或红桃4，一共有4种可能。第二层次，教材把4张牌中的“红桃4”换成“黑桃4”，同时提出问题：从中任意摸出1张，摸出的扑克牌是红桃的可能性大，还是黑桃的可能性大？引导学生通过讨论和交流，体会到“红桃有3张，黑桃有1张，摸出红桃的可能性大”。第三层次，教材组织学生小组合作，开展摸牌游戏：把上面的4张扑克牌打乱次序后反扣在桌上，从中任意摸出1张，摸后放回，再打乱后继续摸，一共摸40次。同时，将每次摸到牌的花色记录在教材提供的表格中。在获得试验数据后，引导学生比较摸牌的结果，说说统计结果能不能说明“摸出红桃的可能性大”，进而对简单随机事件发生的可能性的大小获得深刻的体验与认识。上述活动，以日常生活中常见的扑克牌为模型，先由4张同一花色的扑克牌，引导学生从点数的角度去讨论，进而获得对等可能事件前提条件的认识，初步学会列举所有可能发生的结果的方法；再通过换掉一张扑克牌巧妙改变了模型的结构，引导学生从花色的角度展开更深入的探究，进而认识到简单随机事件发生的可能性是有大小的，可能性的大小是可以描述的；最后在此基础上，通过摸牌的操作，引导学生初步体验事件发生的频数与可能性大小之间的关系，并以此强化已经形成的认识。经历这样的过程，不但可以帮助学生正确理解简单随机事件发生的可能性的大小，而且有利于学生初步体验从纷繁、无序的现象中探寻一般性规律的过程，积累数学活动经验，培养初步的探索意识和随机意识。

随后的“练一练”提供了三个袋子，袋子里分别装着1个红球和2个黄球、2个红球和1个绿球、3个黄球。先让学生看图说说从每个口袋里任意摸出1个球，是否可能是红球，再讨论从哪个口袋里摸出红球的可能性最大。通过练习，帮助学生巩固对事件发生的确定性和不确定性的认识，感受简单随机事件发生的可能性的大小。为了帮助学生更好地理解简单随机事件的特点，教材还安排了一则“你知道吗”，通过介绍历史上五位学者所做的抛硬币试验的数据，引导学生通过经历观察、比较和分析的过程，体会随着试验次数的增加，硬币落下后正面朝上与反面朝上的次数是很接近的，进一步感受事件出现的频数与可能性之间的关系，加深对简单随机现象的认识与体验。教材第6页练习十安排了9道题。第1～4题是配合例1、例2安排的。第1、2题重在引导学生体会确定事件与不确定事件的区别，学会用“可能”“一定”“不可能”这三个词语描述事件的属性，强化对简单随机事件的认识。其中，第2题要求学生按要求在口袋里放球，没有规定球的颜色和数量，过程和结果都比较开放，有利于学生深化对确定事件和不确定事件的认识与体验。第3题设计了一个被平均分成6份的转盘，其中3份涂黄色，2份涂蓝色，1份涂绿色。引导学生通过观察和分析，判断转动转盘停下后指针可能会停在哪个颜色的区域，停在哪个区域的可能性最大，停在哪个区域的可能性最小，帮助他们进一步加深对可能性大小的理解。第4题呈现的4张扑克牌分别是梅花6、梅花8、梅花10和梅花6，引导学生讨论从中任意摸1张，可能摸出哪张牌，摸到几的可能性最大，摸到8和10的可能性是否相等。这样有利于学生进一步体验寻求简单随机事件发生的所有可能的结果，以及判断随机事件发生的可能性大小的方法。第5~9题是这部分内容的综合练习。第5题让学生根据三个转盘中红、黄两种颜色区域的大小，确定要使指针偶尔或经常落在红色区域，或使指针落在两个区域的可能性相等，应分别转动哪个转盘，帮助学生进一步体会简单随机事件发生的可能性是有大小的，并学会用“经常”“偶尔”等词语描述可能性的大小。第6题让学生按指定要求在口袋里放红铅笔和蓝铅笔。其中，第一个要求是从口袋里任意摸出1支铅笔，摸出红铅笔的可能性大；第二个要求是从口袋里任意摸出1支铅笔，摸到红铅笔和蓝铅笔的可能性相等，有利于学生在比较中进一步加深对可能性大小的认识。第7题让学生根据“将写着1~9的9张数字卡片打乱后，反扣在桌上”的前提条件，判断从中任意摸出1张数字卡片，摸到的结果一共有几种可能，是摸到单数的可能性大还是双数的可能性大，进一步体验判断可能性大小的方法。随后的思考题，创设了小明和小刚同时各抛一枚硬币的游戏情境，要求学生根据硬币落下后可能出现的各种情况，分析朝上的面相同与朝上的面不同这两种情况的可能性是否相等，进而判断游戏规则是否公平。这样有利于学生进一步体会简单随机现象在日常生活中的广泛应用，提高运用所学知识解决问题的能力。

三 教学案例思考

教学案例1：可能性

【教学实录】

屏幕出示小朋友们摸球游戏的画面。

师：同学们喜欢玩游戏吗？老师给同学们准备了一个小游戏，请看大屏幕。

师：拿出课前准备的不透明袋子和红黄球各一个。将红黄球各1个放入不透明袋子中，伸手摸出1个球，可能摸到哪种颜色的球？先猜一猜。

生1：红球。

生2:黄球。

生3:都有可能。

师:这么多答案,我们该怎么办呢?

生:动手摸一摸就知道了。

师:说得真好,请哪位同学上台来试试。

学生上台演示。

生:红、黄球都有可能摸到。

师:大家同意吗?

生:同意。

师:下面请每个小组拿出放在桌内的小球红、黄各1个,放在不透明袋子中,每次摸一个后放回,一共摸10次,记录每次摸出的球的颜色,并在小组内交流。

学生操作后交流。

师:请各组比较数据,有什么发现?

生:两种颜色的球都有可能摸到。

生:摸到的次数差不多。

师:今天我们就继续学习可能性的相关知识。

……

【案例思考】

"可能性"属于"数与代数"领域的教学内容,是在学生积累了基本活动经验的基础上进行教学的。这部分内容引导学生探究随机事件的本质,通过经历猜想、操作、验证等具体活动过程,了解随机事件的特征。本节课的学习为后面随机事件的概率奠定基础。

教学案例2:可能性

【教学实录】

师:我们进行摸球比赛,摸一次,如果摸出的是红球,老师赢;如果摸出的是白球,你们赢。

生:摸出了红球。

师:我赢了!

生:摸出了红球。

师:还是我赢了!

生:摸出了红球。

师:又是我赢了。

这时,举手的同学更多了。

师:举手的同学是想摸,还是想说呢?

生:我还想再试一次。

师:好吧,那我们就再摸一次。

生:仍然摸出了红球。

师:怎么还是我赢了?!

生:我想说说。

师:你说吧!

生:盒子里面红球的个数可能比白球多一些。

生:可能盒子里一个白球也没有,所以我们摸不到白球。

师:其他同学也是这样想的吗?

生(齐):是。

师:想看看吗?

教师打开盒子,原来盒子里只有5个红球。

师:现在谁来说说,为什么摸不到白球。

生:盒子里只有红球,每次摸出的球一定是红球,不可能摸出白球,所以我们每次摸出的都是红球。

师:这样的摸球比赛公平吗?

生(齐):不公平。

师:好,那我就加入1个白球到盒子里,这样公平吗?

生:不公平。

师:怎么又不公平呢?

生:红球有5个,白球只有1个。

生:摸到红球的可能性大,白球的可能性小,所以不公平。

师:看来,同学们对"可能性"的相关知识掌握得非常好,今天这节课,我们继续学习有关可能性的知识。

……

【案例思考】

以游戏的方式呈现内容，以激发学生学习的兴趣。在做游戏时，由于第一次盒子里装的全是红球，所以任意摸出一个球一定是红球，不可能是白球。学生在连续输了好几次后，自然会对盒子里装的球是什么颜色的产生怀疑。根据已学的有关可能性知识，学生会猜到盒子里可能全是红球，也有可能红球比白球的个数多得多。此时，老师打开盒子，答案揭晓。如果这样放球，游戏是不公平的。第二次，老师放入一个白球到盒子里，让学生讨论：这样公平吗？目的是让学生根据已有经验发现：虽然双方都有获胜的可能，但获胜的可能性不一样大，所以游戏还是不公平。从而，让学生体会只有双方获胜的可能性相等游戏才公平。所以，在教学本节课时，主要是以直观的内容为主，创造性地使用教材资源，合理运用教学方法，充分发挥多媒体辅助教学的优势，营造生动活泼的学习氛围，使学生始终充满信心，充满激情地学习数学。不仅如此，教学中还用了饱满的热情、生动的语言、形象的活动材料和富有趣味化的活动形式，为学生创设了独立思考、自我体验、自我探索、合作交流的学习情境，使教学过程始终保持民主、平等、宽松、愉快。数学课程标准明确指出，让学生在具体的数学活动中体验数学知识。本课中，教材准确把握了教学的重难点，结合教学内容的特点、儿童的年龄和心理特征以及生活经验等因素，创设了猜球、观察、判断、摸球等活动，让学生在经历一系列有意义的数学活动中，逐步丰富起对可能性的体验，感受到数学就在我们的身边。

教学案例3：可能性大小

【教学实录】

师：如果在布袋中装有红、黄两种颜色的球，并且球的个数都不一样，你们猜猜看，摸到哪种颜色球的可能性大？

生：如果红色的球多，我猜摸到红球的可能性大。

生:如果黄色的球多,我猜摸到黄球的可能性大。

生:不一定,红球多,黄球少,也有可能摸到黄球的次数会多一些。

师:到底哪种猜想是正确的呢?我们通过实验来验证一下。关于实验的要求和实验记录单,每个小组会怎样设计?

小组讨论,综合各小组的意见,各自完善并交流实验要求。

师:我们不妨提高点难度,放球的同学偷偷地把球装进口袋,让大家在摸球的过程中感受到底是黄球多还是红球多。

第一次实验,教师巡视。

师:现在先请每个小组暂停一下,各小组汇报你们一共摸了多少次?猜猜看是哪种颜色的球多?

师:请每个小组记录第一次摸球的情况。有的小组不敢确定,有的小组坚信自己的猜想,我们放球的前提是两种球的个数不能相等,那怎么办呢?

第二次实验,教师巡视。

师:请各小组汇报一下你们组的摸球情况,并与第一次的摸球情况比较,看看有没有变化,符不符合你们的猜想。

生:我们共摸了54次,黄球摸到30次,红球摸到24次,第一次两种颜色的球摸到的次数相等,现在我猜是黄球多,不知道继续摸下去情况会不会发生变化。

生:我们摸了75次,红球36次,黄球39次,第一次实验黄球比红球多一次,现在黄球比红球多两次,好像是黄球多,但还是不大确定。

生:我们摸了80次,黄球26次,红球54次,第一次实验结果,我们摸到红球的次数比摸到黄球的次数多得多,现在摸到红球的次数还是比黄球多得多,我们更加坚信自己的猜想了。

师:同学们,这个过程就是数学家研究数学的过程,不断地猜想、实验、质疑、再猜想、再实验,直到得出结论为止。

【案例思考】

数学实验是探索数学规律、构建数学概念或解决数学问题,并在数学思维活动的参与下,基于特定的物质条件通过操作进行的一种数学探索和研究活动。本节课选取了教材中的练习,对这部分内容进行了开发与设计。其中,第一个层次是引导学生猜想。通过“布袋中装有红黄两种颜色的球,并且球的个数都不一样，猜猜摸到哪种颜色球的可能性大？”这一问题的提出，引发学生不同的猜想。这时，孩子的猜想可能是凭直觉的，也可能是凭经验的，还可能是没有依据的，但这是确立实验方向的一个重要环节，是必不可少的。对于实验要求的制定，以往教师包办了一切，设计表格、制定规则等，这些实验前期的工作都由教师一手完成，学生只是进行实验操作。因此，在本节课中尽可能让学生通过小组的力量讨论、设计实验的要求，并让每个小组在讨论的基础上确定和完善各组的实验设计，然后教师适当地介入，进行指导。通过两次摸球实验，引导学生进行操作、观察、分析、猜想和推理等数学活动，让每一个学生主动参与和亲身体验，经历数学学习的过程。从而，让学生在经历数学知识的“再创造”与“再发现”的过程中，亲身体验数学、理解数学，展开数学思考。

第十二章　综合与实践

一　教材内容编排

“综合与实践”是一类以问题为载体，以学生自主参与为主的学习活动。在学习活动中，“数与代数”“图形与几何”“统计与概率”这三部分课程都有特定的数学知识，都有教学新知的任务，而在“综合与实践”部分没有特定的数学知识，而是综合地、灵活地运用另外三部分数学知识与方法解决实际问题，在解决实际问题的过程中帮助学生积累经验，提高能力，增强问题意识、应用意识和创新意识。可以说，“综合与实践”不以教学数学知识为目标，而是着力于数学应用，引导学生在活动中学会发现问题、提出问题、分析并解决问题。

每册教材一般编排两次“综合与实践”主题活动，除了六年级下册编排了三次，主题活动主要有“游戏活动”“场景应用”“设计方案”“操作”“统计”等几种类型。

第一学段以“实践活动”为主题，编排了较多的游戏活动和场景应用，同时编排了一些操作活动。学生通过实践活动，感受数学在日常生活中的作用，体验运用所学的知识和方法解决简单问题的过程，获得初步的数学活动经验，进一步理解所学的内容。

第二学段以“综合应用”为主题，编排了较多的设计方案和统计活动，也有少量其他类型的活动。该学段让学生经历有目的、有设计、有步骤、有合作的实践活动；结合实际情境，体验发现和提出问题、分析和解决问题的过程；在给定目标下，经历针对具体问题提出设计思路、制订简单的方案解决问题的过程；通过应用和反思，进一步理解所用知识和方法，了解所学知识之间的联系。

苏教版小学数学教材关于“综合与实践”相关内容，考虑到学生的年龄特征以及实际能力水平，相应地分布在各个年级，主要编排结构如表11。

表11　苏教版小学数学教材“综合与实践”内容编排结构

序号	册次	主题	活动内容	活动类型
1	一年级上册	有趣的拼搭	编排在“认识图形(一)”之后，直观体会长方体、正方体、圆柱和球等这些形体的形状特点	游戏活动
		丰收的果园	编排在“10以内的加法和减法”之后，应用学过的数计算，观察并表述情境里的信息	场景应用
2	一年级下册	我们认识的数	编排在“认识100以内的数”后面，在现实的生活情境中应用学习的数，具体描述情境内容	场景应用
		小小商店	编排在“元、角、分”后面，模拟使用人民币购物，进行付钱找钱的活动	游戏活动
3	二年级上册	有趣的七巧板	编排在“平行四边形的初步认识”之后，了解七巧板并用它拼图形，体会图形的变化，感受图形的美	拼图操作
		我们身体上的“尺”	编排在“厘米和米”后面，了解自己的一拃、一步、一庹、一脚有多长，利用身体尺测量身边物体的长度	测量操作
4	二年级下册	测定方向	编排在“认识方向”之后，利用指南针(或方向盘)测定校园中的方向，说出各个方向的物体	测量操作
		了解你的好朋友	编排在“数据的收集和整理(一)”后面，通过简单的调查收集同学的信息，并进行分类整理	调查统计

续　表

序号	册次	主题	活动内容	活动类型
5	三年级上册	周长是多少	编排在“长方形和正方形”之后，对给出的或画出的简单图形的周长进行识别、比较、估计或计算	测量操作
		多彩的“分数条”	编排在“分数的初步认识（一）”之后，利用表示“1”等的直条游戏，体会这些分数之间的联系	游戏活动
6	三年级下册	算“24点”	编排在“混合运算”后面，根据一组扑克牌上的数，按照规则组织算式，进行最后得数是24的口算	游戏活动
		上学时间	编排在“数据的收集和整理（二）”之后，就自己和同学的每天上学时间，进行调查、记录、整理、分析等统计活动	调查统计
7	四年级上册	运动与身体变化	编排在“统计表和条形统计图（一）”之后，通过测量获得数据，利用统计方法整理和表示数据，根据数据分析问题	测量统计
		怎样滚得远	编排在“垂线与平行线”后面，通过实验获得数据，利用数据回答“怎样滚得远”的问题	实验统计
8	四年级下册	一亿有多大	编排在“认识多位数”和“用计算器计算”后面，通过多种活动，进行从小到大的推理，体验一亿的大小	测量统计
		数字与信息	编排在整数教学和“确定位置”之后，体会数字编码能表示信息，进行简单的编码活动，感受数字编码的实际应用	设计方案
9	五年级上册	校园绿地面积	编排在“多边形的面积”之后，应用多边形面积知识，通过测量长度、计算面积，了解校园绿地的情况	测量统计
		班级联欢会	编排在小数四则运算的后面，应用小数计算知识，与同学合作购买班级联欢会需要的物品，体验购物的全过程	场景应用

续 表

序号	册次	主题	活动内容	活动类型
10	五年级下册	蒜叶的生长	编排在“折线统计图”之后，应用统计知识与思想方法，分析并表达蒜瓣根须和蒜叶的生长情况	实验统计
		球的反弹高度	编排在“分数的意义和性质”后面，测量球的反弹高度，应用分数表达球的反弹高度一般规律	实验统计
11	六年级上册	树叶中的比	编排在“分数除法”后面，应用比的知识，研究树叶长与宽的比和树叶形状的关系	测量统计
		互联网的普及	编在“百分数”后面，应用百分数表达同学家庭中互联网的普及情况	调查统计
12	六年级下册	大树有多高	编排在“正比例和反比例”后面，应用正比例关系，先测量竹竿长度，再推算出大树的高度	测量统计
		制订旅游计划	编排在“总复习”里，综合应用数与代数知识，制订一份可行的家庭旅游计划，计算总费用	设计方案
		绘制平面图	编排在“总复习”里，综合应用图形知识和测量知识，绘制一幅学校活动场所或建筑物的平面图	测量制作

二 具体内容解读

（一）有趣的拼搭

“有趣的拼搭”教材一共安排了五项活动，意在让学生通过实践活动，加深对长方体、正方体、圆柱和球的特征的认识，初步获得一些活动经验。教材连续提出“哪个滚得最快”“哪种最难堆”“摸出的是什么”“你能摸出一个圆柱吗”“比比谁搭得好”等问题，确保“滚一滚”“堆一堆”“摸一摸”“搭一搭”等活动成为数学活动，而不是单纯的拼搭游戏。

“滚一滚”和“堆一堆”的主要意图是让学生在活动中初步体会平面与曲面的区别，发现长方体和正方体的面是平的，圆柱有的面和球的面是曲的。然后依据对几种几何体主要特征的认识，进行“摸一摸”游戏，有利于培养学生对不同几何体的直观判断能力，发展空间观念。“搭一搭”是学生感兴趣的游戏活动，有利于调动学生的学习积极性，初步培养空间想象能力。

（二）丰收的果园

这是一次让学生在现实场景中，综合运用所学知识提出问题和解决问题的活动。教材呈现的是一个丰收的果园的场景。图中果园里有5棵苹果树和4棵梨树，小动物们正忙着运送收获的苹果和梨，其中有4只小动物运送的是梨，每车有2筐，有3只小动物运送的是苹果，每车有3筐；梨树上有4只小鸟和1只小猴，还有3只小鸟正在飞来；梨树下有4只小兔，小兔们分别采摘了一些梨，一只小兔摘了3个，一只小兔摘了2个，还有一只小兔摘了4个。教材陆续提出问题：(1)运苹果的车有几辆，是哪几辆？运梨的车有几辆，是哪几辆？(2)苹果树和梨树一共有多少棵？苹果一共有几筐？梨一共有几筐？(3)谁在梨树上？谁在梨树下？(4)树上有几只鸟？又飞来几只？一共有几只？这些问题一方面能集中学生的注意力，引导他们有序地观察情境，收集数学信息；另一方面让学生感受问题源于现实，是根据情境里的数学信息而提出来的。在此基础上，教材问学生“你还能提出什么问题”，鼓励学生自己提问并回答，从而培养学生的问题意识。

（三）我们认识的数

教材一共安排了三个活动，依次是“说一说”“猜一猜”和“数一数”。“说一说”首先要求学生用100以内的数说一句话，引导他们在自己熟悉的生活中寻找数量在100以内的事物，并用数学语言表达出来与同学交流。这样的活动有利于学生了解数在不同情境中的现实意义，培养数的应用意识，以及从数的角度观察和表示日常生活现象的能力。接下来，教材又要求学生说出自己家中每个人的年龄，结合生活经验，进一步感受年龄的实际意义。最后，让学生根据教材提供的小明一家的生活场景，猜猜图中年龄64岁的人可能是谁，帮助他们巩固对“年龄”的认识，培养对100以内数的良好数感。

“猜一猜”的活动分三步安排。第一步，让学生抓一把蚕豆，并数出这把蚕豆的粒数。第二步，引导学生根据对一把蚕豆粒数的感性经验，先猜一把花生米大约有多少粒，再通过数一数加以验证。第三步，引导学生利用对一把蚕豆和一把花生米粒数的感性经验，再猜一把黄豆的粒数，进一步培养他们的估计意识和能力，丰富对100以内数的实际意义的感知。

“数一数”活动是让学生走出教室，在校园里选择一些事物，并试着用不同形式的数量来表示他们。确定这些事物的数量时，不仅涉及简单的数数，而且还有可能涉及简单的测量，所以这样的活动有利于学生从不同角度感受事物在量的方面的特点，进一步体会数的实际意义和价值。

（四）小小商店

“小小商店”活动分成两部分。首先，根据货架上各种货物的标价，思考：“有30元钱，买一个绒熊猫和一个布娃娃，够不够？”“买一本词典和一个书包，一共要多少元？”“用50元买货架上的商品，可以买些什么？”这些问题似乎是教材提出来的，其实学生看到各种商品及价格也会想到。其次，在教室模拟一个商店，体验买东西时付钱和找钱的经过，积累购物经验。买东西应该知道自己需要什么，应该知道自己的钱够买些什么，选择购买的物品以后，还应该计算需要付多少钱和找回多少钱。学生在模拟的小小商店里自然会主动思考这些问题。显然，前一段活动是购物的“暖场”，提前了解买东西将会遇到怎样的问题，思考如何解决这些问题，并为接下来进行的模拟购物活动做好准备。

（五）有趣的七巧板

“有趣的七巧板”是在学生直观认识了三角形、四边形、五边形、六边形等平面图形的基础上安排的。本次活动分为“比比想想”“想想拼拼”“拼拼说说”等三个环节。

“比比想想”环节主要是认识七巧板。教材通过直观图示和对话交流的方式，引导学生通过观察，对七巧板中各种图形的形状、大小、数量进行讨论，初步了解七巧板的结构和用途。

“想想拼拼”环节主要是引导学生用七巧板拼出已经认识的图形，由简单到复杂，组织学生交流用七巧板拼图的过程和结果。教材预设了三个层次的交流活动，首先是用七巧板中的2块拼出图形，重在帮助学生体会用七巧板拼图的方法；其次是用七巧板中的3块可以拼成相同的图形，进而体会图形变换的方法；最后是用七巧板中的4块、5块、6块拼出图形。由于所选用的七巧板块数的增加，拼法更灵活，拼成的图形也更多样。这样，由简单到复杂地组织学生进行展示和交流活动，兼顾了不同发展水平学生的学习需求。

“拼拼说说”环节要求学生用七巧板拼一幅图，拼出的图形不再限制于已经认识的平面图形，可以各种各样，有利于发挥学生的想象力和创造力。

最后，教材引导学生及时回顾用七巧板拼图形的过程，说说七巧板巧在哪里，帮助学生及时反思自己的得与失，总结在活动中积累起来的图形变换经验。教材还安排了“你知道吗”，简要介绍七巧板的起源、特点、作用及其国际影响，有利于学生体会七巧板的历史文化价值，激发学生的民族自豪感。

（六）我们身体上的“尺”

该部分教材安排了两个活动，一是“认识身体尺”，二是“用身体尺量”。

第一个活动，“认识身体尺”。教材首先以提问的方式，要求学生分别量出自己的一拃、一步、一庹、一脚的长，并把量得的结果整理在表格里。由于学生在认识厘米和米时已经认识了一拃和一庹，这里只通过图示说明一步和一脚的含义及其测量方法。在了解了自己的“身体尺”大约各有多长的基础上，教材指出：一拃、一步、一庹、一脚都是我们身体上的“尺”。接着，直接提出“1米大约有几拃？大约有几步？大约有几脚长？”的问题，并让学生“先量出1米，再用这些身体尺量一量”，帮助学生建立起米和身体尺之间的联系。上述活动，不仅利于让学生通过测量认识和了解自己的“身体尺”，更利于建立米和“身体尺”之间的联系。因为每个人“身体尺”的长度可能是不一样的，用“拃”“步”“庹”“脚”等单位去表达有一定的局限性，把身体尺量的结果换算成用米做单位的数量后，便于在群体间交流。

第二个活动，“用身体尺量”。教材首先启发学生思考量课桌、黑板、教室长，应该分别选择哪种“身体尺”，并通过交流使学生认识到要根据所测量物体的长短以及场地特点,选择合适的“身体尺”。这一环节也为下一环节学生开展用“身体尺”测量提供保障。接着,要求学生在教室或校园里选择一些物体,用“身体尺”量出它们的长度。完成这一活动,既需要学生根据自身的实际选择便于测量的物体,又需要根据所测量物体选择合适的“身体尺”,这种自主确定测量方法,有利于学生进一步巩固已经形成的长度观念,提高把握物体长度的能力。

最后,教材引导学生回顾和反思参与测量活动的过程,梳理活动过程中获得的认识和体验,有利于进一步加深对“身体尺”的特点和作用的认识。

(七)测定方向

教材安排的活动大致可分为三个部分。第一部分,结合教材给出的场景图,引导学生观察图中小朋友测定方向的活动,辨认图中有关建筑物或场所的所在方向,初步了解用指南针(或方向板)测定方向的步骤和方法。教材中小朋友说“教学楼在我们北面……”既有约定观测地点的作用,也是呈现问题的一种方式,目的是让学生照样子说出图中其他建筑物或场所所在的方向。图中的指南针既有标注方向的作用,又可提醒学生在开展测定方向的活动时使用指南针或方向板。第二部分,让学生在校园内使用指南针或方向板进行实际的观测活动。教材提出了具体的活动要求,即:以小组为单位,在校园内确定一个观测点,借助指南针或方向板找出八个方向的景物。第三部分,重点交流自己测定方向的体会,有助于学生回顾反思,梳理活动过程中获得的认知体验。

(八)了解你的好朋友

教材在创设了“了解你的好朋友”情境以后,鼓励学生围绕好朋友“会不会打乒乓球”“最喜欢的颜色”等四个方面,向好朋友一一询问调查,并把得到的信息记录在表格里,经过分类整理,用数据表明对好朋友的新了解。至于如何进行调查、如何分类整理信息、如何利用数据回答问题等,都不做具体规定,放手让学生独立进行。教材中有两点安排值得注意:一是对好朋友的了解,有两项内容对全体学生都是相同的(会不会打乒乓球、最喜欢的颜色),有两项内容是学生自定的(不希望统一);二是对调查得到的信息进行分类整理时,要求学生确定“分几类”“分成哪几类”,并用自己的方法表示出来。

(九)周长是多少

“周长是多少”设计了四个栏目:拼一拼、比一比、画一画、量一量。在“拼一拼”栏目里,用6个边长为1厘米的正方形拼出不同的图形,可以是长方形,也可以是其他图形。计量拼成图形的周长,体会拼法不同,拼成的图形不同;拼成的图形不同,周长很可能相同。在“比一比”栏目里,分别数出方格纸上给出的一个长方形和两个多边形的周长,发现它们的周长相同。如果把这两个多边形的某些边适当往上或往右平移,多边形能变成给出的长方形,这就体会了三个图形的周长必然相等。在“画一画”栏目里,要求学生画出周长是20厘米的长方形或正方形,并指出画的长方形长宽各是多少,正方形的边长是多少。学生通过画图能感受图形的周长与它所有边的长度的关系,进一步区分周长和边长,掌握周长的意义和算法。在交流中,还能知道周长20厘米的长方形,可以长为9厘米,宽为1厘米;长为8厘米,宽为2厘米;长为7厘米,宽为3厘米;长为6厘米,宽为4厘米。长方形的长、宽不同,形状就不同。在“量一量”栏目里,测量一个五角星和一张笑脸的周长。前者是线段围成的图形,并且各条边的长度都相同,测量边长和计算周长时比较容易。后者是曲线围成的图形,测量周长比较麻烦。

(十)多彩的“分数条”

多彩的“分数条”分为四段。

第一段是活动准备。教材首先结合直观图告诉学生:如果用指定长度的直条表示“1”,那么就可以用相应长度的直条分别表示$\frac{1}{2}$、$\frac{1}{4}$、$\frac{1}{8}$和$\frac{1}{16}$。同时,引导学生看图思考:1里面有几个$\frac{1}{2}$?有几个$\frac{1}{4}$、$\frac{1}{8}$和$\frac{1}{16}$?这个过程事实上是把学生对分数的已有认识进行初步的抽象,而这样的初步抽象显然能为下面的游戏活动提供必要的帮助。接下来,教材要求学生把附页中表示“1”和上述几个分数的彩条剪下来,并照样子做一个六个面上分别标有$\frac{1}{4}$、$\frac{1}{8}$

和$\frac{1}{16}$的正方体，为游戏准备好活动材料。之所以只在正方体上标出2个$\frac{1}{4}$、2个$\frac{1}{8}$和2个$\frac{1}{16}$，是为了保证正方体抛出后每个分数朝上的可能性相等，从而帮助学生在生活中初步体会简单随机事件的主要特点。

第二段是抢“1”游戏。这个游戏的基本方法是：两人一组轮流抛正方体，朝上的面是哪个分数，就把表示这个分数的彩条铺在表示“1”的白色直条里，比谁先把自己的“1”正好铺满。一方面，因为每次抛出的分数是不确定的，所以谁先能够正好铺满表示“1”的直条，自然也是不能确定的。另一方面，因为最后一次抛出的分数可能比白色直条剩余的部分大，而出现这种情况时本次抛出的结果视为无效，这就凸显了游戏输赢的悬念，从而也就使得学生能够更加主动地参与到游戏活动中。

第三段是清“0”游戏。这个游戏的基本方法是：先用两个$\frac{1}{2}$的彩条把自己的“1”铺满，然后两人一组轮流抛正方体。朝上的面是哪个分数，就从自己的“1”里面拿走相应长度的彩条。一方面，由于从$\frac{1}{2}$里面拿走$\frac{1}{4}$、$\frac{1}{8}$和$\frac{1}{16}$时，需要先用不同彩条的组合去替换$\frac{1}{2}$，而替换的方法又是多样的，这就使得学生可以从不同角度理解分数之间的关系。另一方面，由于最后一次抛出的分数可能比剩余的彩条大，而出现这种情况时，本次抛出的结果是无效的，这就使得游戏结果同样充满了不确定性。

第四段是引导学生回顾反思，帮助他们把游戏中获得的认识加以适当提升。

（十一）算“24点”

这是一次以扑克牌游戏为载体的数学活动，分为四段。第一段，先让学生根据给出的3张扑克牌上的点数，算出得数为24，帮助他们在此过程中初步了解游戏的基本规则以及相应的解决问题的思考方法。在此基础上，鼓励学生尝试根据给出的4张扑克牌上的点数，算出得数为24，启发他们在类推学习的过程中进一步明确游戏规则，掌握算24点的方法，同时体会解决问题方法的多样性。第二段，让学生根据给定的三组扑克牌（每组4张）上的点数，用不同方法分别算出得数为24,帮助他们进一步掌握算“24点”的主要策略。第三段,要求学生运用初步掌握的游戏规则和方法分小组开展游戏,并通过比赛的形式吸引他们积极参与小组活动,进一步加深对相关规则和方法的理解。第四段,引导学生回顾过程,说说自己的收获与体会。

(十二)上学时间

这部分内容是以“长作业”形式呈现的实践活动,意在将课堂内的数学活动延伸到课堂外,引导学生在现实生活中应用所学知识,体会数学学习的综合性和应用性特点。第一张表格要求学生记录自己连续5天上学的出发时间、到达时间,算出经过时间,并且从这些时间估计每天上下学要用的时间大约是多少分钟,这是本次综合与实践活动的一个关键数据。第二张表格要求学生填写小组里每个同学上学途中用的时间,这样就方便对各个同学的上学时间按“20分下”“20 — 40分”“40分以上”进行分类,从而看出有多少人每天上学途中用的时间比较少,有多少人每天上学途中用的时间比较多,有多少人每天上学途中用的时间和自己差不多。

(十三)运动与身体变化

教材设计了“提出问题”“实验讨论”“引申反思”三个环节的活动,引导学生在经历自主探索、合作交流的过程中发现运动前后脉搏变化的一般规律。

“提出问题”环节,教材通过引导学生讨论“运动后身体会发生哪些变化”,激活学生已有的生活经验,产生进一步了解和研究运动对人体的哪些方面会产生影响,会产生怎样的影响等问题的心理需求。在此基础上,教材顺势提出问题:运动对脉搏会有怎样的影响?以明确进一步研究和探索的目标。

“实验讨论”环节安排三个活动:第一,组织学生小组合作进行原地高抬腿跑30秒,分别测量和记录运动前、运动后、休息2分钟后脉搏跳动的次数,并计算出本小组同学脉搏跳动次数的平均数。第二,组织学生对实验数据进行分析比较,初步发现由运动而引起的脉搏变化规律。第三,通过“不同的运动方式对脉搏会有不同的影响吗?”这一问题,引导学生以小组为单位,选择另外一项运动，按前面的步骤重复实验，收集、整理实验数据，并进行分析和比较。

“引申反思”环节，首先要求学生调查了解四年级学生体育课上每分钟脉搏次数达到多少比较正常，体育老师是怎样为同学们安排活动的。然后通过调查和交流，帮助学生了解科学安排体育锻炼运动量等方面的常识。最后引导学生回顾反思，整理活动过程中获得的认知体验。

（十四）怎样滚得远

教材抛出“斜坡与地面成什么角度时，物体滚得远一些”这一问题，即明确了下一环节实验与研究的目的，又能有效激发学生进一步探索的愿望。接着，引导学生利用不同角度的斜坡进行实验，算出每次实验的平均数，并通过比较发现其中的规律。最后，完成活动后，引导学生回顾上面的活动过程，说说通过这次活动有什么收获。

（十五）一亿有多大

教材安排了“说一说”“数一数”“量一量”“称一称”四个活动。“说一说”的活动，主要引导学生联系已有的知识经验，说说1亿有多大。这样既激活了学生对1亿的已有认识和经验，又有利于激发学生想进一步了解1亿的实际大小的欲望。“数一数”的活动，主要根据数100本练习本所用的时间，引导学生推算数1亿本练习本所用的时间。教材先让学生估计数1亿本练习本，大约要用多长时间。由于学生在经验中只知道一亿是很大的数，对1亿到底有多大缺乏感性经验，估计时没有太多的方法和经验的支持，这就自然引起学生想要寻求解决问题方法的想法，并由此提出“怎样估计数1亿本练习本，大约要用多长时间”的问题。在此基础上，组织同桌合作，按讨论的方案开展活动，估计出数1亿本练习本所需要的时间，并启发他们把得到的结果换算成以“年”为单位的时间。“量一量”的活动，主要通过推算1亿枚1元硬币摞在一起有多高的活动，引导学生利用长度来感知1亿的实际大小。教材先提出问题：“30层楼的高度大约有100米，1亿枚1元硬币摞在一起，会比30层楼还高吗?”以激发学生的探索兴趣。接着，引导学生先量出10枚1元硬币摞在一起的高度,再推算1亿枚1元硬币摞在一起来的高度。并在获得结论后,让学生算一算1亿枚1元硬币摞起来的高度大约是30层楼高的多少倍,进而获得对1亿的实际大小的感知。“称一称”的活动,主要引导学生通过推算1亿粒大米有多重的活动,从质量的角度来感知1亿的实际大小。最后引导学生讨论:通过上面的活动,你对1亿这个数有了哪些认识?有哪些收获和体会?帮助学生进一步体会以具体事物的数量来体验1亿有多大的过程,获得相应的数感。

(十六)数字与信息

本次活动内容主要结合电话号码、门牌号、身份证号码等具体实例,引导学生通过观察与思考、调查与交流,初步了解数字编码的有关知识,体会用数字编码描述信息的思想方法。教材分“提出问题”“比较分析”“设计方案”“拓展延伸”四个环节安排活动。“提出问题”环节,主要结合具体的实例,引导学生初步了解数字编码的特点。“比较分析”环节,主要结合身份证号码,帮助学生体会用数字编码表达信息的方法。“设计方案”环节,主要引导学生以全校同学为主体,讨论并设计为全校同学编号的方案,并在这一过程中初步感受用数字编码表达信息的过程和方法,体会数字编码的价值。“拓展延伸”环节,主要引导学生在生活中找一些用数字编码表示信息的例子,说说它们分别是由几个部分组成的,各表达了什么信息,以进一步了解数字编码在日常生活中的广泛应用。最后,教材引导学生讨论用数字编码表达信息有什么好处,通过上面的活动,有哪些收获和体会,帮助学生体会用数字编码表达信息具有准确性、简洁性和便于检索的特点。

(十七)校园绿地面积

通过提出“你们学校的绿地面积是多少?人均绿地面积呢?”,引导学生思考:“要知道学校的人均绿地面积,需要收集哪些数据?可以怎样收集数据?”并要求学生“先了解校园里绿地分布的情况,再制订一个测量和统计校园绿地面积的方案,在全班交流”。教材之所以让学生了解情况、制订方案,一方面是考虑到学校绿地的情况不同,教材无法作统一的具体安排,应该给学生实事求是解决具体问题的空间;另一方面是考虑到学生已经具备这种能力,有条件独立设计解决问题的方案,而且这些能力在本次活动中能够得到进一步的锻炼和提高。教材还要求学生“根据活动方案,分小组测量和计算校园内草坪、花圃和树木的占地面积”,汇总各小组的测量结果,完成校园绿地面积的统计表,计算学校人均绿地面积。至于怎样在小组内分工,怎样汇总数据,以及填写统计表和计算人均绿地面积的具体办法,都由学生独立思考,自主选择,自行解决。

(十八)班级联欢会

这部分内容着重引导学生围绕组织班级联欢会所需要的物品开展调查、设计、购物,以及计算、比较、反思等活动,在活动中进一步感受相关数学知识和方法的价值,增强应用意识。教材大体安排了四个环节活动。一是让学生根据组织班级联欢会的需要,通过调查确定需要购买哪些商品,以及相关商品的单价。二是要求学生根据调查结果确定购买商品的种类和数量,并计算“大约一共需要多少元”以及“全班平均每人要付多少元”。三是让学生分组进行购物,要求他们及时记录所购商品的单价、数量和总价,并适当分析实际购物时有可能产生的各种优惠,进一步丰富对购物活动中相关数量关系的理解。四是要求学生根据各组的购物记录计算所购商品的总价,并把计算结果与此前的购物方案进行比较,看看实际费用比计划结余还是超支,且结余或超支了多少元。最后,教材引导学生互相交流活动中的体会,总结经验。

(十九)蒜叶的生长

该活动让学生通过简单的种植实验,体会相关统计方法对于发现和提出问题、分析和解决问题的意义。教材首先联系学生的生活提出问题,引发他们主动了解蒜叶生长过程的心理需求,并由此提出具体的实验要求:选择一些饱满的蒜瓣,把它们分别种在三个盆里,其中一盆里面放水,两盆放土;同时将种在土壤中的两盆蒜瓣放在阳光下和房间里。在接下来的实验中,侧重引导学生从两个方面进行观察、测量、记录,并对收集的数据进行简单分析。一是引导学生观察种在水中蒜瓣的根须生长情况,并从实验开始后的第2天起，连续测量记录一星期的根须生长数据，制成折线统计图，利用统计图所呈现的信息进行交流，计算各小组所种蒜瓣第三天和第六天根须长度的平均数，从而使得对根须生长情况的了解更加全面一些。二是引导学生观察种在土壤中的两盆蒜瓣长出的叶片，并从实验开始后的第6天起，每两天一次连续六次测量记录两盆蒜瓣长出的最长叶片的长度，制成复式折线统计图，利用统计图所呈现的信息进行分析和比较，从而对放在阳光下和放在房间里的两盆蒜瓣的蒜叶生长差异，获得较为客观的结论。上述活动安排既有一定的有趣性，也有较强的可操作性，有助于学生真实体验数据对于描述现象、揭示规律、获得结论的重要作用。活动结束后，教材还及时要求学生对活动进行回顾反思，引导他们着眼于实验过程中的不同环节以及相关统计知识的应用，总结体验，交流体会。

（二十）球的反弹高度

“球的反弹高度”主要引导学生联系已有的统计、测量以及刚刚学过的分数知识，探索球的反弹高度与相应下落高度的关系，感受从数学角度用数学方法分析和研究问题的价值。教材首先联系现实背景提出问题，引发学生进行实验研究的欲望。为了帮助学生有效开展实验活动，在提出问题之后，教材通过示意图具体示范实验的方法、步骤和要求。然后引导他们先用同一个球选择不同的高度做实验，分别记录每次的下落高度和反弹高度，计算出反弹高度分别是下落高度的几分之几，从而发现表示同一个球反弹高度与下落高度关系的分数大体是不变的。在此基础上，进一步引导学生用不同的球照上面的样子再次进行实验，用分数表示另一个球每次反弹高度与下落高度的关系，从而更加全面地认识到：表示同一个球反弹高度与下落高度关系的分数大体是不变的，表示不同的球反弹高度与下落高度的分数通常是不一样的。这样的安排，不仅有利于学生从不同的角度分析问题、理解问题，而且有利于他们感受数学的严谨性和数学结论的确定性，逐步培养实事求是的科学态度。学生获得初步的结论后，教材及时引导他们回顾活动过程，说说自己在活动过程中的收获和体会，帮助他们总结经验，提升认识。随后“你知道吗?”对引起球的反弹高度变化的主要原因做了简单说明，并介绍了体育比赛时对篮球反弹高度的规定，有利于学生深化对实验结果的认识，拓宽知识视野。

（二十一）树叶中的比

这部分内容主要引导学生经历收集数据、整理数据、分析数据、发现规律的过程，发现同一种树叶长和宽的比值都接近某一个确定的数值，积累通过数据分析发现事物特征的经验，增强数据分析的观念，培养初步的实践能力和创新意识。

教材安排了“提出问题”“探索实践”“回顾反思”三个环节的活动。

“提出问题”环节，首先呈现了一组树叶的图片，引导学生先说说这些树叶的名称，并观察树叶的形状，说说自己的想法。接着启发学生讨论还可以怎样比较这些树叶的形状，并在交流中逐步明确方法。这样从具体的现象出发，引导学生通过观察初步发现：不同树叶的形状一般是不同的。相同树的树叶虽然有大有小，但形状相似，并由此想到树叶的形状中可能隐含着某些规律，进而引发学生进一步研究和探索的心理需求。在此基础上，教材顺势引导学生讨论研究树叶形状的方法，既激发了学生参与数学活动的兴趣，又为下一环节的探索活动提供方法上的支持。

“探索实践”环节，主要引导学生每人采集一种树叶（十片），通过测量树叶的长和宽，计算出长和宽的比值以及比值的平均数，发现同一种树叶长和宽的比值是比较接近的，可以用长和宽的比值的平均数来描述这种树叶的形状特点。教材在提出要求后，首先通过图示教给学生测量树叶长和宽的方法，并提供了记录测量数据的表格，以便于学生测量和计算；接着，引导学生小组合作，把各自得到的结果整理在一张表格里，并将测量和计算的结果与树叶的形状对照，说说自己的发现。这样的安排有利于学生完整经历收集数据、整理数据、分析数据、获得结论的过程，并在这一过程中初步体会到，在纷繁复杂的自然现象中，只要有足够的数据，就能从中获得一些规律性的结论。

“回顾反思”环节，主要引导学生回顾、探索树叶中的比的规律的过程，交流获得的认识和体验。

（二十二）互联网的普及

这部分内容是结合百分数的学习安排的一次以调查互联网普及情况为主题的综合与实践活动。通过活动，学生可以进一步加深对百分数意义的理解，初步体验运用百分数分析和描述数据的过程，增强数据分析观念，体会数学知识与方法在生活中的广泛应用，培养初步的应用意识。本部分内容教材安排了三个活动。

一是“阅读与讨论“。随着社会事业的发展，互联网已经成为人们日常生活和工作的重要工具，所以教材首先引导学生说说对互联网的了解，以及利用互联网可以做哪些事，以引起他们对相关话题的兴趣，进而提出想了解互联网的普及情况的问题。接着，以简短的文字介绍了我国互联网的发展历程，同时呈现了2002至2021年我国互联网发展的一些统计数据，还以柱状图的形式介绍了互联网普及率的含义。教学时要求学生阅读这段文字，并说说阅读后的感想。这样的安排，一方面可以帮助学生理解互联网普及率的含义及其计算方法，另一方面有利于学生初步体会应用百分数描述和分析数据的过程，感受百分数在数据分析过程中的作用。

二是“统计与分析“。教材首先提出问题：你们班同学中互联网的普及情况怎么样？全班同学的家庭呢？可以从哪些方面了解这些问题，引导学生通过讨论和交流，明确需要通过调查收集的数据，以及调查的方法。接着要求学生先分小组进行调查，再在全班汇总并整理获得的数据，分别算出相关的百分数。在此基础上，引导学生对全班同学家庭互联网的普及情况做出分析和评价。接下来，教材引导学生讨论，如果要了解班级同学使用互联网做些什么，可以怎样设计调查表，怎样收集和整理数据，并要求学生利用调查表从使用互联网查阅资料、学习知识、阅读新闻、联系同学、下载音乐等方面，对全班同学使用互联网的情况展开调查，并计算从事每项活动的人数占上网人数的百分比，同时对全班同学使用互联网的情况进行分析和评价。上述活动引导学生以全班同学为对象展开调查，增强了活动的可操作性，有利于学生切实参与调查活动的设计与实施过程，积累收集和整理数据、描述和分析数据的经验，感受百分数在数据分析过程中的作用。在调查和统计全班同学家庭互联网普及情况的同时，引导学生利用调查表调查全班同学使用互联网的情况，既为学生深入了解和感受因互联网的普及而带来的社会效益提供了机会，也有利于学生初步形成合理使用互联网资源的意识。

三是“回顾与反思“，主要引导学生回顾上面的活动过程，说说自己的收获和体会，帮助学生整理活动过程中获得的认识与积累的经验，进一步提升认识。

（二十三）大树有多高

这部分内容是在学生认识了正、反比例意义的基础上，安排的一次综合与实践活动。教材围绕“大树有多高”这一问题，引导学生亲历“提出问题”“实验操作”“解决问题”“延伸思考”的过程，使学生在测量、比较、计算等活动中初步发现在同一时间、同一地点，物体的高度与影长成正比例关系，并运用这一规律解决提出的问题。

学生在此之前只有直接测量物体长度的经验及利用适当的尺，通过测量获得长度，基本没有间接测量物体长度的经历，不可能想到利用“影长”与“竿长”的关系推算出大树高度的方法。为此，教材在提出想要知道大树的高度可以“怎样做”这个问题以后，安排学生实验操作：在阳光下，把几根同样长的竹竿直立在平坦的地面上，同时测量每根竹竿的影长，发现这些竹竿的影长都相等；把几根不同长度的竹竿直立在地面上，同时测量每根竹竿的影长，计算每根竹竿长度与其影长的比值，发现“同时同地的物体长度，与其影长的比值相等”，这就为间接测量大树高度打下了知识基础。

（二十四）制订旅游计划

本次活动是“数与代数”“统计与概率”部分知识的综合应用，主要引导学生在为小芳一家规划旅游行程、进行旅游费用预算，以及为自己家制订一个外出旅游计划的过程中，体验综合运用所学知识解决问题的过程，感受数学知识的应用价值，提高发现和提出问题、分析和解决问题的能力，提升数学科学素养。教材安排了“提出问题”“费用预算”“尝试实践”“回顾反思”等四个环节的活动。这些活动既具有较强的现实性，又具有一定的开放性、挑战性和趣味性。无论是往返行程的安排，还是旅游路线的设计，或是旅游费用的预算，都需要学生在正确理解相关信息的基础上，综合运用所学的知识和方法，合理灵活地展开思考，从而设计出切实可行的旅游计划。经历这样的活动不但可以培养学生获取信息、处理信息的能力，而且可以培养学生发现和提出问题、分析和解决问题的能力，增强问题意识、探索意识和应用意识。

（二十五）绘制平面图

本次活动主要是“图形与几何”部分知识和方法的综合应用。教材安排了“了解任务”“活动准备”和“分组测绘”等三个环节的活动。“了解任务”环节，主要是让学生通过观察和交流，初步体会绘制平面图的过程。“活动准备”环节，主要引导学生先在校园里选择一两处场所或建筑物准备绘制平面图，再思考测量和绘制平面图需要做哪些准备，帮助学生从实践的层面对测量和绘制平面图过程中的一些具体细节以及可能遇到的问题进行分析研究，为下一环节绘制平面图的活动扫清障碍。“分组测绘“环节，主要要求学生小组分工合作，先进行实际测量与计算，再完成平面图的绘制，并展示各小组完成的平面图，交流测绘平面图过程中的收获和体会。经历上述活动，其意义不仅帮助学生了解一些常用的测量工具和方法，体会绘制平面图的一般过程，更为学生提供了一个极好的理解数学、实践数学的机会，使学生在参与活动的过程中积累更丰富的数学经验，感受数学知识在日常生活中的广泛应用。

三　教学实践思考

教学案例1：有趣的拼搭

【教学实录】

师：小朋友，这节课，老师先带大家到积木世界里观看精彩的表演。（多媒体播放动画片：四种几何形体滑滑台比赛、叠罗汉表演等）

师：你们看了觉得有趣吗？好，我们一起来玩有趣的拼搭游戏。（板书课题：有趣的拼搭）希望同学们在拼搭的活动中仔细观察，积极动脑，发现新知识,得到新体会,获得新乐趣。

活动一:摸一摸

师:小朋友,刚才给我们做精彩表演的小演员已来到我们教室。(出示装有四种几何形体木块的袋子)你们想知道它们是谁吗?请大家将它们一个一个从袋子里请出来。

师:请同学上台摸一摸,并说说摸出的是什么物体。

生1:我摸出的是长方体积木。

生2:我摸出的是圆柱体积木。

生3:我摸出的是球体积木。

师:请每个小组的组长拿出袋子,每个同学都摸一摸,可以先摸物体,再说出名称,也可以先报名称,再摸物体。

活动二:滚一滚

师:小朋友,现在我们来开展谁滚得快比赛活动。先请每个组的小朋友分别拿出长方体、正方体、圆柱和球各一个,把它们一起放在搭好的斜面的顶端,听到老师发出"开始"的口令后,让它们自由滚落或滑下。其他同学要注意观察这四个物体是怎样往下滚或滑的。

老师发出开始口令,各组开展滚一滚活动。

师:你发现了什么有趣的现象?哪种物体滚得快?哪种物体滚得慢?

生1:我发现圆柱和球体滚得快。

生2:我发现长方体、正方体滚得慢。

师:像圆柱和球这样形状的物体容易滚动。你能再举一些在生活中应用的例子吗?

活动三:堆一堆

师:小朋友,我们再来开展看谁堆得高比赛活动。请同一组的4个同学分别拿出6个长方体、6个正方体、6个圆柱、6个球,把它们分别堆起来。

师:在堆的过程中,你发现了什么有趣的现象?哪些形状的物体好堆?哪些形状的物体不好堆?

师:联系生活实际,联想应用:物体表面平的容易堆得高。你能再举一些在生活中应用的例子吗?

活动四:搭一搭

师:通过刚才的活动,我们对各种形体有了新的认识。下面请小朋友当小小设计师。每个组的同学先集体讨论，然后再动手，用带来的材料搭成自己喜欢的、有趣的作品，比如动物、交通工具、房子等。比一比哪个组搭的东西既有趣又好看！

小组开展搭一搭活动，各组介绍作品，组与组互相评比，教师表扬鼓励。

活动五：数一数

师：小朋友们拼搭的东西真有趣。现在老师请大家数一数，一件作品中各种物体各用了多少个？

小组开展数一数活动。

师：（多媒体呈现教材上的几种几何图形）搭出的图形像什么？是用哪些形状的物体搭成的？请小朋友们数一数，各种形状的物体各有多少个？

【案例思考】

本节课创设积木世界精彩表演的情境，既激发学生参与学习活动的兴趣，又暗示本课实践活动的主要内容和方法，为学生主动、积极地探索几何形体的特征打好基础。

通过营造比赛气氛，激发学生的参与欲望。通过实际动手操作，学生既加深了认识，又验证了自己的发现。教师启发学生联系生活实际，培养了数学应用意识。最终，学生在操作活动中观察、思考、讨论，获得了直观认识。

教学案例2：有趣的七巧板

【教学实录】

环节一：创设情境，激趣导入

师：小朋友，你们玩过拼图游戏吗？小明最喜欢玩拼图游戏，看，现在他又在拼图。（电脑出示拼成的图形——人、鱼、帆船）这些图漂亮吗？这些漂亮的图其实都是由这七块图形拼成的，有谁知道这是什么？

生：七巧板。

师：对！这是一副七巧板，七巧板又称智慧板，是我国古老的智力游戏玩具之一。七巧板中有几种不同的图形，请你数一数，每一种图形各有几个？

生：一副七巧板由5个三角形、1个正方形、1个平行四边形组成。

师:5个三角形中哪些三角形的大小是一样的?

环节二:自主探索,开发潜能

师:小朋友,你们想不想也来拼一拼?今天我们临时分成6个小队来比一比。

让学生根据自己的选择走到一起,选出小队长,并为自己的小队取名字。

师:小队长,你们能向大家介绍一下你们小队的名称吗?(小队长汇报)

师:今天6个小队就来举行一次夺星大赛,哪一队得到的红星多就是今天的冠军队。

师:请用七巧板中的两块拼成一个正方形,哪位小朋友来说说可以选用哪两块来拼成正方形?从剩下的几块中还能选出两块拼成一个正方形吗?

师:统计一下你们小队拼出两种正方形的人数,注意统计在心里。谁能代表你们小队来说说统计的结果。

评比贴星。

生:刚才我们小队用大小完全一样的三角形拼成了一个正方形。

师:你还会用这两块三角形拼成其他图形吗?拼好后先在队内交流,再在班内交流。

师:如果拿出七巧板中的三块,可以拼成哪些已经认识的图形呢?请你试一试,一个小队内的同学拼的最好不一样,拼好后贴在磁性黑板上。

(采用小队围坐的形式,每队发一个小磁性黑板,竖在教室的两边,要使全班学生都能看到。)

师:谁来说说你们小队拼成了哪几种图形?每队拼成了几种图形就贴上几颗星。

师:用七巧板中的三块可以拼成正方形、长方形、三角形、平行四边形、五边形等。

师:用七巧板中的四块、五块或六块也能拼出我们认识的图形,你想试一试吗?如果有困难,可以仿照书上的图形拼。拼好后先在小队内说说拼成了几种图形,再在班内交流。

生1:我拼的是一条金鱼。

生2:我拼的是一只小猫。

生3:我拼的是一只狐狸。

生4:我拼的是一列小火车。

师:用七巧板中的七块拼成的图形就更漂亮了,看看课本上的四幅图,说说拼成的图形像什么？你们喜欢哪些？照着拼一拼。

【案例思考】

兴趣是最好的老师。数学课程标准指出，数学学习必须从学生的生活情境和感兴趣的事物出发，为他们提供参与的机会，使他们感到数学就在身边，对数学产生亲切感。本课通过电脑创设了情境，从而使学生产生情绪高昂的学习需求，积极投入到认识七巧板的活动中。

学生积极参与交流活动，对他们学习知识是十分重要的。学生积极参与数学交流活动，不仅可以培养合作学习的精神，而且可以达到互相学习、互相补充的目的。将学生的各种拼法展示出来，有利于学生观察、比较，培养学生的求异思维。同时，又能通过小队与小队的竞争，形成一种积极向上的学习氛围，激发学生的学习兴趣。

教学案例3：大树有多高

【教学实录】

环节一：预习课本，问题导学

师：同学们，这是什么？

生：铅笔。

师：要知道它的长度，你有什么办法？要知道课桌的高呢？

生：直接测量。

师：是啊，很多物体的长度和高度，可以通过直接测量的方法得到（板书：量），但有些物体的高度却很难直接测量。比如这棵大树有多高，你打算怎么办？（出示课件的首页图）

生：爬上去量。

师：今天这节课我们就一起来研究这个问题。（板书课题）

环节二：实践探索，发现规律

师：在太阳光下，把几根同样长的竹竿直立在地面上，同时量出每根竹竿的影长。比较每次的测量结果，你发现了什么？

师：再把几根长度不同的竹竿直立在地面上，同时量出每根竹竿的影长。

课件出示活动要求：

(1)按要求填表。

(2)计算竹竿与影长的比值。

(3)讨论：根据每次求得的比值，你有什么发现？

师：在同一地点同时测量不同的竹竿高度与影长的比值是相等的。

师：根据上面测量和计算的结果，假设一根3米长的竹竿，当时直立在地面的影长是多少？

课件出示活动要求：

(1)学生同桌交流。

(2)集体交流：让学生说说自己的想法。

师：根据上面的发现，你能想办法测出一棵大树的高度吗？

师：现在我们一起来做一做，看看你的方法行不行。

课件出示活动要求：

(1)在太阳光下，先测量一根竹竿的高度和影长及当时大树的影长，并把结果填在表里。

(2)各自算一算大树的高度。

(3)小组讨论各自的想法。

师：在测量竹竿的影长之后，如果过了一段较长的时间，再测量大树的影长。这样计算的结果还准确吗？为什么？

【案例思考】

纸上得来终觉浅，绝知此事要躬行。本课的教学中，通过观察、比较、计算、比较，学生自主发现规律，质疑验证规律，最终归纳完善规律。这样获得知识的过程让学生记忆犹新。

用核心问题促进学生深度思考，通过谈话提问：要知道物体的高度可以测量，但大树太高，几乎没有办法测量出来，该怎么办呢？这样设问激发起了学生的求知欲，调动了学生探究的积极性。